인간
관계론

김광수 · 김영진 · 이점수 · 전정수

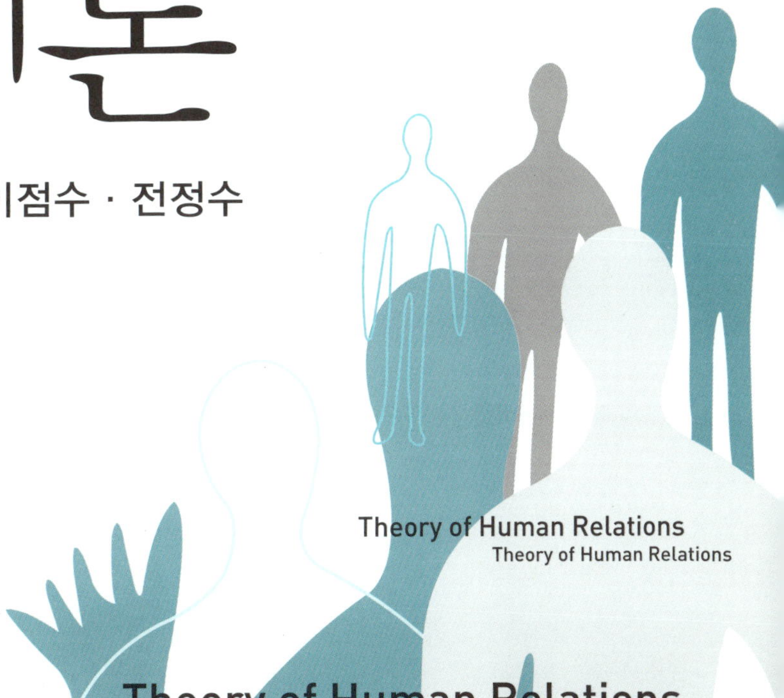

Theory of Human Relations

Theory of Human Relations

Theory of Human Relations

도서출판
청람

머리말

Relation is Power!

현대는 '관계가 곧 힘'인 시대라 말하고 있다.

어느 리서치 회사가 직장인에 관한 의식조사를 설문한 결과, 직장인들의 최대관심사는 '업무능력 33.3%'와 '인간관계 29.5%'로 나타났으며 직장인들이 평소에 소중하게 생각하는 것은 건강과 인간관계가 각각 46.5%, 28.7% 순으로 나타났다. 이처럼 직장인들이 인간관계에 대한 높은 관심은 '관계가 곧 힘'인 시대임을 입증하고 있다.

그러나 인간관계를 잘하고 있느냐는 질문에는 30%만이 긍정적인 응답을 하면서, 그 이유로는 방법을 잘 몰라서 또는 자신의 성격문제라고 답변을 했다. 이처럼 인간관계의 필요성은 인식하면서도 방법을 잘 모르거나 활용을 하지 못하면서 살아가는 사람이 무려 70%가 된다는 것이다.

인간은 태어나서 죽을 때까지 타인과 다양한 사회적 상호작용(social interaction)을 형성하며 살아간다. 그리고 각각의 인간관계는 저마다 독특한 특징과 일반적 원리들이 있다. 이 책 「인간관계론」은 타인과의 관계 속에 존재하는 일반원리들을 밝혀내고, 인간관계를 개선해 나갈 수 있는 방법을 모색하고 실천함으로써, 이를 실제 생활에 적용하고자 하는 학문적 목적을 가지고 있다. 이 책은 크게 4개 부로 구성되어 있다.

제1부 '인간관계의 이해'에서는 인간이기에 어쩔 수 없이 맺고 살아가야 할 인간관계의 기본적인 개념과 인간관계의 유형, 중요성, 인간관계론의 배경 등을 살펴보았다. 또한 '자신과 타인의 이해'에서는 자신과 타인의 실체를 알 수 있도록 자신과 타인에 대한 이해에서부터 인간의 행동과 성격, 인간의 지각의 이해 등을 살펴보았다. 이를 통해 나와 남을 이해하는 인간관계에 대해 진지한 고민과 답을 얻

을 수 있을 것이다.

제2부 '인간관계의 도구'에서는 현대사회에서 중요성이 더욱 높아지고 있는 인간관계의 도구에 대한 개념과 이론을 이해하고 삶의 과정에서 성공적으로 인간관계를 향상시킬 수 있는 지식과 적응력을 증진시키는 데 주력하였다. 또한 인간관계를 개선할 수 있는 다양한 관계의 도구를 살펴봄으로써 인간관계상의 부적응문제나 갈등의 문제를 해결할 수 있도록 구성하였다.

제3부 '인간관계의 기술'에서는 인간관계에 필요한 여러 가지 기술과 이론들을 이해하고, 이를 바탕으로 인간관계에 실제 적용할 수 있도록 구성하였다. 인간관계의 기술을 통해 인간에 대한 사랑과 애착을 가질 수 있을 것이다.

제4부 '인간관계의 관리'에서는 인간관계의 본질과 다양한 메커니즘을 여러 관점에서 살펴봄으로써 인간관계를 잘 관리할 수 있는 자질을 갖출 수 있도록 구성하였다. 특히 제14장에서는 기업체, 공공기관 등에서 강의를 하면서 수강자들이 관심을 보여주었던 자기경영(self management)전략을 수록함으로써 자신의 인생로드맵을 워크숍 형태를 통하여 스스로 그려보도록 하였다.

성공한 사람의 85%는 그 분야의 전공지식이 뛰어나서라기보다 인간관계가 좋아서였다. 원활한 인간관계는 삶의 활력소가 될 뿐만 아니라 나를 성공으로 이끄는 것이다. 이 책을 통해 효과적인 인간관계 능력을 갖춘 대인관계의 전문가로 거듭나기를 기대하며, 자신의 상황 속에 적용하여 인간관계 개선에 도움이 되는 자기성장의 기회를 찾기를 기대한다.

끝으로 본서를 통해 인간관계의 이해와 기술에 도움을 주는 책을 만들고자 노력하였지만 부족함과 아쉬움이 많이 남는다. 지속적으로 보완하며 완성도 높은 교재가 될 수 있도록 노력하겠다. 그동안 저작을 맡겨주신 도서출판 청람의 이수영 대표님과 팀원들의 헌신적인 배려에 깊은 감사를 드리며, 자료수집과 정리에 도움을 준 강문원 실장과 꼼꼼히 수정을 봐 준 사비나, 다미아로, 로사에게 감사의 인사를 대신한다.

2011년 1월 서리풀에서

저자를 대표하여 김광수 dream

차 례

Part 1 관계의 이해

Chapter 1 인간관계의 이해

Chapter 2 자신과 타인의 이해

Chapter 12 스트레스관리

Chapter 13 한국인의 정(情)문화

Chapter 14 전략적 자기경영

Part 1

관계의 이해

인간관계의 이해

Chapter 1

1. 인간관계의 본질
2. 인간관계의 유형
3. 인간관계의 중요성
4. 인간관계론의 배경

Chapter 1 인간관계의 이해

1 인간관계의 본질

1.1 인간의 본질

인간관계란 사람과 사람과의 상호작용을 통하여 개인과 조직의 목표를 달성하고자 노력하는 일이다. 인간관계를 바르게 이해하기 위해서는 기본적으로 인간의 본질에 대해 진지한 고민을 해야 한다. 왜냐하면 우리가 인간의 본질을 어떻게 보느냐에 따라 인간관계에서 오는 문제해결과 인간관계의 이해가 달라지기 때문이다. 그러나 인간의 본질에 대한 다양한 대립적인 견해가 존재하기 때문에 어떤 것을 인간의 본질이라고 명확히 정의내리기 어렵다.

즉 인간의 본질은 '사회관계의 총체성'이라는 견해, '삶을 개체의 우연이자 자유 그 자체'로 보는 견해, '무의식적 충동이 인간의 이성을 결정한다'는 견해, '인간은 서로에게 적대적'이라는 견해, '인간의 이성은 감성의 노예'라는 견해, '인간은 이성을 따를 때 행복할 수 있다'는 견해 등 무수히 많다.

따라서 우리는 인간의 본질을 무엇 하나로 정의내리기보다는 인성과 인간관계를 어떻게 조화롭게 발달시킬 것인가라는 고민을 하는 것이 더 현명할 것이다. 실제로 인간은 누구나 자기 스스로 선택할 수 있는 자유의지가 있고, 자기 삶의 문제들에 대해 끊임없이 질문하고 대답하며 살아가는 존재이며, 자신의 정체성과 존재성, 삶의 의미와 목적을 끊임없이 완성하고자 하는 발달적 존재이기 때문이다. 이 모든 것들이 근본적으로 인간의 거짓 없는 진정한 본질인 것이다.

1.2 인간과 인간관계

인간은 사회적 존재이다. 인간은 태어날 때부터 타인의 보호와 도움을 필요로 하는 의존적인 존재이다. 따라서 인간은 가족, 연인, 동료 등 사회를 구성하여 서로 상호작용을 하면서 살아가고 있다. 기본적으로 의·식·주와 같은 물질적인 필수품만 보더라도 인간은 완전히 다른 사람의 힘을 빌리지 않고서는 살아갈 수 없음을 알 수 있다. 그렇다고 대부분의 시간을 생존을 위해 소비해 버린다면 친교, 놀이, 학문과 같은 특수한 인간관계 활동을 할 여지는 거의 갖지 못하게 될 것이다.

이처럼 인간은 '사회적 존재'이기 때문에 태어나면서부터 죽을 때까지 다양한 인간과 부단한 상호관계를 맺으며 더불어 살아갈 수밖에 없다. 즉 개인이 완전한 삶을 영위하기 위해서는 필연적으로 사회라는 테두리 안에서 삶을 영위해 나아가야 함을 의미하며, 이는 다양한 집단 내에서 상호협동하면서 살아가야 할 현대 조직사회의 가장 큰 특징인 것이다.

따라서 우리는 현대사회에서 중요성이 더욱 높아지고 있는 인간관계를 위해 타인과의 관계 속에 존재하는 인간관계를 이해하고, 인간관계의 도구와 기술, 인간관계의 관리방법을 밝혀, 이를 현실생활에 적용해 볼 필요가 있는 것이다. 이를 통해 삶의 과정에서 성공적으로 인간관계를 향상시킬 수 있는 지식과 적응력을 증진시켜야 할 것이다.

1.3 인간관계의 형성과정

인간관계란 집단 내 인간과 인간 사이의 지속적인 교류를 통해서 이루어지는 상호작용관계이다. 따라서 사회적 동물인 인간은 서로 부족한 점을 보완하기 위해 집단 내에서 상호협력하면서 인간관계를 형성한다. 이러한 인간관계의 형성은 대인인지(對人認知)에서 시작되며, 인간관계의 초기단계에서는 이 대인인지가 매우 중요한 역할을 차지한다. 즉 타인의 표정, 복장, 언어, 동작 등을 바탕으로 첫

인상이 형성되고, 태도, 성격, 호의적, 비호의적 관계 등을 지각해서 타인을 추측하고 판단하기 때문이다.

따라서 이러한 대인인지를 통해 상대방에게 행동을 취하게 되고, 그 행동에 대한 상대방의 반응으로 상호작용이 일어나면서 인간관계가 형성되는 것이다. 이러한 대인인지를 통한 인간관계의 형성과정은 '표정인지 → 퍼스낼리티인지 → 인상현성 → 대인관계인지' 순으로 이루어진다.

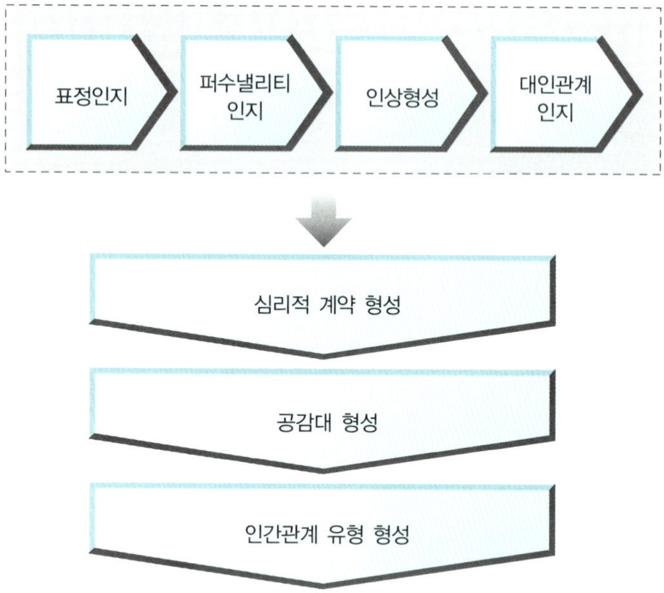

대인인지를 통한 관계가 형성되면 '심리적 계약형성'을 통해 '상호 기대감'을 갖게 되고, 이러한 '심리적 계약'을 주고받으면서 '신뢰감'이 조성된다. 이를 바탕으로 서로에 대한 공감대가 형성되며, 이를 통해 더욱 깊은 인간관계가 가능해지고 '인간관계 유형'이 형성된다. 이러한 인간관계의 형성과정을 좀 더 살펴보면 다음과 같다.

1.3.1 표정인지

인간관계의 시작은 얼굴을 익히는 것에서부터 시작한다. 표정인지란 상대의 얼굴 표정을 인식하는 것을 말한다. 얼굴에 나타난 표정은 그 사람의 성별, 나이, 생각, 인품, 교양 등을 나타낸다. 또한 직업이나 성장이력, 교육수준, 역할, 신분, 가치기준, 능력, 심리상태 등을 엿볼 수도 있다. 이처럼 얼굴과 얼굴에 나타난 표정은 그 사람을 가장 잘 대변하기 때문에 표정인지는 인간관계 형성에 가장 중요한 요소를 차지한다. 따라서 좋은 인간관계를 형성하기 위해서는 기본적으로 자신의 얼굴에서 나쁜 표정을 제거하고 따뜻하고 다정한 표정으로 바꿀 필요가 있다.

1.3.2 퍼스낼리티인지

퍼스낼리티인지란 타인의 내적 특성(본성이나 성격 등)이나 행동패턴에 대해서도 알려고 하는 것을 말한다. 인간관계의 형성은 인간의 겉모습으로는 드러나지 않는 성격과 행동패턴에 의해 영향을 받으며, 이를 통해 나와 다른 타인을 이해함으로써 건전하고 원만한 인간관계를 형성할 수 있다.

1.3.3 인상형성

표정인지와 퍼스낼리티인지를 통해서 “저 친구는 이런 사람이야!”라는 상대방에 대한 인식이 굳어지는 과정이 인상형성 단계이다.

대인인지에 있어서 먼저 제시된 정보가 나중에 제시된 정보보다 더 큰 영향력(역할)을 행사하는 것을 ‘초두효과(primacy effect)’라고 한다. 상대방에게 맨처음 보여준 인상이 그 사람에 대한 인상으로 인식되어진다는 의미이다. 따라서 첫인상의 형성은 인간관계에 있어 매우 중요한 역할을 한다.

1.3.4 대인관계인지

"인간은 만남으로 자란다"는 말처럼 인간과 인간이 서로 만남을 통해 알고, 이해하며 관계를 형성해 가는 것을 '대인관계'라고 하며, 우리는 '대인관계'를 통해 상대가 어떤 존재인지, 상대가 어떤 사람인지 인지하게 된다. 따라서 대인관계인지는 대인관계 형성에 중요한 역할을 하게 되며 초기 대인인지를 바탕으로 상호작용이 일어나면서 심리적 계약과 공감대 형성을 통해 인간관계가 이루어지게 된다.

1.3.5 심리적 계약의 형성

표정인지, 퍼스낼리티인지, 인상형성, 대인관계인지를 통해 상대방을 인지하게 되면 상대에 대한 '기대감'을 갖게 된다. 이때 서로 간에 갖게 되는 상대에 대한 '기대감'을 '심리적 계약'이라고 말한다. 이러한 심리적 계약이 잘 이루어지면 상호 간에 '신뢰감'이 쌓이게 되고, 이를 통해 깊은 인간관계가 형성된다.

1.3.6 공감대 형성

공감대 형성이란 자기노출(자기개방)을 함으로써 상대의 감정을 움직이고 상대의 자아를 개방시켜 상호 간에 감정을 공유해 나감으로써 공감대를 넓혀 나가는 것을 말한다. 이러한 공감대 형성은 인간관계의 형성을 발전된 방향으로 이끌 수 있기 때문에 중요하다.

2 인간관계의 유형

신뢰감이 조성되고 공감대가 형성되면 상호 간의 인간관계가 성립된다. 그러나 백만 명의 사람에게는 백만 개의 각기 다른 삶이 있듯이 사람마다 생각, 성격, 스타일이 나와 같지 않을 수 있다는 것을 인정해야 한다. 즉, 사람마다 인간관계를 맺고 유지하는 유형이 다를 수 있으며, 나의 인간관계 태도는 결국 내 주변 사람들에게 그대로 영향을 준다는 것이다. 따라서 좋은 인간관계를 맺고 유지하기 위해서는 자기의 인간관계 유형을 찾아 장점을 살리고 단점을 보완해야 한다.

2.1 해리스(Harris)의 인간관계 유형

해리스(Harris)는 인간관계의 유형을 4가지 태도로 구분하여 설명하고 있다.

Tip 인간의 근본적 특성

- 즐거움과 이익을 추구하려 한다.
- 복수감정을 갖고 있다.
- 선택적으로 지각하고 청취한다.
- 잘한 일은 망각하고 잘못한 일은 기억한다.
- 남이 자신과 다르다는 사실을 수시로 망각한다.
- 변화를 바라지만 스스로 변화하기는 싫어한다.

■ **제1태도 : 자기부정 – 타인긍정**(I'm not OK, You're OK)

이 태도를 가진 사람의 내면은 자책과 회피의 감정이 깔려 있다. 이 태도로 살아가는 사람은 자기부정·자기비하를 수반하는 수동적 행동을 취하며, 강한 사람에게만 의지하려는 경향이 있다.

■ **제2태도 : 자기부정 – 타인부정**(I'm not OK, You're not OK)

이 태도를 가진 사람의 내면은 불신과 도피, 포기의 감정이 깔려 있다. 또한 쉽게 절망감과 허무감에 빠지기도 한다. 이 태도의 사람은 타인으로부터의 애정이나 관심을 거부하고, 대인관계도 단절되며, 심하면 우울하고 예측할 수 없는 행동을 하게 된다.

■ **제3태도 : 자기긍정 - 타인부정(I'm OK, You're not OK)**

이 태도를 가진 사람은 자기 잠정에 맞지 않는 것을 배제하는 경향이 있으며, 자신감이 지나쳐 상대방과 마찰이 쉽게 생기기도 한다. 또한 이 태도로 살아가는 사람은 불행의 원인을 남의 탓으로 돌리는 경향이 있다.

■ **제4태도 : 자기긍정 - 타인긍정(I'm OK, You're OK)**

이 태도를 가진 사람은 정신적·신체적으로 건강한 상태이며, 긍정적인 자기개념을 가지고 있다. 또한 협력과 공조의 태도를 보이며, 타인의 존재를 인정하고 자신과 타인의 문제를 건설적으로 해결하려고 한다.

	상대(조직 & 개인)	
나	Loss - Loss	Win - Loss
	Loss - Win	Win - Win

이러한 인간관계 유형을 개인과 조직의 가치를 만족시킴으로써 나와 상대가 윈-윈할 수 있는 상황을 유지하도록 해야 할 것이다.

2.2 슐츠(Schultz)의 인간관계 유형

슐츠(Schutz, W.C.)는 FIRO(Fundamental Interpersonal Relations Orientation, 기본대인관계지향)모형을 통해 인간관계를 통해서만 만족할 수 있는 기본적인 욕구들의 방향과 원인에 따라 다양한 인간관계의 유형이 나타난다고 정의하였다. 즉, 인간 상호 간에 발생하는 어떤 행동의 핵심은 욕구에 근거한다는 것이다. 슐츠는 FIRO모형에서 인간관계의 경향을 교제욕구, 지배욕구, 애정욕구로 나누었으며, 이러한 그의 분석이 오늘날 인간의 상호관계를 이해하는 기초가 되었다.

▶ **FIRO모형에 따른 인간관계의 경향**

	교제욕구	지배욕구	애정욕구
능동적인 측면 (나→타인)	나는 다른 사람과 어울리는 것을 원한다.	나는 다른 사람의 행동이나 생각을 나의 뜻대로 변화시키기를 원한다.	나는 다른 사람들과 깊은 감정을 나누기를 원한다.
수동적인 측면 (타인→나)	나는 다른 사람들이 나와 어울려 주고 교류해 주기를 원한다.	나는 다른 사람이 나의 행동이나 생각을 결정해 주기를 원한다.	나는 다른 사람들이 나와 깊은 감정을 나누어 주기를 원한다.

2.2.1 교제욕구

교제욕구는 어느 곳에서나 사람들과 평안하게 '만족할만한 관계'를 형성하고 유지하려는 대인관계욕구를 말한다. 교제욕구가 아주 낮으면 인간관계를 회피하게 되어 주변에 친구가 없으며, 교제욕구가 지나치면 분주한 사회활동으로 주변이 산만하다.

2.2.2 지배욕구

지배욕구는 사람들을 지배하고 힘을 행사해서 만족할 만한 관계를 형성하고 유지하려는 욕구이다. 또한 다른 사람에 의하여 지배를 받거나 아니면 전혀 통제를 받지 않으려는 행동을 말한다. 지배욕구가 낮은 사람은 책임을 회피하고 쉽게 포기하는 경향이 있으며, 지배욕구가 강한 사람은 군림하거나 우월감으로 분위기를 해치거나 자기통제가 잘 안 되기도 한다.

2.2.3 애정욕구

애정욕구는 사랑과 애정을 통해 다른 사람과 만족할 만한 관계를 형성하고 유지하려는 욕구이다. 또한 이 욕구는 다른 사람들이 자신에게 친밀관계를 위하여 접근하는 것도 많이 원하는 정도와 결코 원하지 않는 정도로 나타난다. 애정욕구가 낮은 사람은 타인과 항상 거리감을 두고 관계를 맺으려 하고 강한 사람은 보다 더 친밀감을 유지하려고 애쓴다.

3 인간관계의 중요성

3.1 행복한 삶의 조건

인간관계는 삶의 과정 자체라고 할 수 있다. 즉, 삶과 사회생활에서 관계를 맺는 모든 인간은 내가 살고 있는 삶과 사회의 소산물인 것이다. 따라서 내가 어떤 사람을 만나고 어떤 인간관계를 맺느냐에 따라 나의 성공과 행복이 좌우되며, 반대로 내 성공과 행복은 나와 관계를 맺고 있는 다른 사람의 성공과 행복에 영향을 미친다. 따라서 삶의 문제는 관계의 문제로 귀착되며, 인간관계는 인간의 삶 그 자체인 것이다.

포웰(Powell)은 "사람은 인간관계를 통해서 행복에 이른다"고 했으며, 탈무드는 "혼자 살려면 신(神)이 되든지 짐승이 되든지 둘 중 하나는 선택해야 한다"고 했다. 인생의 성공과 행복은 인간관계에서 비롯되는 것이다. 행복한 삶의 가장 중요한 조건은 바로 원만한 인간관계를 갖는 것이라고 할 수 있다.

3.2 관계의 중요성

"물은 담는 그릇에 따라 모양이 달라지지만, 사람은 누구를 만나느냐에 따라 운명이 달라진다"라는 말처럼 사회적 동물인 인간은 다른 사람과 지속적인 관계를 맺으려는 욕구를 가지고 있으며, 다른 사람과 만남의 연속인 삶 속에서 인간은 상호작용을 통해 인간관계를 형성해 간다. 인간관계는 개인적인 삶과 사회적인 생활에서 매우 중요한 역할을 하고 있으며, 특히 안전하고 건강한 삶, 사랑과 존경을 받는 삶, 성공과 발전, 자아를 실현할 수 있는 삶은 타인과의 원만한 인간관계를 통해 완성할 수 있다. 따라서 인간은 만족스럽고 효과적인 인간관계의 경험을 통해 바람직한 인간으로 성장하고 발전하는 것이다.

3.2.1 안전하고 건강한 삶

삶의 과정 자체라고 할 수 있는 인간관계는 상호작용을 통해 성립되기 때문에 매우 복잡하고 어렵게 느껴지기도 한다. 그러나 인간관계에 작용하는 요인과 집단과정을 이해하고 원만한 인간관계가 갖추어진다면 인간관계상의 부적응문제나 갈등의 문제를 해결할 수 있으며, 안전하고 건강한 삶을 살 수 있다.

3.2.2 사랑하고 사랑받는 삶

보다 더 사랑하고 행복해지기 위해서는 인간관계를 발전시키고 유지하는 데 많은 노력을 기울여야 한다. 그러나 사랑하고 사랑받기 위해서는 대단한 스킬을 요구하지 않는다. 다만 타인에 대한 긍정적인 존중과 공감적 이해가 뒷받침되어야 한다. 또한 상대를 배려하는 마음과 진실성이 수반되어야 한다. 그러기 위해서는 상대를 변화시키기보다 있는 그대로 받아들이고, 자신의 독선적인 의사결정보다 대화와 존중으로 합의된 의사결정을 하는 것이 바람직하다.

Tip 영국 웨스트민스터 대성당 지하묘지의 어느 주교의 묘비명

내가 젊고 자유로워서 상상력의 한계가 없을 때
나는 세상을 변화시키겠다는 꿈을 가졌었다.
그러나 좀 더 나이가 들고 지혜를 얻었을 때
나는 세상이 변하지 않으리라는 것을 알았다.
그래서 내 시야를 약간 좁혀 내가 살고 있는
나라를 변화시키겠다고 결심했다.

그러나 그것 역시 불가능한 일이라는 것을 알았다.
나는 마지막 시도로 나와 가장 가까운
내 가족을 변화시키겠다고 마음먹었다.

그러나 아아, 아무도 달라지지 않았다.
이제 죽음을 맞기 위해 자리에 누워
나는 문득 깨닫는다.

만약 내가 내 자신을 먼저 변화시켰더라면
그것을 보고 내 가족이 변화되었을 것이고
그것에 용기를 내어 내 나라를 더 좋은 곳으로
바꿀 수 있었을 것을
그리고 누가 아는가
세상까지도 변화되었을 런지도…….

3.2.3 존경받는 삶

인간은 누구나 존경받고 싶은 욕구가 있다. 존경받는 삶이란 겸손하고 성실하며 관대하게 살아가는 것을 말한다. 그러나 좋은 인간관계를 맺지 못하면 결코 존경받는 삶을 살 수 없다. 집단과 사회가 복잡할수록 인간관계 문제는 크게 대두되며, 복잡한 사회생활에서 존경받는 삶을 살고 싶다면 결코 인간관계를 소홀히 해서는 안 된다는 것을 명심해야 한다.

Tip 귀하의 성공 원천은?

미국 카네기연구소에서 카네기 공대 졸업생 중 엔지니어링과 같은 기술 분야에서 경제적으로 성공한 사람들을 조사한 적이 있었다. 조사 결과에 의하면, "성공하는데 전문적인 지식이나 기술은 15%밖에 영향을 주지 않았으며, 나머지 85%는 인간관계"였다고 한다. 즉 자신의 생각을 잘 표현하고 다른 사람의 생각을 잘 받아들이고 적극적인 협력을 얻어내는 인간관계와 태도가 있었기 때문에 인생을 성공한 것이다.

3.2.4 성장과 발전을 위한 삶

성공한 사람의 85%는 그 분야의 전공지식이 뛰어나서라기보다, 인간관계가 좋아서이다. 원활한 인간관계는 삶의 활력소가 될 뿐만 아니라, 나를 성공으로 이끌고 나를 발전시킨다. 반대로 인간관계가 원활하지 못할 때 우리는 성공과 발전에 방해를 받게 된다.

3.2.5 자아실현을 위한 삶

포웰(Powell)은 "사람은 인간관계를 통해서 행복에 이른다"고 했다. 행복을 위한 기본적인 조건은 "바람직한 인간관계의 형성과 유지"라고 할 수 있다. 이는 타인과 서로 신뢰하고 사랑과 애정, 협력을 주고받으면서 자신의 꿈을 실현해가기 때문이다. 인간은 혼자서 세상을 살아갈 수 없으며, 타인으로부터 인정을 받을 때 자신이 가치 있는 존재로 느껴지고 인생이 살만한 것으로 느껴져 행복감에 젖어들게 된다. "인간은 사회적 동물이다"라는 아리스토텔레스의 말처럼 자아실현도 타인과의 원만한 인간관계를 통해서만 이루어질 수 있는 것이다.

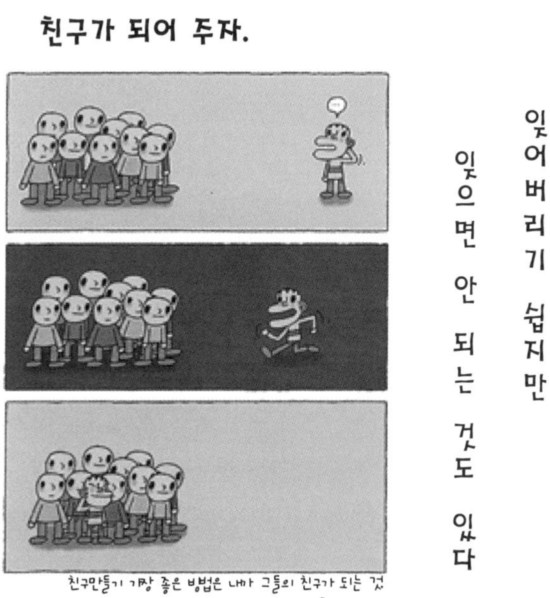

4 인간관계론의 배경

4.1 인간관계론의 형성과정

인간관계론이란 인간의 감정적 · 심리적 · 정서적 · 사회적 요인을 중시하고 이를 효율적으로 운용하여 조직의 목표달성에 기여하려는 관리체계를 말한다. 이러한 개념의 인간관계론은 1930년대 이전에는 존재하지 않았다. 이때는 인간관계를 자극과 반응으로 연결되는 1차원적 관계, 즉 인간을 기계의 일부로 보았기 때문이다. 이 시기의 인간관계론을 전통적 인간관계론이라고 한다.

그러다가 1930년대 이후 현실적인 인간관계는 자극과 반응 사이에 여러 매개변수들이 혼재해 있는 복합적 관계임이 밝혀지면서 초기의 인간관계론이 태동하게 되었다. 이때 인간관계 연구의 결정적인 역할을 한 것이 하버드대학의 메이요(G.E. Mayo) 교수 등이 주축으로 한 호손공장실험(Hawthorne Plant Experiment, 1924~1932년)이다. 호손실험에서 우연히 공식집단 내에서 비공식집단을 발견하게 되었고, 이러한 비공식집단은 집단규범에 의해 움직여지고 있음을 알게 되었으며, 이를 여러 사회과학을 원용하여 이론화한 것이 인간관계론인 것이다. 이후 1950년대 인간행동과 인적자원관리를 강조한 현대적 인간관계론으로 발전하게 되었다.

4.2 애덤 스미스의 국부론

영국의 애덤 스미스(A. Smith)는 1976년에 「국부론」(An Inquiry into the Nature and Causes of the Wealth of Nation)의 출간을 통해 '부의 원천'을 밝혀내는 데 주력하였다. 이 국부론은 이윤추구를 목적으로 하는 개인의 '보이지 않는 손'의 작용으로 나라의 부(富)가 증대한다는 이론에 근거하고 있다. 스미스는 국부론에서 '경제 배역들(economic actor, 일상에서 경제를 하는 모든 일반인)'을 지배하고 이끄는 법칙을 설명하고, 이들의 행동이 사회 전반에 미치는 영향을 분석하였다.

애덤 스미스(A. Smith)

애덤 스미스는 인간의 이기심이 교환성향(자기가 가진 것을 남의 것과 바꾸고 싶어 하는 욕구는 모든 인간의 공통적 욕구)을 가져오고, 이러한 인간의 본능적 욕구 자체가 분업을 가져와 경제를 움직이는 강력한 원동력이 되며, 이를 적절히 이용하여 국가의 부를 창출할 수 있다고 주장하였다. 따라서 국가는 이러한 인간의 이기심을 무작정 억압하면 안 된다고 주장했다.

그러나 모든 사람이 이기심에 의해 움직인다면, 그 사회는 제대로 돌아갈 수 없을 것이다. 이에 대해 스미스는 경제활동에서 인간의 이기심은 무한정 보장되는 것이 아니라 국가와 사회의 번영이라는 범위 내에서 허용돼야 한다고 보았다. 또한 개인의 이기심에 의해 생산된 부(재화)는 보이지 않는 손(invisible hand, 시장의 가격기구)에 의해 가장 최적의 상태로 분배될 수 있다고 하였다. 여기서 '보이지 않는 손'이란 표현은 애덤 스미스 경제이론의 상징이 되었다. 애덤 스미스의 이론은 후에 분화·대립하는 수많은 이론들의 기초가 되었으며, 포괄적이고 다채로운 내용은 과학으로서의 경제학의 출발점이 되었다.

4.3 과학적 관리론의 대두

19세기 후반 미국에서는 철도, 통신, 철강, 화학, 기계산업 등의 자본주의가 고도화되면서 기업규모와 시장규모도 증가하고 기업 조직이 복잡해지기 시작했다. 기업들의 공장제도가 본격적으로 정착되면서 대량생산을 위해 분업화를 철저히 추진했다. 그로 인해 인간이 기계의 부품처럼 기계에 예속되는 사태에 이르게 되었고, 이에 불만을 품은 노동자들은 임금제도와 관리방법에 반발하면서 조직적 태업(systematic soldiering)을 감행하게 되었다.

기업을 경영하는 경영자의 입장에서 이 문제는 매우 심각한 것이었다. 당시 테일러(F. W. Taylor)는 이러한 문제를 해결하기 위해서는 기존의 관리에 있어서 전통적 방법, 관습적 방법, 사람의 감정이나 직관에 의한 방법을 배제하고 과학적 원리를 적용해야 한다고 주장했다. 즉, 테일러는 노동생산성을 크게 향상시켜 노사 간의 공동번영과 사회발전을 실현해야 한다고 하였는데, 이를 테일러의 과학적 관리론 또는 테일러의 이름을 따 테일러리즘이라고도 한다. 따라서 전통적 인간관계론은 테일러의 과학적 관리론으로 대변된다.

테일러는 시간연구와 동작연구(time and motion study)를 기반으로 한 작업의 과학화, 표준화, 전문화를 꾀하였다. 이로 인한 노동의 생산성에 의해 작업자는 고임금을 받게 되고, 경영자는 생산량 증가에 따른 저노무비를 실현할 수 있게 되었다. 테일러는 고임금・저노무비의 실현을 통해 노사의 불만을 없앨 수 있으며, 상호 공존을 실현할 수 있다고 생각했다. 그러나 테일러의 과학적 관리론도 한계점이 있었다. 즉 지나치게 능률의 논리만을 강조한 나머지 노동자에 대한 인간적인 측면을 경시하고 있으며, 인간의 노동을 기계시하고 있다는 한계점을 지니고 있었던 것이다.

4.4 인간관계론의 등장

1930년대 세계적인 경제공황이 심화되면서 기업의 경영자나 노동자들은 다 같이 과학적 관리론에 한계를 느끼게 되었다. 즉, 인간의 감성과 인성을 무시하는 테일러의 과학적 관리방식에 염증을 느끼게 된 것이다. 이런 상황에서 노동자에게 인간다운 대우를 해주어야 한다는 시대적 변화 욕구가 피어나기 시작한 것이다. 이에 대한 대안으로 노동자의 생산성을 향상시키는 인간중심연구가 요구되었고, 하버드대학교 경영대학원 교수였던 메이요(G. E. Mayo) 등에 의한 호손실험(Hawthorne experiment)에 의해 인간관계론의 연구가 시작되었다.

호손실험은 1924~1932년 사이에 미국 일리노이주(Illinois)의 웨스턴 전기회사

호손공장에서의 실험이다. 이 실험의 원래 목적은 과학적 관리론에서 기본전제로 삼고 있는 작업장의 물리적 환경과 생산성과의 상호 연관관계를 검증하여 공장의 노동분쟁을 해소하고 생산성 향상 방안을 마련하기 위한 것이었다. 그래서 메이요 교수 등의 연구진은 호손공장의 종업원 약 3만 명을 대상으로 조명실험, 계전기 조립실험, 면접실험, 배전기 권선실험의 4차에 걸친 실험연구를 수행했으며, 작업장의 조명수준, 휴식시간, 노동시간, 급료와 같은 물리적 요인과 작업성과의 관계를 규명하려 했다.

4.4.1 조명실험

조명실험은 작업장 내의 조명도와 작업능률과의 관계를 고찰하는 실험이다. 실험은 비슷한 수준의 생산능률을 올리는 종업원들을 통제집단과 실험집단으로 구분하여 작업능률을 비교하는 것이었다. 즉, 통제집단에는 조명의 밝기를 고정하고, 실험집단에는 조명의 밝기를 변화시켜 생산성 정도를 측정하였다. 실험의 가설은 "조명이 밝으면 작업능률이 증가할 것"이라는 것이었다.

그러나 실험의 결과 통제집단과 실험집단 모두 작업능률이 상승하였다. 이는 조명도, 작업장의 온도 등의 물리적 작업환경 조건은 작업능률과 생산성에 큰 영향을 미치는 요인이 아니었던 것이다. 이로 인해 "물적 환경의 변화보다 이러한 실험행위 자체가 근무환경 개선에 긍정적인 역할을 미칠 것이라는 종업원들의 심리적 태도의 변화가 생산성에 크게 영향을 미친다"는 새로운 명제를 도출하게 되었다.

4.4.2 계전기 조립실험

제1차 조명실험의 결과를 검증하기 위해 계전기를 조립하는 6명의 여공을 대상으로 제2차 계전기 조립실험을 실시하였다. 이는 조명도와는 별도로 작업능률에 영향을 미치는 요인이 무엇인가를 파악하기 위한 실험이었다. 실험조건으로 휴식시간 도입, 작업시간 단축, 커피와 간식 제공, 작업환경의 개선, 토요일 휴무

등 물적 환경을 다양하게 변화시켜 생산성 정도를 측정하였다. 결론적으로 근무조건의 변화와 생산성 간의 직접적인 관계를 발견하는데 실패하였다.

즉, 실험 결과 작업조건의 개선에 따라 능률이 급격히 상승하였지만, 일정기간이 지난 후 이들의 작업조건을 환원시켜도 노동능률은 저하되지 않고 도리어 상승하였기 때문이다. 이는 노동능률에 결정적인 영향을 주는 것은 작업조건 이외의 다른 요인이 있다는 것이며, 그것은 안정감, 책임감, 만족감 등 종업원의 감정 및 태도변화가 노동능률을 향상시키는 데 더욱 중요하다는 사실을 깨닫게 되었다.

4.4.3 면접실험

제1차, 제2차 실험을 통해 인간의 감정적 · 심리적 요인이 노동능률을 향상시키는 중요한 요인이라는 것을 알게 되었으며, 이를 구체적으로 입증하기 위해 제3차 면접실험을 실시하게 되었다. 면접실험은 회사의 감독 · 지도방법, 작업환경, 업무 등에 대한 종업원의 불만을 면접을 통해서 조사한 것이다. 면접조사의 결과, 제1차 조명실험과 마찬가지로 "물적 환경의 변화보다는 심리적 태도의 변화가 작업성과에 크게 영향을 미친다"는 명제를 입증하였다. 또한 감독방법이 작업집단의 사기에 영향을 미치고, 조직 목표달성에도 크게 영향을 미친다는 것도 입증하였다.

4.4.4 배전기 권선실험

배전기 권선실험은 권선작업에 종사하는 14명의 남자종업원을 대상으로 작업장에서 실험조건 없이 작업상태 관찰만으로 실험을 실시하였다. 조사결과 종업원들은 그들의 비공식적 기준을 설정해 놓고 그 기준을 지키기 위해 집단규범을 정하고 있으며, 집단규범은 비공식집단을 유지하는 수단이 되고 있다는 것을 발견하였다. 이 실험으로 직장에 있어서는 집단적 신념이나 감정을 기초로 하는 자연발생적인 자생적 조직, 즉 비공식조직이 형성된다는 것을 구체적으로 입증하였다. 더욱이 조직 가운데는 특유한 행동기준이 적용되고 있으며 또한 집단적 압력에 의하여 구성원의 행동이 규제되고 있다는 것도 밝혀냈다.

4.4.5 호손실험의 결과

호손실험에서 주도적 역할을 한 메이요 교수는 이 실험을 통해 테일러의 과학적 관리법의 우수성을 증명하려 하였으나, 오히려 조직 내의 작업능률을 좌우하는 것은 단지 근로조건과 작업환경의 물적 조건만이 아니라, 종업원들의 감정이나 욕구 등 심리적·사회적 조건의 측면이 더 중요하다는 사실을 깨달았다. 물론 근로조건과 작업환경의 개선이 노동능률 향상에 효과를 가져올 수 있지만, 그것보다는 오히려 종업원들의 심리적 요소가 더욱 중요하다는 것이다. 여기서 종업원들의 태도나 감정 등 심리적 요소를 좌우하는 요소로는 개인적사회적 환경, 조직 내의 세력관계, 소속한 비공식적(자생적) 집단의 힘 등이 있으며, 종업원의 귀속의식과 종업원의 행동을 규제하는 것은 공식조직이라기보다는 인간의 상호작용에 의하여 자연발생적으로 형성되는 이러한 비공식적 조직(집단)이라는 사실이 밝혀졌다. 그렇기 때문에 기업의 생산성은 작업집단의 구성원들 사이의 상호관계와 이들 사이의 상호작용에 의해 크게 영향을 받고 있었던 것이다.

경영자가 위와 같은 사실을 무시하고 비용의 논리나 능률의 논리만으로 합리화 방안을 일방적으로 강행하고자 할 때, 이는 근로자의 감정의 논리에 저촉되어 저항과 반발이 일어나고 그 결과 생산성과 능률의 저하를 초래하게 되는 것이다. 따라서 인간의 상호작용에 의하여 자연발생적으로 형성되는 인간관계, 즉 자생적 조직(비공식조직)의 중요성이 인식되었고, 이를 바탕으로 인간관계론이 성립하게 되었다. 호손실험을 계기로 등장한 인간관계론은 전통적 인간관계론과 현대적 인간관계론의 가교역할을 했다고 볼 수 있다.

4.4.6 인간관계론의 영향 및 한계

호손실험을 계기로 인간관계론이 대두되면서 종래에는 조직을 단순히 공식조직으로만 파악하였으나, 공식조직 속의 비공식조직, 집단 상호 간의 관계로 이루어지는 사회체제로서의 조직을 인식하게 되었다. 또한 과거에는 인간을 경제적 존재로만 가정하였으나, 정서와 감정을 소유하는 사회적 존재로 파악하게 되었으며, 인간의 행동을 중심으로 연구하는 학문의 발달에 크게 공헌하였다.

그러나 인간관계론은 조직 내의 인간관리에 있어서 지나치게 비합리적이고 감정적인 논리를 중요시함에 따라 조직의 합리적 운영과 합리적 의사결정을 소홀히 다루어 결국 능률을 저하시키는 결과를 초래하였다. 또한 경제적 자극이 인간의 욕구를 자극하고 근무에 대한 동기를 부여한다는 것(경제인 가설)을 지나치게 부인했다. 그리고 조직혁신과 기술혁신의 도입에 저항하는 요소가 너무 많아 결국 조직관리가 보수주의에 빠지는 한계가 있었다.

문제

1. 인간관계란 무엇인지 설명해보자.

2. 인간관계가 왜 중요한지 각자의 생각을 말해보자.

3. 과학적 관리법이 지닌 한계는 무엇인지 설명해보자.

4. 인간관계론의 기원인 호손실험의 성과와 한계는 무엇인지 설명해보자.

Chapter 2

자신과 타인의 이해

1. 자아개념
2. 인간의 행동 이해
3. 인간의 성격 이해
4. 인간의 지각 이해

Chapter 2 자신과 타인의 이해

1 자아개념

1.1 자아개념(self concept)이란?

자아란 생각과 느낌에 대한 자기 자신의 관점이나 인식을 말하며, 자아개념이란 "나는 누구인가?", "나는 어떤 사람인가"라는 물음으로 내가 내 자신을 바라보는 관점이나 인식 등의 합성체를 말한다. 이는 자기가 가지고 있는 자기 자신에 대한 의식이나 관념이며, 내면적 · 외형적 특성과 성격을 구성하는 요소로 현실원리에 따라 욕망과 양심을 조정하는 신념의 체계라고 할 수 있다. 따라서 내가 내 자신을 긍정적으로 보면 자아개념은 긍정적 자아개념이 되고, 부정적으로 바라보면 부정적 자아개념이 된다.

자아개념은 개인적 자아(personal-self)와 사회적 자아(social-self)가 있다. 개인적 자아는 자신만이 알 수 있는 개인적인 경험으로 형성되는 자아를 말한다. 반면 사회적 자아는 타인과의 관계 속에서 나타나는 다양한 역할에 의해 형성되는 자아를 말한다. 여기서 다양한 역할이란 가족관계, 이성관계, 교우관계, 사회적 지위, 신분 등을 말한다. 심리학자 윌리엄 제임스(William James)는 이러한 사회적 자아를 "사람은 그를 인정하고 정신 속에 그에 관한 심상을 간직하고 있는 타인의 수만큼 많은 사회적 자아를 갖고 있다"고 정의하였다.

1.2 자아개념과 유사한 개념

자아개념과 유사한 개념으로는 자아상(self-image), 자아정체성(self-identify), 자아존중감(self-esteem) 등이 있다.

1.2.1 자아상(Self-image)

자아상에 대한 사전적 의미는 "자신의 역할이나 존재에 대하여 가지는 생각"을 말한다. 즉 "나는 어떤 사람인가"라는 자기 존재에 대한 물음과 관련하여 자기의 마음속에 나타나는 모습이나 심리적 그림이 있는데 이것을 자아상이라 한다. 자아상은 크게 긍정적인 자아상과 부정적인 자아상으로 나눌 수 있다. 긍정적인 자아상이든 부정적인 자아상이든 그것은 그 사람이 살아온 환경과 경험에 의해 형성된다.

1.2.2 자아정체성(자아정체감, self-identify)

자아정체성을 다른 말로 자아정체감이라고 한다. 자아는 비교적 개인주의적인 분석의 틀에서 사용되는 개념인 반면, 자아정체성은 "나는 누구인가", "나는 어떤 사람이고, 무엇을 할 수 있는가"와 같은 자아규정에 대한 집단주의적인 시각과 물음들로부터 답을 찾는 과정이며, 이는 인간의 심리와 성격을 형성한다.

에릭슨(E. Erikson)은 자아정체성의 의미를 다음과 같이 설명하고 있다.

첫째, '~로서의 나' 사이의 통합의식이다. 이는 사회적 존재인 개인이 사회집단에서 차지하고 있는 다양한 지위와 다른 역할들 간의 통합된 의식을 가지는 것이다.

둘째, '과거 · 현재 · 미래의 나' 사이의 연속의식이다. 이는 자신의 행동에 대해 신뢰감과 안정감을 가지는 것이며, 일관성을 느끼는 것이다.

셋째, '주체적 자아와 객체적 자아' 사이의 조화의식이다. 주체적 자아가 지나치게 발달하면 자아도취적인 태도를 지니게 되고, 객체적 자아가 지나치게 발달하면 다른 사람들의 눈만을 의식한 나머지 자아를 상실한 모습을 보이게 된다. 이 두 자아가 조화를 이룰 때, '너와 나'의 관계가 정립될 수 있다.

넷째, '나는 나다'라는 실존의식이다. 이러한 실존의식은 절대적 자유, 자기선택, 자기책임과 관련된다(한국 청소년학회, 청소년학 총론, 양서원, 2000).

1.2.3 자아존중감(자긍심, self-esteem)

자아존중감은 자기 스스로에게 긍지를 가지는 마음, 다른 말로 자긍심이라고 한다. 자아존중감은 그 사람이 살아온 특별한 그 사람만의 환경 속에서 신체, 경험의 상호작용에 의해서 형성되는 내적 자기상(self-image)이며, 이는 긍정적으로 형성될 수도 있고 부정적으로 형성될 수도 있다. 긍정적인 자아존중감은 타인과의 관계를 증진시키고 동기와 성취감을 주기 때문에 건전한 인간관계와 행복을 누릴 수 있는 힘이 된다.

Tip 자긍심에 관한 실험

자긍심에 관한 실험이 행해진 적이 있다. 먼저 사회학자들은 한 그룹의 젊은 남성들에게 아주 쉬운 교양문제 테스트를 치르게 했다. 테스트를 쉽게 통과할 수 있었던 이 남성들은 이어서 젊은 여성들이 있는 방으로 자리를 옮긴다. 그러면 테스트 통과자들, 즉 참가자 전원은 가장 예쁜 여자들에게 접근하는 모습을 보여 주었다. 다음에는 다른 그룹의 남성들에게 이번에는 어려운 문제들로 이루어진 테스트를 치르게 했다. 물론 이들은 모두 합격하지 못했다. 이들을 젊은 여성들과 만나게 하면 한쪽 구석에 처박혀 있든지 가장 매력이 덜한 여성들에게 접근하는 모습을 보여 주었다. 젊은 여성들도 마찬가지의 반응을 보였다. 시험을 쉽게 통과한 여성들은 서슴없이 가장 매력적인 남성들에게 다가갔고, 자신들에게 어울리지 않는다고 판단되는 남성들에 대해서는 무시하는 태도를 보여 주었다.
이처럼 우리는 간단한 테스트 하나로 한 사람의 자긍심을 조건지을 수 있다. 하지만 한 개인이 인간사회의 다른 구성원들로부터 받는 점수는 좋을 때도 있고 나쁠 때도 있기 마련이어서 사람의 자긍심은 칭찬 혹은 비난에 따라 높아지기도 하고 낮아지기도 한다. 따라서 우리가 진정으로 자유로워지기 위해서는 스스로에게 시험을 부과하고 그에 따른 보상을 부여함으로써 외부에서부터 오는 '당근과 채찍'의 자극으로부터 벗어나야 한다. 그렇다면 이런 식으로 스스로의 자긍심을 향상시킬 수 있는 방법에는 어떤 것이 있을까? 그 중 하나는 '위험을 무릅써 보는 것', 다시 말해서 스스로 어려운 일을 시도해 봄으로써 자신의 한계를 알아보는 일이다. 이 경우, 실패한다고 하여 자신을 평가절하해서는 안 된다. 승리를 결정짓는 데는 자신의 재능 외에도 다른 많은 요인들이 있기 때문이다. 우리가 칭찬해야 할 것은 승리가 아니라, 위험을 무릅써 보았다는 사실 자체이다.

베르나르 베르베르, 임호경 역, 「신」 제5권, pp.165~166, 열린책들

1.3 자아개방(자기공개, 자기노출, self-disclosure)

"사람들의 마음의 문은 안쪽에만 손잡이가 있어서 자기 스스로 안에서만 열 수가 있다"는 말이 있다. 또한 플라톤은 "마음이 현실을 만들기 때문에 현실을 바꾸기 위해서는 마음을 바꾸어야 한다"고 말했다. 좋은 인간관계를 맺고 유지하기 위해서는 무엇보다 마음의 문을 여는 것이 중요하다. 내가 먼저 마음을 열고 다른 이에게 다가가야만 다른 이도 진실하게 다가오기 때문이다. 이처럼 자신의 마음과 정보를 공개하는 것을 자아개방(self-disclosure)이라고 하며, 이는 인간관계를 심화시키는 중요한 요인이다.

우리는 타인과 관계를 시작하면서 자신의 감정과 경험을 함께 나누는 과정에서 더 큰 자기이해와 자기인식을 얻으며 점차 친밀한 관계로 발전할 수 있다. 또한 타인이 나에 대해 어떻게 반응하는지를 봄으로써 자신의 견해가 정확한지 또는 적절한지에 관한 정보를 얻을 수 있다. 인간관계에서 타인은 나를 비춰보는 사회적 거울(social mirror)이기 때문이다. 이처럼 다른 사람의 반응을 통해서 자신을 비춰보는 것을 '피드백'이라고 하며, 피드백을 얻음으로써 자기이해가 깊어지고 자신의 행동에 대한 조절능력이 커지게 된다.

실제로 인간관계가 좋은 사람은 언제나 마음의 문을 열고 자신을 드러내고 상대방을 받아들이는 사람이라는 것을 알 수 있다. 자기 마음속의 바닥이 보일 때까지 자신을 개방하면 종국에는 자신의 장점이 보이고 무엇이든지 할 수 있는 잠재력과, 모든 이들을 포용할 수 있는 포용력이 드러날 것이다.

1.3.1 조해리의 창(Johari's Window)

앞에서 살펴본 것처럼 인간관계에서 자기공개와 피드백은 매우 중요한 역할을 한다. 조해리의 창(Joharrl's window)은 자기개방과 피드백을 바탕으로 인간관계 유형을 진단해 볼 수 있는 도구이다.

조해리의 창은 공개적 영역, 맹목의 영역, 숨겨진 영역, 미지의 영역의 네 영역으로 나누어져 있다. 이는 개인의 자기공개 정도와 피드백 받은 정도의 특성을 보여주는 영역이다. 조해리의 마음의 창은 그림으로 살펴보면 다음과 같다.

▶ 조해리의 창(Johari's Window)

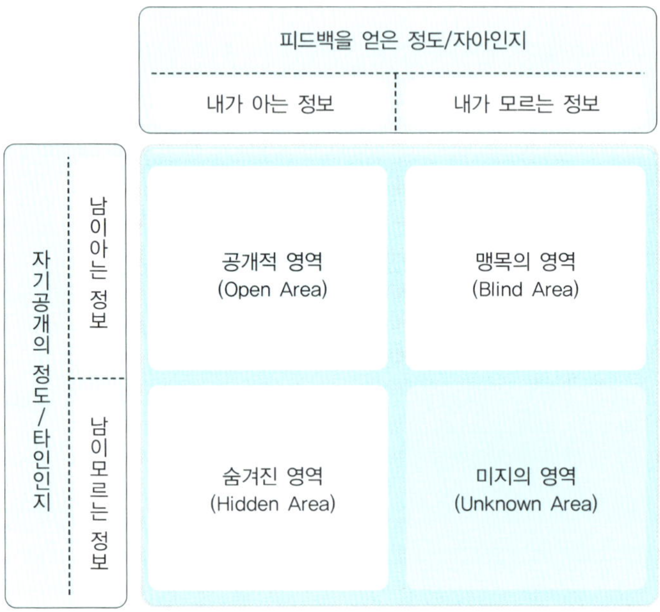

• 자기공개의 정도 : 나에 대한 정보를 타인이 알고 있는 수준
• 피드백을 얻은 정도 : 타인이 나에 대한 느낌을 내가 알고 있는 수준

■ **공개적 영역(Open Area)**

공개적 영역은 나도 인식하고 남도 인식하고 있는 나에 관한 정보를 의미한다. 개방형 인간관계 유형인 이 영역의 사람은 타인과 교류가 원활하고 대체로 원만한 인간관계를 맺는다. 또한 자기표현을 적절히 하면서 남의 말을 잘 경청하는 사람으로서 다른 사람에게 호감과 친밀함을 주는 사람이 이 영역에 포함된다.

■ 맹목의 영역(Blind Area)

맹목의 영역은 나에 대한 정보를 남들은 인식하고 있지만 나는 인식하지 못하고 있는 정보를 의미한다. 자기주장형, 전제형, 맹목적 형인 사람이 이 영역에 포함된다. 이 영역의 사람은 자신의 기분이나 의견을 잘 표현하며 자신감을 지닌 솔직하고 시원시원한 사람이다. 그러나 자기주장형은 혼자만 말하고 남의 말을 잘 듣지 않아 독선적·독단적으로 비춰지거나 다른 사람을 피곤하게 할 수도 있다.

■ 숨겨진 영역(Hidden Area)

숨겨진 영역은 나에 대한 인식을 나는 인식하지만 남들은 인식하지 못하고 있는 정보를 의미한다. 신중형인 이 영역은 현대인이게 가장 많은 유형으로 알려져 있다. 이 영역의 사람은 다른 사람의 이야기는 잘 듣지만 자신의 이야기는 잘 하지 않기 때문에 계산적이고 실리적인 경향이 있다. 이 영역의 사람은 사회생활에 잘 적응하지만 내면적으로는 고독감을 느끼는 경우가 많으며 타인의 협력을 구하기 어렵다. 따라서 자기개방을 통해 다른 사람과 좀 더 넓고 깊이 있는 교류가 필요한 유형이다.

■ 미지의 영역(Unknown Area)

미지의 영역은 나도 인식 못하고 남도 인식 못하는 나에 대한 정보를 의미한다. 이 영역은 고립형 인간관계유형이며, 이 영역의 사람은 인간관계에 있어 소극적이고 혼자 있는 것을 좋아한다. 또한 타인과 접촉하는 것을 불편해하거나 고립된 생활을 하는 경우가 많으며, 심리적 고민이 많아서 부적응적 삶을 살아가는 사람들도 많다. 따라서 이 유형의 사람은 좀 더 적극적이고 긍정적인 태도를 가질 필요가 있다.

일반적으로 인간관계를 개선하기 위해서는 미지의 영역을 줄이고, 개방적 영역을 넓히는 것이 바람직하며, 활달하고 원활한 인간관계가 이루어지는 개방형이 가장 바람직한 관계 유형이라고 할 수 있다.

Tip 조해리의 마음의 창 설문지

아래 설문지를 작성하여 본인의 '조해리의 창'을 그려보자.

	No ……………… Yes
1. 나는 내가 잘 몰랐을 경우 바로 인정한다	1 2 3 4 5 6 7 8 9 10
2. 잘못을 지적할 필요가 있는 경우 내가 직접 말한다	1 ……………… 10
3. 납득하기 어려운 지시를 받은 경우 이유를 확인한다	1 ……………… 10
4. 내 의견에 대해 남들이 어떻게 생가하는지 물어본다	1 ……………… 10
5. 나는 느낌을 솔직하게 표현하는 편이다	1 ……………… 10
6. 다른 사람의 감정을 존중한다	1 ……………… 10
7. 걱정거리가 생길 경우 터놓고 의논한다	1 ……………… 10
8. 혼자 말을 많이 하여 남을 짜증나게 하지 않는다	1 ……………… 10
9. 진심으로 상대방의 이야기를 들어준다	1 ……………… 10
10. 아이디어를 권장하고 대화를 독단적으로 끌지 않는다	1 ……………… 10
11. 내 잘못을 숨기거나 남의 탓으로 돌리지 않는다	1 ……………… 10
12. 나는 다른 사람의 충고를 잘 받아들인다	1 ……………… 10
13. 달가운 일이 아니라도 남들이 알아야 할 일은 알린다	1 ……………… 10
14. 의견이 다를 경우 나의 생각을 말하고 함께 검토한다	1 ……………… 10
15. 나는 말하기 거북한 내용도 거리낌 없이 말한다	1 ……………… 10
16. 나는 변명을 하지 않고 비판에 귀를 기울인다	1 ……………… 10
17. 나는 있는 그대로를 나타내며 가식이 없는 편이다	1 ……………… 10
18. 상대가 내 의견에 동의하지 않아도 맘 상하지 않게 한다	1 ……………… 10
19. 나는 상대방에게 자신의 의견을 말하도록 권장한다	1 ……………… 10
20. 나는 확신하는 것을 굽히지 않고 말한다	1 ……………… 10

* 각 항목들에 대한 점수를 다음 페이지의 '나의 마음의 창 그리기'에 그리고 자신의 영역을 확인한다.

나의 마음의 창 그리기

1	2	5	7	11	13	14	15	17	20	계(S)
3	4	6	8	9	10	12	16	18	19	계(L)

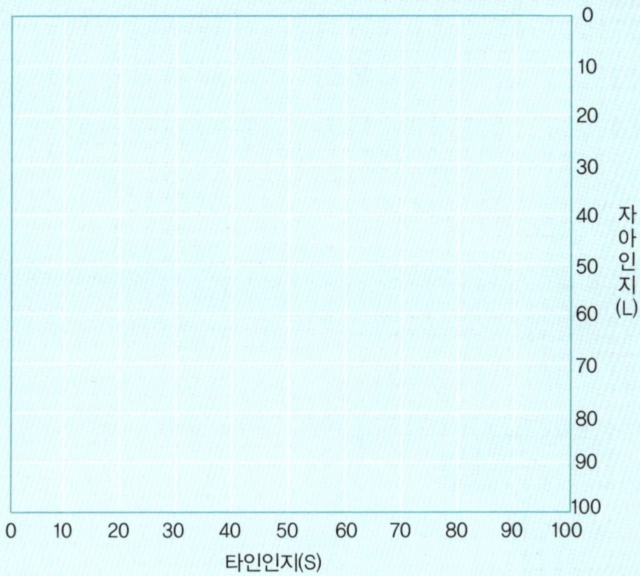

영역별 특성

공개적 영역 (개방형)	• 자기표현을 잘할뿐 아니라 상대방의 말도 잘 경청하여 인간관계가 원만하다. • 다른 사람에게 호감과 친밀감을 주게 되어 인기가 높다. • 지나치면 말이 많고 주책스런 경박한 사람으로 보인다.
맹목의 영역 (자기주장형)	• 자신의 감정이나 의견을 잘 표현하고 자신감을 지닌 솔직하고 시원시원한 사람이다. • 다른 사람의 반응에 무관하여 독단적으로 비쳐질 수 있다. • 상대의 말에 진지하게 귀를 기울이는 노력이 필요하다.
숨겨진 영역 (신중형)	• 타인에 대해 수용적이며 잘 경청하고 속이 깊고 신중하다. • 자신의 속마음을 잘 드러내지 않으며 실리적 경향이 있다. • 현대인에게 가장 많으며 내면적 고독감을 느끼기도 한다. • 자기개방을 통해 넓고 깊이 있는 교류가 필요하다.
미지의 영역 (고립형)	• 혼자 있기를 좋아하여 타인과의 접촉을 불편해 한다. • 주관이 강하여 고립된 생활을 하는 경우가 많다. • 심리적인 고민이 많거나 부적응적 삶을 살아가기도 한다. • 인간관계에 좀 더 적극적이고 긍정적 태도가 필요하다.

2 인간의 행동 이해

2.1 인간의 본성 이해

인간의 본성에 대한 개념 정립은 인간의 존재와 인간에 대한 이해에 가장 널리 쓰이는 접근방식이다. 이는 일반적으로 삶의 의미와 목적, 우리의 의무와 우리가 성취하고자 하는 희망이 인간의 진정한 본성에 의해서 영향을 받고 있기 때문이다.

그렇다면 인간의 본성은 무엇인가? 인간은 선한가, 악한가 혹은 이기적인가, 이타적인가? 이 문제들에 관해서는 많은 대립적인 견해들이 있다. 인간의 본성을 구미 학자들은 'human nature' 또는 'nature of man'이라 말해 왔고, 중국문화권의 학자들은 '성(性)'이라는 개념으로 정리하고 있다. 또한 행동과학자들은 인간 본성의 양면성에 대해 이야기하고 있다. 즉, 인간의 본성은 극단적인 어느 한쪽 면만을 가지고 있는 것이 아니라 흔히 상반되는 두 가지를 함께 가지고 있다는 것이다. 다만 사람에 따라 어느 측면을 더 많이 가지고 있는가 하는 차이가 있을 뿐이다.

2.1.1 성악설과 성선설

순자의 인성론은 성악설(性惡說)로 대변되며, 성악설의 기본 명제는 "人之性惡其善者僞也"이다. 풀이하자면, "인간의 본성은 악이요, 선은 인위적인 것이다"라는 의미이다. 여기서 순자가 "인간의 본성은 악"하다고 말한 것으로 그의 철학이 염세적이라고 오해해서는 안 된다. 순자는 인간이란 욕망을 추구하는 동물이라서 '악'을 행할 수 있으며, 그러한 인간의 욕망은 악의 원천이기 때문에 인간의 본성이 악하다는 의미로 성악설을 주장한 것이다.

반대로 '악'의 반대 개념인 '선'도 '인위적'이라고 주장하였으며, 순자는 이러한 인위적인 노력을 통해 '선'을 실현하여 '악'의 근원인 인간의 욕망을 사회 속에서 제어해야 한다고 주장하였다. 결국 '선'을 통해 인간의 악한 본성을 인위적으로 다스리면, 결국에는 '악'한 본성이 사라지고 성인에까지 이를 수 있다고 주장했다(도서출판 새날, 안재훈 지음, 지혜를 얻는 철학여행 中에서 일부 참조함).

반면, 맹자는 순자와 반대로 인간은 모두 '仁義'를 행할 수 있는 덕성을 타고난다고 주장했다. 맹자에 따르면 인간의 본성은 백지상태의 도화지처럼 착하고 깨끗하게 태어나지만 성장하면서 악한 것을 보고 듣게 되면서 조금씩 악하게 변한다는 것이다. 그러나 순자와 맹자처럼 인간의 본성을 '선'과 '악'이라는 이분법만으로 구분하기 힘든 경향이 있다. 이는 '선'과 '악'의 개념 자체가 절대적이 아니기 때문이며, 보는 사람의 기준에 따라 인간의 본성을 선하거나 악하다고 볼 수 있기 때문이다. 그러나 중요한 점은 맹자나 순자 모두 인간은 태어날 때 착하든 악하든 한 가지 성격을 띠고 태어난다고 본 것이다. 그리고 그들의 공통적인 목적은 사람들에게 살아가면서 수양을 권하여 도덕적 완성을 이루게 하고자 하는데 있다.

2.1.2 X · Y이론

맥그리거(McGregor)는 X · Y이론을 통해 인간의 본성을 X적 유형(부정적 인간관)과 Y적 유형(긍정적 인간관)으로 구분하였다. X이론은 인간본성의 부정적인 관점을 가정한 인간관이다. 즉 대부분의 인간들이 일과 책임을 싫어하고 지시받기를 선호한다고 가정하고 있다. 그러나 맥그리거는 Y이론을 통해 부정적인 인간관에 대하여 강한 반론의 제기와 인간의 본질에 관한 긍정적이고 낙관적인 인간관을 제시하였다. Y이론에서 인간은 일을 즐기고 업적에 대하여 상당한 자기통제를 행사할 수 있다고 가정하고 있다.

■ X이론의 인간 유형

X이론의 인간은 본질적으로 일하기 싫어하며, 가능한 한 일을 피하고자 한다. 또한 조직 내에서 통제 · 명령 · 처벌의 위협을 통해야만 일하며, 야망이 없고 책임을 회피하며, 자발적으로 책임을 지기보다는 지시받기를 좋아하고 경제적 보상과 안정을 찾으려는 본성을 지니고 있다.

■ **Y이론의 인간 유형**

Y이론의 인간은 일을 놀이나 휴식처럼 자연스러운 것으로 받아들이고, 목적달성을 위해 스스로를 동기부여시켜 일하려 하고, 책임감이 강하며, 자율적으로 자기통제를 할 수 있으며, 자아실현의 욕구를 충족하려는 본성을 지니고 있다.

2.1.3 이기주의와 이타주의

이기주의는 자기이익의 추구에 바탕을 두고 있다고 주장하는 이론이다. 이는 인간이 자기 자신의 복지와 이익을 증진함으로써 완성을 추구한다고 보고 있다. 많은 인간 본성에 대한 이론이 이기주의의 경향을 갖고 있다. 그러나 이기주의라는 말은 때로 자신의 가치를 과도하게 강조하는 것을 뜻하는 자기중심주의(egotism)라는 말로 잘못 사용되기도 하기 때문에 주의해야 한다. 반면 개인의 중요성보다 공동체의 중요성을 더 강조하는 견해를 이타주의라고 부른다. 이타주의는 도덕적 행동의 목적을 타인의 이익에 두는 행위이론이다. 이타주의(프랑스어로 altruisme)라는 용어는 이기주의에 대한 적절한 반대어로 널리 쓰이고 있다.

인간은 이기주의와 이타주의를 모두 가지고 있다. 다만 어느 본성이 더 많은 비중을 차지하는가 하는 정도의 차이만 있을 뿐이다.

2.2 인간행동의 기본 가설

인간의 행동은 인간관계를 맺고 유지·발전시키는 원동력이다. 인간의 행동 원인, 목적, 동기는 상호 관련되어 있으며, 인간이 행동을 하는 것은 기본적으로 행동을 통해 자신의 행복을 추구하려는 것이다. 인간의 행동과 관련된 다음의 네 가지 가설을 살펴보도록 하자.

2.2.1 인간의 행동에는 원인이 있다(Behavior is caused)

인간행동에는 원인이 있다. 인간의 행동은 우연히 일어나는 것이 아니라 행동을 유발하는 원인(행동의 이유, 욕구 등)이 있다.

2.2.2 인간의 행동은 목적 지향적이다(Behavior is goal-directed)

목적이 없는 행동은 없다. 행동은 아무 이유 없이 일어나는 것이 아니며, 어떤 목적을 달성하기 위한 목적지향성을 추구한다. 배고픔이라는 행동의 원인은 다이어트의 목적을 지닌 사람에게는 허기를 참는 행동을 유발하지만, 그 외의 사람에게는 식사를 하는 행동을 유발한다. 이는 행동의 목적지향성 때문이다.

2.2.3 인간의 행동은 동기가 있어야 일어난다(Behavior is motivated)

동기가 있어야 행동은 일어난다. 인간의 행동은 의식적이든 무의식적이든 어떤 목적을 달성하기 위해 동인(動因, motive) 또는 충동(drive)에 의해 발생한다. 인간의 행동은 단독의 고립에 의해 일어나지 않으며, 인간의 행동은 목적지향적임에도 불구하고 내외의 다른 요인에 의해서 방해를 받아 왜곡되거나 저지되기도 한다.

2.3 인간행동의 유발요소

인간의 행동은 태도, 가치관 등의 행동 유발요소에 의해 일어난다. 인간의 행동을 유발하는 이러한 요소들은 각기 다양한 특징을 가지고 있으며, 삶의 과정 자체라고 할 수 있는 인간관계는 우연히 발생하는 경우도 있지만 대부분 이러한 행동 유발요소에 의해 의도적으로 형성된다.

2.3.1 태도(attitude)

태도란 자신을 둘러싼 사람이나 사물, 일, 사건 등에 대해 긍정적 또는 부정적인 반응을 지속적으로 취하는 일관성 있는 경향을 말한다. 특정 대상에 대한 긍정적인 태도는 그 대상에 대해 긍정적인 행동을 낳고, 부정적인 태도는 그 대상에 부정적인 행동을 낳는다. 또한 낙척적인 태도를 가진 사람과 염세적인 태도를 가진 사람은 인간관계의 폭이 다르다는 것을 알 수 있다. 더욱이 태도는 자신뿐만 아니라 자신이 속한 집단의 구성원의 행동에도 영향을 미치기 때문에 인간관계에서 매우 중요한 역할을 한다. 태도는 아래와 같이 일반적으로 인지적 요소, 정서적 요소, 행동적 요소로 구성된다.

- **인지적 요소**(cognitive)

인지적 요소는 사람이 특정 대상에 갖는 지각, 의견 또는 신념, 사고방식 등을 의미하는 요소이다. 예를 들면 담배를 피우는 것은 건강에 해롭기 때문에 담배를 피우는 사람에 대해 부정적인 태도를 갖게 되는 사고방식을 들 수 있다.

- **정서적 요소**(affective)

정서적 요소는 감정적 요소로 평가되는 요소이다. 이는 대상물에 대해 좋고 나쁨에 대한 표현으로 사고나 정보를 바탕으로 한 태도가 아니라, 감정이나 개인적 평가에 기반을 둔 태도이다.

- **행동적 요소**(behavioral)

행동적 요소는 어떤 대상물에 대한 어떤 행동을 취하려는 경향성 때문에 의도적 요소라고도 불린다. 예를 들면 좋아하는 사람에게 웃어 보이고, 싫은 사람에게 찡그리는 것이 태도의 행동적 요소이다.

이처럼 인지적 요소, 정서적 요소, 행동적 요소는 모두 태도를 구성하고 있지만 직접적으로 눈으로 확인할 수 있는 것은 아니며, 세 가지 요소가 중첩되어 있지만 일치하는 것도 아니다. 또한 이 세 가지 요소는 모두 인지적 요소에서 정서적 요소로 정서적 요소에서 행동적 요소로 연결됨이 일반적이다.

Tip 태도의 특성

① 볼 수 없는 가상의 구성체이다(행동을 통해 추리될 뿐).
② 개인적으로는 물론 조직 내에서도 학습된다.
③ 태도는 대상에 대해 평가하는 특성이 있다.
④ 태도는 변화하지만 다소 지속성을 갖는다.

2.3.2 귀인(attribution)

인간은 기본적으로 자신과 자신을 둘러싼 세계에 대해 이해하려고 하며, 어떠한 행위에 대해 그 원인을 추론하려는 성향이 있다. 이처럼 자신이나 타인의 어떤 말이나 행동을 보고 그 말이나 행동을 일으키는 원인이 어디에 있는지를 이해하려는 것을 귀인이라고 한다.

귀인에는 외적 귀인과 내적 귀인이 있다. 외적 귀인은 어떤 행위에 있어 잘못된 경우 타인이나 상황, 운 등 외부적인 원인으로 탓을 돌이는 것을 말한다. 내적 귀인은 자신의 행동이 성공적인 경우 자신의 기분, 태도, 성격, 능력 등과 같은 개인적인 것에 대해서 원인을 찾는 것을 말한다. 예를 들어 모든 학생들이 높은 점수를 받았다면, 시험이 쉬웠다거나 선생님이 점수를 잘 줬다거나 하는 외적 귀인이 형성된다. 그러나 단 한 명의 학생만이 좋은 점수를 받았다면, 그 학생은 자신이 열심히 공부한 것 등에 대한 내적 귀인이 형성된다. 이처럼 다른 사람들이 얼마나 잘 수행했는가에 대한 정보와 같이 자신의 원인에 대한 지각과 이와 관련된 외부정보가 어떻게 일치되는가의 여부는 귀인에 영향을 미친다.

2.3.3 가치관(values)

사람들은 각자가 가지고 있는 자신의 신념이나 원하는 바에 따라 생각이나 행동이 달라질 수밖에 없다. 가치관이란 인간의 어떤 구체적인 행동양식에 대한 일반적인 신념이나 원하는 것의 최종 상태를 말한다. 이때 어느 것이 옳고 그른가는 중요한 문제가 아니다. 가치관은 주로 부모, 교사, 그리고 친구 등 개인의 주변 인물들을 통해 형성된다. 또한 개인이 즐겨보는 TV, 신문, 라디오 등 대중매체를 통해 표현되는 의견이나 자기가 속한 분야에서 존경받는 인물에 의해서도 가치관은 형성된다.

인생에 대한 가치관이든, 일에 대한 가치관이든, 이성에 대한 가치관이든 사람마다 세상을 보는 가치관에는 각각의 수준이 있다. 사람이 살아가는 것, 그리고 다른 사람과의 인간관계도 가치관의 선택이라고 할 수 있다. 그리고 그 가치관에 따라 주어진 일에 행복을 느낄 수도 있고, 불행을 느낄 수도 있다. 이러한 가치관의 특성 세 가지를 살펴보면 다음과 같다.

■ **규범성**

가치관은 여러 가지 행동 대안이나 가능한 상태 중에서 어느 것이 좋고, 어느 것이 더 올바르고, 어느 것이 더 그르다는 개인의 규범이나 윤리, 도덕적 특성을 포함하고 있다.

■ **순위성**

개인의 가치관은 단 한 가지의 가치만 있는 것이 아니라, 수많은 가치로 구성된 시스템의 형태를 취하고 있다. 따라서 개인은 정직, 순종, 독립성 등의 개인적인 중요도에 따라 가치의 우선순위를 정하고 있으며, 이는 개인의 태도와 행동에 많은 영향을 준다.

■ **영속성**

가치관은 안정적이고 지속적인 특징을 갖고 있다. 어제 가지고 있었던 가치관이나 오늘, 미래의 가치관이 비슷하다는 것이다. 그러나 가치관이 영원히 지속적이지 않는 경우도 있다. 즉, 개인의 경험에 따라 가치관은 변화 가능하기 때문이다.

2.3.4 학습 및 습관

사람은 태어나면서부터 배우고, 살아가면서 배우고, 배우면서 살아간다. 학습은 경험의 결과이며, 변화를 포함하고 있다. 학습에 의해 일어난 변화는 오랫동안 지속되는 경향이 있어 습관이 된다. “세살 적 버릇 여든까지 간다”, “바늘 도둑이 소 도둑된다”는 속담과 같이 습관은 좋은 것이든 나쁜 것이든 그 경향성 때문에 선 또는 악의 방향으로 점차 강도가 높아진다. 따라서 학습과 습관은 개인의 행동에 직·간접적으로 지대한 영향을 미치는 요인이라 할 수 있다.

Tip 행복한 사람의 공통된 태도

① 긍정적이고 낙천적이다.
② 상대방의 좋은 측면을 보려고 노력하고, 나쁜 상황에서도 긍정적으로 해결하려 한다.
③ 상대의 부정적인 태도에 휩쓸리지 않는다. 이것이 자신을 아끼고 존중하는 것으로 여긴다.
④ 자신과 타인/집단 내의 좋은 품성을 찾으려 한다.
⑤ 성공을 위해 목표지향적이며, 이를 위해 열정적으로 노력한다.

3 인간의 성격 이해

성격은 인간관계를 형성하고 유지하며, 인생의 성공과 행복에 미치는 영향이 매우 큰 중요한 요소 중 하나이다. 좋은 성격을 개발하는 것, 자신만의 멋진 성격을 갖는 것은 인간관계를 원활하게 하는 매우 중요한 문제이다.

3.1 성격이란?

성격의 개념은 보는 사람의 시각에 따라 다양하게 고찰될 수 있다. 즉 개인이 느끼기에 자신의 성격은 자신을 특징짓는 속성과 경향의 총체인 것이다. 반면 내가 제3자의 입장에서 다른 사람의 성격을 본다면 그것은 그를 다른 사람과 구별짓게 만드는 특성들의 총체일 것이다. 사람의 성격은 일생에 걸쳐서 점진적으로 발달하며, 사람들은 종종 관찰자의 입장에서 사람들의 행동을 관찰하고 그 관찰한 정보를 이용하여 다른 사람의 성격을 파악하기도 한다.

성격(personality)이란 말의 어원은 탈이나 가면을 뜻하는 라틴어인 페르조나(persona)에서 유래한다. 이 말은 겉으로 드러난 탈이나 가면처럼 성격은 타인에게 보이는 개인의 모습 및 특성을 그대로 드러내기 때문일 것이다. 그러나 비록 어떤 개인이 타인들과 공통적인 특성을 갖고 있다 할지라도, 성격은 그를 다른 모든 사람들과 구별해주는 유일하고 독특한 것이다.

3.1.1 성격의 특성

성격은 인간의 운명을 좌우하므로 개인행동의 연구에서 가장 중요한 요인이다. 성격은 일반적으로 "유전과 외적인 환경요인에 의해 형성된 안정적인 일련의 특성, 성향 및 기질"이라고 정의되며 흔히 '성격', '인품', '인격' 등의 의미로 사용된다. 성격의 특성에 대한 심리학자들의 일반적인 정의를 살펴보면 다음과 같다.

Tip 남녀 특성 비교

구분	남성	여성
성향	공격	수비
욕구	권력, 성취	관계, 안정
역할	먹이 사냥꾼	둥지 양육자
우위지능	공간지능	언어지능
주요관심	사물, 일	사람, 관계
의사결정	혼자 결정	의논해서 결정
대화패턴	공적인 대화	사적인 대화
절대가치	존경을 원함	사랑을 원함
대화방식	문제해결 위주	공감 위주

① 성격은 인간의 사고, 감정, 행위 등과 같은 일련의 행동과 관련되어 있으며, 한 사람의 성격은 그 사람의 행동을 관찰하는 타인에 의해 판단된다.

② 삶은 적응의 과정이며 사람들은 자신이 처한 상황에서 생존하기 위해 자신의 성격을 발달시키고 형성한다.

③ 성격은 사람들이 보편적으로 갖는 공통적인 성향이 있다. 즉, 사람들을 어떤 성격의 유형으로 분류하는 것은 서로가 공통적으로 공유하는 행동적 특성(내향성 혹은 외향성과 같은)을 바탕으로 이루어진다. 모든 사람의 성격은 어떤 측면에서는 다른 모든 사람과 다르고 또 다른 측면에서는 유사하다는 것이다.

④ 성격은 다른 사람과 구별할 수 있는 개인적인 독특성 혹은 개인차(개성)를 가지고 있다. 이는 일반적으로 사람의 성격은 행동을 통해서 밖으로 드러나므로 행동을 통해 추정하거나 예측할 수 있을 뿐이다.

⑤ 성격은 비교적 일관되고 안정적인 행동패턴이 있다. 즉 동일한 자극에 대해 일관되게 지속적으로 반응하려는 경향을 지닌다는 것이다. 그러나 개인의 일생을 통해 영원히 동일한 자극에 대해 동일한 반응을 보이는 것이 아니라 계속적으로 변화하는 과정에 있다.

⑥ 사람들이 어떤 상황에 접했을 때 비교적 일관성 있게 행동하는 이유는 개인 내부의 역동적이며 조직화된 특성이 있기 때문이다.

3.1.2 성격과 인간관계

인간은 다양한 성격을 가진 집단구성원들과 인간관계를 맺고 함께 살아가고 있기 때문에 성격이 인간관계에 미치는 영향은 매우 크다고 할 수 있다. 그렇다면 바람직한 인간관계를 맺기 위해서는 어떤 성격을 지녀야 하는가? 그것은 상대방과 조화를 이룰 수 있는 성격을 가져야 한다.

그러기 위해서는 먼저 자신의 성격을 잘 파악하고 자신의 약점을 보완하려는 노력을 기울여야 한다. 그리고 타인의 성격을 이해하고 타인의 성격과 조화를 추구하려는 노력을 해야 한다. 나만 노력한다고 해서 좋은 인간관계가 형성되는 것은 아니지만, 타인의 성격을 내가 인위적으로 바꾸기란 불가능하기 때문에 나의 성격을 상대방의 입장에 맞게 조절할 필요가 있는 것이다.

비슷한 성격을 지닌 사람들은 서로 잘 어울린다고 하지만, 반드시 그렇지만은 않다. 직장의 동료와 가정의 부부는 서로 유사한 성격이 아니더라도 잘 어울릴 수 있기 때문이다. 중요한 것은 상대방과 조화를 이루고 잘 어울리려고 하는 노력이 반드시 선행되어야 바람직한 인간관계가 형성될 것이다.

3.2 성격의 유형

성격의 유형을 학문적으로 구분지을 수는 있지만, 그것들에 대해 좋고 나쁨의 가치평가를 내려서는 안 될 것이다. 우리가 인간의 성격을 통해 진정으로 인간관계를 이해하기 위해서는 끊임없는 연구와 학습을 통해 인간관계의 모든 것들을 이해하고 포용할 수 있어야 한다. 융(C. Jung)을 중심으로 한 심리학파는 인간의 성격유형을 '외향성'과 '내향성' 두 가지로 제시하였다. 외향성과 내향성의 성격특성을 살펴보면 다음과 같다.

3.2.1 외향성

외향성의 성격을 지닌 사람은 내향성의 성격을 지닌 사람보다 상대적으로 말이 많고 사교적이며 자기주장이 강하고 활동적으로 외부세계에로 지향하려는 성향을 지닌다. 따라서 외향성의 성격을 지닌 사람은 환경 속에서 자극을 필요로 하며 단순하고 반복적인 직무에는 부정적인 반응을 보이는 경향이 있으며 다양성과 예측불가능성 및 흥분을 주는 환경을 필요로 한다. 따라서 직업 면에서도 외향성의 사람들은 사업가, 예술가 등을 선호한다.

3.2.2 내향성

반면에 내향성의 성격을 지닌 사람은 질서 있고 안정적이며 예측가능한 환경을 제공하는 반복적인 과업에서 일하기를 좋아한다. 내향성의 사람들은 사무원, 회

계전문가, 교사 등의 직업을 선호한다.

3.3 성격이론

성격이론은 한 개인이 다른 사람들과 얼마나 비슷하며 또 얼마나 다른가, 또 특정한 유사점과 차이점을 종합적으로 체계화하는 것은 무엇인가를 이해하기 위해 제시되었다.

3.3.1 체액론

체액(humour)론은 신체의 4가지 체액이 사람의 기질과 특성을 결정한다는 이론으로써, 고대 그리스의 의사인 히포크라테스(Hippocrates)는 신체의 4가지 체액을 혈액(blood)·점액(phlegm)·담즙(yellow bile. 황색담즙)·흑담즙(black bile, 흑색 담즙)으로 구분하였다. 그리고 사람의 정서적·신체적 건강은 이 4가지 체액의 균형에 달려 있다고 믿었으며, 이 중 어느 체액이 신체 내에서 우세한가에 따라 성격이 결정된다고 주장했다.

혈액은 열정, 점액은 둔감(鈍感), 황담즙은 분노, 흑담즙은 우울과 관계있는 것으로 여겨졌다. 이 체액들이 사람마다 다양하게 섞여 사람들의 '천성'이나 '기질', 즉 신체적·정신적 특징과 성격이 결정된다고 생각했다. 이상적인 사람은 4가지 체액이 이상적인 비율로 혼합된 것이며, 그 중 어느 한 가지가 많으면 각기 다혈질·점액질·담즙질·우울질인 사람이 된다고 생각했다.

이러한 각각의 천성에 따라 특정한 성격을 갖게 되기 때문에 이 단어들은 매우 유용하게 쓰였다. 예컨대 담즙질인 사람은 화를 잘 낼 뿐만 아니라 얼굴이 노랗고 마른 형이며 털이 많고 자존심이 강하며 야심에 차 있고 복수심이 강하며 약삭빠르다고 생각했다. 16세기에는 체액에 따라 불균형적 정신상태, 기분에 쉽게 좌우되거나 이해할 수 없는 변덕, 고지식한 어리석음이나 성격적 결함 등이 나타난다고 확대 해석하기도 했다.

3.3.2 프로이드의 정신분석학적 성격이론

프로이드(S. Freud)의 정신분석학적 성격이론은 근대에 가장 큰 영향을 미친 성격이론이다. 프로이드는 성격에서 실제로 작용하고 있는 힘과 그 힘들을 어느 특정한 방향으로 이끄는 내적 구조를 이해하는 데 힘썼다. 프로이드는 인간의 성격을 이드(id) · 자아(ego) · 초자아(superego)라는 3가지 구조로 구분하였다.

■ **이드(id)**

이드는 인간 성격의 선천적 · 유전적 충동이나 본능들을 관장한다. 이드는 충동을 만족시켜 긴장을 해소하려는 타고난 경향, 즉 쾌락을 얻고 고통을 피하려는 쾌락원리와 관련을 맺고 있다. 이드는 이러한 욕구충족을 위해 현실과의 상호작용을 필요로 하며, 이 필요에 대처하는 것이 자아의 역할이다. 유아기와 아동기에는 자아가 이드에서 발달하기 때문에, 특정 개인이 본능적 욕구를 만족시키려고 애쓸 때 외부의 객관적 세계와 현실적으로 상호작용할 수 있다.

■ **자아(ego)**

자아는 이드와 외부세계 사이를 중재하는 복잡한 심리적 체계이다. 자아는 이드의 욕구와 현실세계의 여건과의 갈등 사이에서 만족스러운 결론에 도달하도록 지적 · 논리적 기능 및 지각기능을 통제하며, 이런 기능들은 행동을 통제하는 일에 관여한다. 자아의 주요한 표현은 현실적 · 논리적 사고이다.

■ **초자아(superego)**

초자아는 사회적 가치와 도덕적 가치의 수용을 나타내며, 양심은 초자아의 한 측면이다.

프로이드는 인간 성격의 전체적 방향은 타고난 충동이나 본능을 만족시키는 쪽으로 움직인다고 주장했다. 즉 개인의 성격구조는 이드에서 일어나는 충동과 이 충동을 통제하는 동시에 만족시키는 과정 사이인 자아와의 투쟁에서 발달한다는 것이다. 프로이드의 정신분석이론은 동기화와 발달을 포함한 많은 성격연구에 적용할 수 있는 기초적인 틀을 제공했다.

3.3.3 에릭슨의 성격이론

에릭슨(Erik H. Erikson)은 미국의 사회심리학자로서 프로이드의 성격이론을 더욱 정교하게 다듬어 인간의 전 생애에 걸친 포괄적인 성격발달과 변화를 체계적으로 이론화했다. 즉 에릭슨은 인간의 출생에서 사망까지 생애주기를 8단계로 나누었으며, 각 단계에서 나타나는 생물학적 · 심리적 · 사회적 요인과 자아의 특성을 통해 인간의 성격을 이해하는 것이 중요하다고 강조했다.

에릭슨이 제시한 성격발달 8단계에 따르면 각 단계마다 심리사회적 위기가 닥치는데, 개인이 다음 발달단계를 준비하면서 각 단계의 위기를 극복하고 내면화하는 과정을 통해 성격발달이 이루어진다고 하였다. 에릭슨은 위기를 잘 극복하는 인간이 건강한 성격을 형성할 수 있다고 보았다. 즉, 전 일생을 통해 마주치게 되는 일련의 위기들을 그때그때 잘 해결하고 극복함으로써 자기정체감을 형성해 나가는 것이 건강한 성격의 기반이 된다고 하였다. 또한 위기를 잘 극복하기 위해서는 긍정적인 경험과 부정적인 경험이 균형을 잡아야 하며, 그 균형은 개인에 따라 다르다고 하였다.

Tip 에릭슨의 인간심리의 사회적 발달 8단계

단계	시기	위기
제1단계	영아기(0 ~ 1세)	기본적 신뢰 대 불신
제2단계	걸음마기(1 ~ 3세)	자율성 대 수치심
제3단계	학년전기(4 ~ 5세)	주도성 대 죄의식
제4단계	학년기(6 ~ 12세)	근면성 대 열등감
제5단계	청소년기(12 ~ 20세)	자아 정체감 대 정체감 혼미
제6단계	초기성인기 ~ 중년기	친밀감 대 고립감
제7단계	장년기	생산성 대 침체감
제8단계	노년기	자아통합 대 절망감

3.3.4 올포트의 특질이론

올포트(Gordon Allport)는 미국의 사회심리학자로서 '인격심리학'의 권위자이다. 올포트는 특질이론에서 개인특질과 공통특질을 제안하였다. 개인특질은 개인의 독특한 성격을 나타내는 것으로써 후에 '개인적 성향'(personal dispositions)으로 다시 명명하였다. 아울러 공통특질은 어떤 문화에 속해 있는 많은 사람이 공유하는 것이라고 정의하였으며, 후에 그냥 특질로 다시 명명하였다.

개인의 독특한 성격을 나타내는 개인특질, 즉 개인적 성향에는 주특질(cardinal traits), 중심특질(central traits), 이차적 특질(secondary traits) 등 세 가지 유형의 특질이 있다.

■ 주특질(cardinal traits)

올포트는 주특질을 '지배적 열정', '감정의 지배자'라고 불렀다. 주특질은 강렬해서 개인의 행동을 지배하며, 개인의 거의 모든 생활에 영향을 미치는 특질이다.

■ 중심특질(central traits)

중심특질은 개인의 행동의 두드러진 특질이며, 주특질에 비해 덜 일반적이고 덜 지배적인 특질이다. 일반적으로 중심특질은 우리가 누군가의 추천서를 쓸 때 언급하는 개인의 두드러진 특성이라고 생각하면 된다.

■ 이차적 특질(secondary traits)

이차적 특질은 개인에게 가장 적게 영향을 주는 개인특질이다. 이차적 특질은 주특질과 중심특질보다 덜 두드러지고 덜 일관적으로 나타난다. 이차적 특질은 좀처럼 드러나지 않고 매우 약해서 매우 절친한 친구만이 이것을 알아챌 수 있다.

올포트는 성격을 개인의 특유한 행동과 사고를 결정하는 심리적·신체적 체계인 개인 내의 '역동적 조직'이라고 하였다. 여기서 말하는 '역동적 조직'이란 성격이 일정한 구조와 체계를 갖춘 것이기는 하지만, 계속 발달하고 변화하며 적응해 나가는 과정임을 뜻하고 있다. 올포트의 성격의 정의를 살펴보면 다음과 같다.

① 성격은 계속적으로 변화하고 성장하는 조직이다.

② 성격은 정신(심리)과 신체의 결합에 따른 상호작용이다.

③ 성격의 모든 측면은 구체적 행동과 생각을 활성화 혹은 방향짓는다.

④ 개인의 성격은 독특하다.

4 인간의 지각 이해

지각은 인간관계의 다양한 측면에서 영향을 미친다. 일반적으로 인간의 오감을 통해 형성된 지각은 한 개인의 생각과 행동을 타인과 다르게 하는 요인이 된다. 모든 인간은 자신만의 마음의 눈으로 세상을 바라보기 때문이다. 즉, 같은 사물을 보고 지각하는 데 있어 서로 다르게 느끼고 행동한다면 이는 논리적인 세계의 차이가 아니라 심리적인 세계의 차이이기 때문이다. 따라서 타인이 같은 사물 같은 사람에 대해 나와 다른 지각을 갖는 것을 부정하기보다는 다 같이 옳을 수 있다는 인식의 전환이 필요할 것이다.

4.1 지각이란?

데카르트는 "나는 생각한다. 고로 나는 존재한다."고 했다. 근대 경험론의 핵심인물인 조지 버클리(George Berkeley)는 "존재하는 것은 지각된 것이다"라고 했다. 이 말은 "지각되는 것만 존재한다", 혹은 "지각되지 않으면 존재하지 않는다."는 것과 같은 말이다.

여기서 지각(perception)이란 감각기관을 통해 외부의 사물이나 자극을 의식하는 작용 및 그것으로 말미암아 얻어진 관념을 말한다. 예를 들어 내가 당신을 오랜만에 만났을 때 당신에 대해 좀 더 주의를 기울이면 당신에 대한 이미지가 마음속에 나타난다. 이것이 지각이다. 따라서 지각은 오감의 감각을 통해 감지되는 것을 의미하지만, 감각보다 복잡하며 감각과 이미지를 구성요소로 한 의식현상이라 할 수 있다.

지각은 지각하는 사람의 눈에 따라 달라진다. 지각은 우리는 보고자, 듣고자 하는 것만 보고, 훈련되고 익숙한 것만 보고 듣는 경향이 있다. 따라서 같은 정보, 사건, 또는 상황에 직면에서도 사람들은 흔히 상당히 대조적인 해석이나 반응을 취한다. 이처럼 지각에 의해 인간관계에서도 우리는 상대의 사실적인 모습보다는 각자가 보고 느낀 점에 의해 상대를 파악하게 되며, 실제와 다른 경우 원만한 인간관계 형성에 커다란 시행착오를 가져 올 수 있게 된다.

순수한 지각은 관찰자와 관찰되는 것 사이의 분열이 없을 때 일어난다. 즉, 개인이 무엇인가에 집착하거나, 두려워한다면 이것은 마음에 분열이 일어난 것이며 결국 순수한 지각이 일어나지 않을 것이다. 또한 내가 관찰되는 것에 대해 미리 어떤 결론을 가진다면 나는 있는 그대로의 사물을 볼 수 없다. 따라서 순수한 지각은 있는 그대로의 사물을 보는 것이라고 할 수 있다.

4.2 지각의 차이

같은 지각이라 할지라도 지각의 의미는 지각자의 눈에 따라 달라진다. 그것은 지각자가 보고 싶은 것, 듣고 싶은 것만을 선택적으로 체득하는 성향이 있고, 어떤 상황에서 지각했느냐에 따라 달라질 수 있기 때문이다.

아래 그림의 가운데에 위치해 있는 자극은 지각자가 그 자극을 위에서 아래로 지각했다면 숫자 '13'이라고 지각할 것이고, 지각자가 오른쪽에서 왼쪽으로 지각했다면 알파벳 'B'로 지각할 것이다. 이처럼 지각자의 지각의 상황에 따라 그 자극이 가지는 의미가 달라진다.

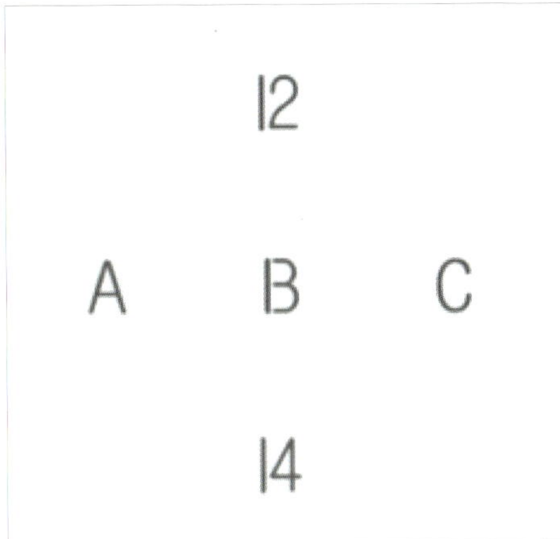

아래 그림을 사람들에게 보여주면, 일반적으로 65% 정도는 '젊은 여자'라고 답하고, 35% 정도는 '늙은 여자'라고 답한다. 이 그림을 보여주기 전에 다른 젊은 여자 사진을 여러 장 보여주고 이 그림을 제시하면 대다수의 사람들은 '젊은 여자'라고 지각하는 경향이 있으며, 반대로 늙은 여자 사진을 여러 장 보여준 다음 이 그림을 보여주면 이 그림을 '늙은 여자'라고 지각하는 비율이 상당히 늘어난다.

이처럼 지각자의 해석은 지각자의 선행 경험이 어떤 것이었느냐에 달라지기도 한다. 인간은 이처럼 지각에 의해 상대의 사실적인 모습보다는 각자가 가지고 있는 지각에 의해 상대를 파악하려는 경향이 있다. 따라서 우리는 지각의 차이와 오류에 의해 원만한 인간관계 형성에 커다란 시행착오를 가져올 수도 있다는 점을 항시 유의해야 한다.

4.3 지각과정

환경으로부터 대상 자극이 감각기관으로 들어오면 그것은 크게 세 단계를 통해 지각되어 행동으로 실천되는데, '선택 → 조직화 → 해석'의 과정이 그것이다. 이 세 단계는 빠른 속도로 거의 동시에 일어나기도 하지만, 분석적으로 나누어 살펴본다면 이러한 세 가지 단계마다 지각주체의 성향에 따라 동일한 대상 자극이 지각자 별로 다르게 지각될 수 있는 다양한 가능성이 존재한다.

■ **선택(selection)**

지각과정의 첫 단계인 '선택'은 인간의 외부환경으로부터 수집된 정보(상황이나 자극)를 받아들이는 것이 아니라 그 가운데서 의미 있는 것만을 제한적으로 받아들이는 것이다.

■ **조직화(organization)**

지각과정의 두 번째 단계인 조직화는 외부로부터 일단 선택되어 지각영역 안으로 들어온 자극들을 다시 지각자에 의해 보다 의미 있는 심상(이미지)으로 엮는 과정이다. 지각의 조직화는 선택된 투입물을 조각난 정보나 독립적인 개개의 자극으로 지각하는 것이 아니라, 유사하거나 근접한 자극을 함께 묶는 등 완전한 사물이나 정신적 심상(이미지)으로 엮는다.

■ **해석(interpretation)**

지각영역 안으로 받아들여져 조직화된 자극은 다시 해석을 통해 의미를 부여하는 과정을 거치게 된다. 지각자는 조직화된 자극을 자기의 목적에 부합될 수 있도록 하기 위해서 자극에 부여한 의미를 '해석' 한다. 그리고 해석의 과정을 거쳐 외부의 자극은 비로소 의미를 부여받게 된다.

4.4 지각의 오류

지각은 여러 외부요인에 의해 영향을 받으면서 형성되지만, 적은 정보로는 공정하고 정확하게 대상을 지각하는 데 한계가 있기 때문에 오류나 곡해가 발생할 수 있다.

4.4.1 관찰단계에서 발생하는 지각오류

관찰단계에서 발생하는 지각오류는 타인이나 대상에 대한 정보수집의 단계에서 일어나는 오류로써 지각자의 주관이나 선택에 의해 발생할 수 있다.

■ **주관적 투사(projection)**

주관적 투사란 바람직하거나 바람직하지 못한 자신의 감정이나 경향을 타인에게 전가하는 행위를 말한다. 또한 자신의 감정이나 성격, 동기가 타인에게도 존재한다고 간주하는 오류이다.

■ **최근효과(recency effect)**

과거 정보는 쉽게 잊어버리고 기억하기 쉬운 최근의 정보에 비중을 두어 대상을 인식하여 평가하는 오류이다.

■ **대비효과(contrast effect)**

주어진 자극이나 사람을 독립적으로 지각하지 않고 최근에 상호작용한 자극이나 사람과 비교하여 평가하는 오류를 말한다.

■ **상동적 태도(stereo typing)**

타인에 대한 평가가 그 사람이 속한 특정 사회집단의 환경 상황에 대해 일관적인 고정관념을 유지하려는 경향에서 나타나는 오류이다.

■ **관대화 경향**(leniency effect)

행복추구에 대한 본능 때문에 타인을 다소 긍정적으로(관대하게) 평가하는 오류이다.

■ **중심화경향**(central tendency)

타인을 평가할 때 평가의 오류를 줄이려고 일반적으로 어느 한쪽으로 치우치게 평가하지 않고 적당히 중간 정도로 평가하려는 오류이다.

■ **선택적 오류**(selective perception)

자신에게 유리하거나, 칭찬과 같이 자신이 원하는 것만 선택해서 수용하려는 오류를 말한다.

4.4.2 원인 귀속단계에서 발생하는 지각오류

원인 귀속단계에서 발생하는 지각오류는 획득한 정보의 취사선택 과정에서 정보의 가치를 잘못 판단하거나 자의적으로 비중을 달리 둠으로써 그 원인을 잘못 귀속시키는 오류를 말한다.

■ **초기효과**(primacy effect)

대상에 대해 추가되는 많은 정보가 있음에도 불구하고 초기 정보에 더 의존하여 대상을 인식하여 평가하는 오류이다.

■ **구체적 정보의 과대 사용**

실제로 자기가 보고 겪은 구체적 정보를 중요하게 생각하여 통계 · 기록 같은 추상적 정보를 등한시하여 대상을 지각하는 오류이다.

■ **자존적 편견**

인간의 자존욕구(Self-serving)에 따라 자신의 성공을 자신의 내부적 원인으로 돌리고, 실패를 외부적 요인으로 회피하고, 타인의 경우 정 반대로 원인을 귀속시키는 오류이다.

■ **통제의 환상**(illusion of control)

자신만 잘하면 모든 일이 잘될 수 있다고 믿고 특정 결과의 원인을 자신의 내부적 원인으로 돌리는 오류이다.

4.4.3 해석과정에서 발생하는 지각오류

해석과정에서 발생하는 지각오류는 획득된 정보를 어떻게 해석하는가에 따라 결과가 달라질 수 있는 오류를 말한다.

■ **후광효과**(halo effect)

타인을 평가함에 있어서 어느 한 특성을 중심으로 그 대상 전체를 평가함으로써 사실과 다르게 긍정적으로 평가하는 오류이다. 즉, 평가과정에서 일반적인 인상(general impression)을 보고 평가대상자의 전반적인 평가요소를 획일적으로 평가하는 경향이 있다.

■ **뿔효과**(horn effect)

후광효과와 반대의 개념으로써 타인을 평가함에 있어서 사실과 다르게 부정적으로 평가하는 오류이다.

■ **자기충족적 예언**(self fulfilling prophecy)

평가자의 기대가 피지각자에게 반영되어, 혹은 자신의 기대가 자신에게 반영되어 실제 그의 행동으로 나타나는 것으로 평가자가 기대에 부응하도록 만드는 오류이다. 기대오류라고도 한다.

■ **유사효과**(similar-to-me effect)

자신과 유사한 성향이나 사람들을 더 호의적으로 평가하는 오류이다.

문제

1. 사회적 자아들과 구분되는 '진정한 나'가 존재하는지 설명해보자.

2. 인간의 본성이 무엇인지 설명해보자.

3. 지각오류 원인과 평가오류 원인에 대해 설명해보자.

4. 인간행동의 유발요인에 대해 설명해보자.

Part 2
관계의 도구

동기부여

Chapter 3

1. 동기부여의 개념
2. 동기부여이론

Chapter 3 동기부여

1 동기부여의 개념

1.1 동기부여란?

1972년 미국의 비행기 조종사 찰스 린드버그(Charles Augustus Lindbergh)는 최초로 대서양 횡단비행에 성공하였다. 찰스 린드버그는 최초의 대양 횡단비행이라는 목표와 간절한 염원을 가지고 있었기에 역사적 비행이라는 성취를 맛볼 수 있었던 것이다. 강력한 동기와 목표를 가진 사람은 그 목표를 향해 나아가는 힘을 온몸에 모을 수 있고, 그 힘은 결국 목표를 성공에 이르게 하는 원동력이 된다.

동기는 공부를 하거나 일을 하는 과정에서 큰 힘을 발휘하지만, 동기만으로는 목표를 달성할 수는 없다. 목표를 달성하기 위한 어느 정도 일정한 능력도 갖추어야 할 것이고 열심히 노력도 해야 한다. 또한 자신의 능력을 발휘할 수 있도록 도움을 줄 수 있는 사람과 도구도 필요하다. 의욕만 가지고도 어느 정도까지는 자신의 목표에 근접할 수 있지만 의욕만으로 비행기를 조종할 수 없는 것과 같이 오랜 준비와 꾸준한 실천이 필요한 것이다.

말하자면 동기부여(motivation)는 자신 또는 타인에게 어떤 일이든 성취시킬 수 있다는 자신감을 부여하고, 성공에 이르도록 함으로써 그가 행복해지도록 안내하는 것이라고 할 수 있다. 따라서 명확한 목표와 동기부여는 개인에게는 삶의 문제, 즉 행복추구이고 조직에는 생산성의 문제가 되며, 사회에는 건강한 사회의 문제로 귀결된다고 할 수 있다.

Tip 동기부여의 특징

① 인간의 행동을 유발시키는 내적 행동이다.
② 단순행동이 아닌 목적지향적인 행동이다
③ 타의가 아닌 자의적 의사로 유발된다.
④ 개인뿐 아니라 조직의 성과와도 밀접한 관계를 갖는다.

1.2 동기부여의 방법

동기부여 방법은 시기, 사람, 상황 등에 따라 다르다. 동기부여의 방법을 크게 3가지로 나누어 살펴보면 다음과 같다.

1.2.1 자극을 통한 동기부여방법

상대방으로 하여금 두려움, 경고, 채벌 등을 이용해 자극을 느끼게 해서 일이나 행동이 긍정적으로 변하도록 하는 동기부여방법이다. 예를 들어 "이번 프로젝트를 성공시키지 못하면 모두 사표 쓸 각오해라" 등이 있다. 이처럼 공포를 통한 동기부여 방법은 단기성과를 내는 데 효과가 있지만, 상대방이 공포에 대한 면역이 생기면 오히려 효과가 상실되고 역효과가 나오기도 한다.

1.2.2 보상을 통한 동기부여방법

가장 널리 쓰이는 동기부여방법으로써, 설정된 목표를 달성하면 이에 대한 성과보상을 하는 방법이다. 예를 들어 "올해 회사 매출목표를 달성하면 연말에 보너스를 주겠다" 등이 있다. 이처럼 보상을 통한 동기부여방법은 승진, 보너스, 시상 등이 있다. 그러나 이 방법은 보상이 소수에게만 돌아가거나 하면 급격히 생산성이 떨어져 동기부여가 상실되기도 한다. 따라서 지속적인 동기부여를 위해서는 눈앞에 계속 보상 조건을 보여주어야 하는 단점이 있다.

1.2.3 자기동기부여방법

가장 좋은 동기부여방법은 자기동기부여이다. 이 방법은 누구의 힘이나 보상이 아닌 자기 스스로 긍정적인 마인드로 자신의 꿈을 위해 목표를 설정하고 스스로 방법을 찾아 목표를 이루려하는 강력한 동기부여방법이다. 따라서 장기적인 효과가 있으며, 설령 위기와 장애가 닥쳐도 극복하고 이겨낼 수 있는 힘이 있다. 이와 같은 자기동기부여를 위해서는 명확한 목표, 칭찬과 격려가 뒤따라야 한다.

2 동기부여이론

조직에서의 동기부여는 개인의 욕구를 충족시키면서 동시에 조직의 목표를 위해 자발적인 노력을 이끌어내는 것이다. 동기부여이론은 크게 '내용이론(Content Theory)'과 '과정이론(Process Theory)'으로 구분할 수 있다.

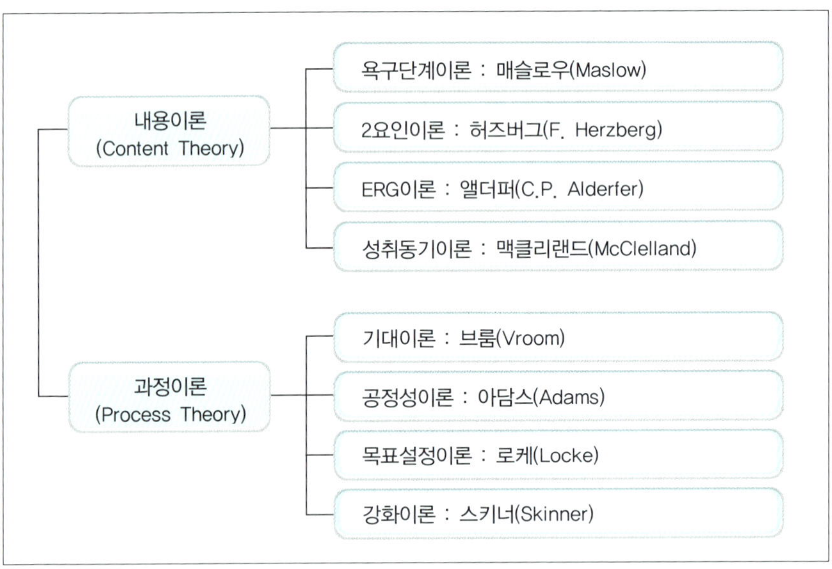

2.1 내용이론(Content Theory)

내용이론은 사람을 스스로 움직이게 하는 '내용', 즉 어떤 요소가 동기유발을 하는가에 관심을 가지고, 인간의 동기부여 욕구(개인 내부의 특정한 욕구)를 다룬 이론이다. 내용이론에서 가장 대표적인 공통적 욕구는 타인과 상호작용하기 위한 욕구, 즉 인간관계를 형성·유지하고자 하는 욕구라 할 수 있다.

다양한 내용이론들 중에서 개인의 욕구에 초점을 둔 이들 이론은 서로 다른 용어를 사용하면서 강조하는 점과 내용을 조금씩 달리 하고 있다. 그러나 내용이론들은 같은 배경을 지니고 있기 때문에 상당한 유사성을 지니고 있으며, 보완적인 상호작용을 한다.

2.1.1 욕구단계이론(Need Hierarchy Theory)

매슬로우(Abraham Maslow)의 욕구단계이론은 인간의 동기유발과 관련해서 가장 널리 알려진 이론이다. 이 이론은 인간의 욕구는 생리적 욕구부터 자아실현 욕구까지 다원욕구의 계층적 구조(5단계 구조)로 이루어져 있으며, 개인의 행동은 자신의 미충족욕구를 순서적으로 충족하는 과정에서 동기가 유발된다고 전제한다. 또한 어떤 단계의 욕구가 만족되면 그 욕구는 더 이상 동기유발요인이 되지 못하고 그보다 높은 단계의 욕구가 동기유발요인이 된다고 하였으며, 인간의 모든 욕구는 부분적으로 만족될 뿐 모든 욕구가 완전히 충족되지는 않는다고 주장했다.

매슬로우가 주장한 다원욕구의 계층적 구조인 욕구 5단계를 살펴보면 다음과 같다.

▶ 매슬로우의 욕구 5단계

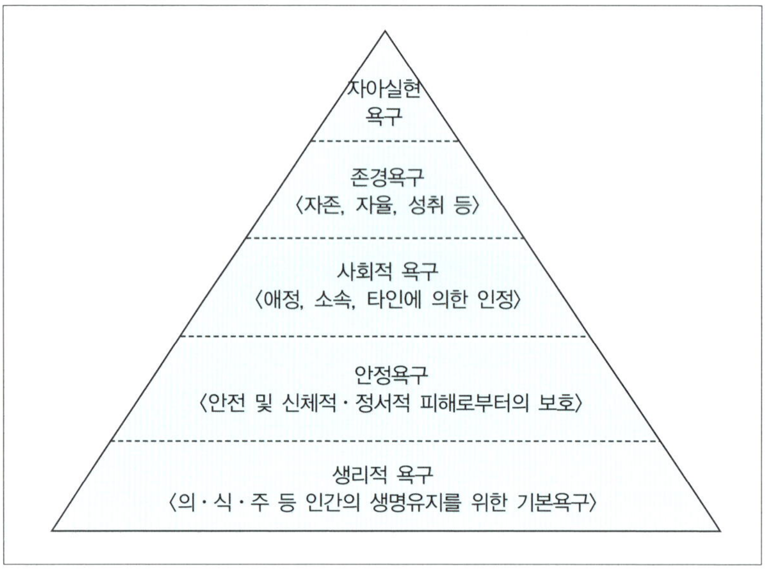

■ **생리적 욕구**(physiological needs)

배고픔, 갈증, 성욕과 같이 개인적인 생리적 균형을 유지하는 데 필요로 하는 욕구이다.

■ **안전욕구**(safety needs)

육체적 안전과 정신적 안정 등 외부로부터의 위협이나 내적으로 상처받지 않기를 바라는 욕구이다.

■ **사회적 욕구**(social needs)

조직이나 집단의 일원으로 참여하여 상호 간에 우정, 친분, 애정을 주고받으며 소속되기를 원하는 욕구이다.

■ **존경욕구**(esteem needs)

자기존중, 자율성(autonomy), 성취감 같은 내적인 존경과 사회적 지위, 타인의 인정과 관심에 대한 욕구 등 외적인 존경을 받고 싶어 하는 욕구이다.

■ **자아실현 욕구**(self-actualization needs)

자신의 잠재력을 최대한 활용하여 가치 있는 삶을 통한 자기충족적 상태에 이르고 싶어 하는 욕구이다.

매슬로우의 욕구단계이론은 직관적으로 쉽게 이해되기 때문에 광범위하게 널리 퍼졌다. 하지만 실증연구에서는 이 이론을 뒷받침할 만한 증거가 나타나지 않았다. 매슬로우의 주장처럼 욕구가 과연 5단계로 세분화되어 있느냐도 불확실할 뿐만 아니라 앞 단계가 충족되고 나서야 다음 단계 욕구충족을 위한 동기유발이 된다는 것도 증명되지 못했다.

2.1.2 2요인이론(Two-factor theory)

허즈버그(F. Herzberg)는 200명의 회계사와 기술사를 대상으로 12회에 걸친 면접을 통하여 직장에서 만족하는 상황과 불만을 느끼는 상황이 확실히 구분된다는 것을 발견하였다. 2요인이론은 인간은 상호독립적인 2가지 욕구, 즉 동기요인과 위생요인을 가지고 있으며, 인간행동에 서로 다른 영향을 미친다는 이론이다.

허즈버그의 동기-위생요인이론 역시 매슬로우의 욕구단계이론처럼 기업 현장에 널리 퍼져서 광범위하게 인용되고 있다. 이 이론은 직무충실화의 이론적 기초를 제공하고 있으며, 불만족의 제거는 소극적·단기적 효과를 가질 뿐이고, 만족요인을 크게 하는 것은 적극적·장기적 효과를 가진다고 주장한다.

■ **동기요인**(motivator or satisfiers)

일 그 자체와 관련되어 있는 직무내재적 성격의 요인이며, 성취감, 인정, 책임감, 발전가능성, 도전감, 직무내용 등이 이에 해당한다. 이는 개인으로 하여금 열심히 일하게 하고 성과도 높이는 만족요인으로써 동기유발에 직접적으로 영향을 미친다.

■ **위생요인(hygiene factors or dissatisfies)**

불만족요인이라고도 하는 위생요인은 불만족을 초래하는 요인이다. 이 요인에는 급여, 작업환경, 직위, 직무안전, 기술적 감독 등이 해당한다. 이 요인들은 개인의 불만족을 방지해 주는 효과가 있지만, 이 요인이 충족되더라도 열심히 하고자 하는 동기가 유발되는 것은 아니다. 즉, 이 요인들은 불만족을 야기하느냐 안하느냐에만 관계할 뿐 적극적인 동기유발이 되는 것은 아니라는 것이다.

▶ **동기요인 및 위생요인이 직무태도에 미치는 영향**

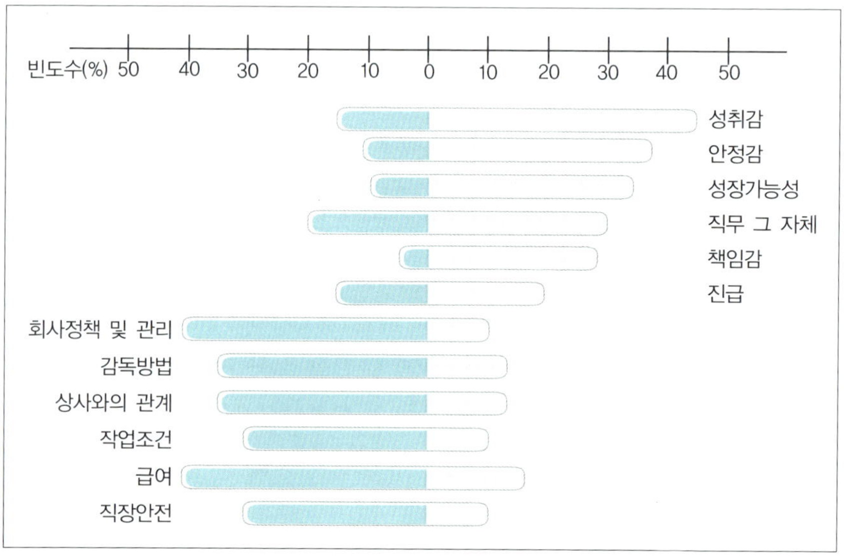

2요인이론에서의 만족과 불만은 서로 상반된 개념이 아니다. 만족의 상반된 개념은 무만족이며 불만의 상반된 개념은 무불만이기 때문이다. 따라서 만족과 불만은 서로 다른 차원의 것이다. 위생요인은 불만을 예방하지만, 동기요인은 만족에 이르지만 불만에 이르지는 않는다. 허즈버그의 2요인이론에서는 동기요인은 고차원적인 욕구의 충족이 가능하리라 예상하고, 위생요인은 저차원적인 욕구의 충족이 가능하리라고 예상하고 있다. 그러나 위생요인이 먼저 충족되어야만 동기요인이 충족된다는 사실을 간과해서는 안 된다.

2.1.3 ERG이론(Existence, Relatedness, Growth)

앨더퍼(C.P. Alderfer)의 ERG이론은 매슬로우의 5단계의 욕구단계이론을 실증적 자료에 부합시키기 위해 세 가지 욕구로 다듬어 내놓은 이론이다. ERG이론은 매슬로우의 욕구단계이론보다 단순화하고 포괄적이며, 인간욕구에 대해 보다 현실적 시각을 제시했다. 매슬로우의 이론은 하위욕구가 만족되어야 상위욕구가 만족된다는 만족-진행모형인 데 비해, ERG이론은 한 가지 이상의 욕구가 동시에 작용할 수 있다는 이론이다.

- **생존욕구**(existence needs)

이 욕구는 매슬로우의 생리적 욕구와 안전욕구가 포함된 욕구로써, 인간이 존재하기 위하여 필요한 모든 다양한 형태의 물리적·생리적 요소들이 포함된다. 조직에서의 봉급, 복리후생 및 육체적 작업조건 등이 이 범주에 속한다.

- **대인관계욕구**(relatedness needs)

이 욕구는 매슬로우의 안전욕구, 사회적 욕구와 존경욕구가 포함된 욕구로써, 모든 사회지향적인 욕구를 통합한 것이다. 조직에서는 하위종업원, 동료, 감독자, 친구 등과 같이 타인과의 관계와 관련된 욕구가 이 범주에 속한다.

- **성장욕구**(growth needs)

이 욕구는 자신의 잠재력 개발과 관련된 욕구로써, 매슬로우의 자아실현욕구에 해당된다. 조직에서는 새로운 능력개발을 필요로 하는 일을 조직구성원이 담당하게 함으로써 성장욕구의 충족이 가능하다.

ERG이론에서는 저차원적 욕구 충족 이후 고차원적 욕구충족을 위한 동기유발이 일어날 수 있지만, 이와 다른 작용이 일어날 수도 있다. 즉, 존경을 받고 싶다는 욕구와 안전의 욕구가 동시에 작용해서 동기유발이 될 수 있다. 또한 고차원적 욕구가 만족되지 않거나 좌절되면 저차원적 욕구를 더 많이 충족시켜서 이를 해소하려 할 수도 있으며, 내적 존경을 위해 노력한 것이 좌절되는 경우 외적 존경(예 : 돈, 명예 등)을 가져올 수 있는 부분에 더 집착하기도 한다는 것이다.

2.1.4 성취동기이론(Achievement Motivation Theory)

맥클리랜드(D.C. McClelland)의 성취동기이론은 인간의 욕구를 세 가지 동기에서 파악하고 실제적 동기화는 동기의 강도, 목표달성에 대한 기대치, 보상수단에 의해 결정된다고 주장하였다. 성취동기이론은 동기유발에 관여하는 크게 세 가지 욕구가 있다고 하였다.

■ **성취욕구**(need for achievement)

평균을 초과한 성공과 성취를 통해 탁월해지고자 하는 욕구를 말한다. 성취욕구가 높은 사람은 타인에 비해 월등한 성과를 냄으로써 자신의 존재의미를 확인하고자 한다. 이들은 지나치게 가능성이 낮은 업무나 아주 쉽게 달성할 수 있는 목표에는 거의 관심을 갖지 않는다. 능력 대 운이 5:5로 작용할 수 있는 일에 참여할 때 강한 동기부여가 되며 자신의 능력을 드러내고자 한다. 스스로의 능력을 자신이 확인할 수 있는 상황을 좋아한다.

■ **권력욕구**(need for power)

타인을 통제하고 타인의 행동에 영향을 미쳐 변화를 일으키고 싶어하는 욕구를 말한다. 권력욕구가 높은 사람은 타인에 대해 영향력을 행사하며 통제할 수 있는 일에 자극받는다. 책임을 맡는 것을 즐기며, 권력 쟁탈전이 심한 상황에 기꺼이 참여한다. 실제적인 업무성과보다는 높은 지위에 올라서 타인에 영향을 미치는 것에 관심을 갖는다.

■ **친화욕구**(need for affiliation)

타인과 친교관계를 맺고 개인적 친밀함을 유지하고자 하는 욕구를 말한다. 친화욕구가 높은 사람은 다른 사람에게 인정받고 이들과 좋은 관계를 맺는 것에 우선순위를 둔다. 경쟁적인 상황보다는 협동적인 분위기를 좋아하며 상호 이해를 넓힐 수 있는 상황을 지향한다.

사람에 따라 성취욕구, 권력욕구, 친화욕구는 각각 다르며 이들은 각기 다른 양상으로 동기부여가 된다. 맥클리랜드는 실험을 통해 어떤 사람이 성취욕구, 권력욕구, 친화욕구 중 어디에 속하는지 구분하였다. 그 실험을 통해 피험자의 무의식적 동기를 파악해 낼 수 있고, 그가 성취욕구, 권력욕구, 친화욕구 셋 중 어디에 가까운지를 알 수 있다고 했다. 또한 고차원적인 욕구에 초점을 맞추고 학습이론에 바탕을 두어 성취동기를 강화하도록 하였다.

2.2 과정이론(Process Theory)

내용이론이 사람은 "어떤 욕구를 지니고 있는가?" 하는 물음에 대답하려는 이론인 데 반해, 과정이론은 자신이 지니고 있는 욕구를 충족하기 위해 "어떤 과정과 행동을 선택하는가?" 하는 물음에 대답하려는 이론이다. 과정이론은 내용이론보다 광범한 영역에 걸쳐 인간이 지니고 있는 욕구의 충족을 위해, 개인이 어떠한 과정을 통해 동기유발되는가를 설명하는 이론이라 할 수 있다.

2.2.1 기대이론(Expectancy Theory)

기대이론은 과정이론의 대표적인 이론으로써, 1960년대 중반 빅터 브룸(Victor Vroom)에 의해 시작되었고, 포터(Porter), 로울러(Lawler)가 확장한 이론이다. 기대이론은 다양한 행동대안 가운데 자신의 효용을 극대화하는 행동대안을 선택한다는 이론이다. 즉 노력을 하면 그에 대한 좋은 결과가 나온다는 확신이 있을 때, 성과가 높으면 급여나 승진 등 그에 따른 보상으로 이어질 것을 믿을 때, 그리고 받은 대가나 보상이 자신의 개인적 목표를 만족시킬 때 개인은 최선을 다해 열심히 일하고자하는 동기유발이 이루어진다는 것이다.

결과적으로 개인의 동기부여는 이처럼 이들 세 개의 기대에 대한 상관관계로 나타나므로, 이들이 모두 높을 때 동기부여 수준은 가장 높아진다. 따라서 기업에서 직원들을 최대한 동기유발하고 싶다면 각 개개인의 개인적 목표(goal)가 무엇인지를 정확히 파악해서 노력-성과, 성과-보상, 보상-개인적 목표 사이의 관계를 확실하게 인식시켜 주어야 하며, 어떤 방법으로든 이들 각각을 극대화하려는 노력이 필요하다.

기대이론은 대부분의 직원들이 왜 최선을 다해 일을 하지 않는지를 명쾌하게 잘 설명해 주는 이론이 기대이론이지만, 일상적인 직무행동이나 하위직무와 관련된 동기부여에는 별로 큰 의미가 없을 수 있다. 반면 신중한 판단이 동원되는 사직 여부에 대해 중요한 시사점을 주는 이론이다.

▶ **동기부여 – 기대이론모형**

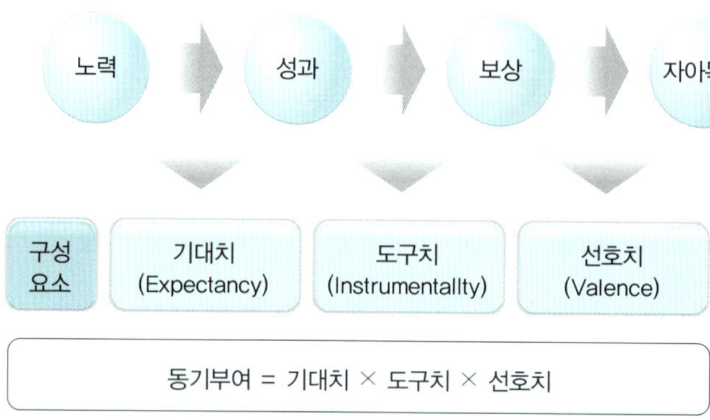

2.2.2 공정성이론(Equity Theory)

공정성이론은 자신의 노력과 그 결과로 얻어지는 보상과의 관계를 다른 사람의 경우와 비교하여 자신이 느끼는 공정성에 따라서 행동동기가 영향을 받는다는 아담스(J.S. Adams)의 이론이다. 즉, 기업에서 종업원들은 자신이 기울인 노력에 대한 보상이 적절한가를 판단할 때 절대적인 기준뿐만 아니라 다른 사람과 비교한 상대적 기준도 감안해서 살피기 때문에, 이에 대한 공정성은 종업원들의 동기부여에 큰 영향을 미친다는 이론으로 배분의 공정성, 과정의 공정성, 관계의 공정성이 있다.

만약 종업원이 절대적 기준하에서 적절히 대우받고 있다고 생각하더라도 다른 종업원과 비교해서 상대적으로 대우받지 못한다고 생각하면 '공정성 긴장'이 생긴다.

▶ 동기부여 – 공정성이론

자신의 보상수준에 대한 적절한 동기유발(판단)은 자신이 기울인 노력의 적정성(절대적 대가)과 다른 사람과의 비교(상대적 대가)에 의해 영향을 받는다

배분의 공정성 | 과정의 공정성 | 관계의 공정성

Self-inside	같은 조직 내 다른 직책을 맡을 당시와 비교
Self-outside	다른 조직에서 받았던 대우와 비교
Other-inside	같은 조직 내의 다른 개인과 비교
Other-outside	다른 조직의 개인과 비교

공정성의 판단은 종업원들이 그와 비슷한 상황하에 있는 타종업원의 노력과 보상을, 자신의 과거 경험과 현재 받고 있는 대우와 비교한 데서 시작된다. 이때 종업원들이 그들의 투입(노력)에 대한 산출(보상)의 비율이 다른 종업원들의 비율과 일치함을 지각할 때 공정성이 존재하고, 종업원이 자신의 투입에 대한 산출비율이 다른 종업원의 산출비율보다 더 크거나 작다고 느껴지면 공정성 문제(불공정성)가 생기는 것이다. 이 경우에 투입(input)요소로는 시간・노력・경험・기술・교육 정도・비용 등이 있으며, 산출(output)요소로는 급여수준・급여인상, 지위・인정・칭찬・보람감 등을 들 수 있다.

적절한 보상을 받지 못하고 있다는 공정성문제(불공정성)가 지각되면 공정성을 회복하기 위해서 긴장이 유발된다. 공정성문제가 크면 클수록 긴장이 커지고, 공정성문제의 원천과 긴장에 따라 종업원은 이를 해소하고자 하는 방향으로 동기부여가 이루어진다.

마지막으로 고려해야 할 점은 개인의 직무만족도에 가장 큰 영향을 미치는 것은 분배적 공정성(distributive justice)이지만, 조직충성도나 상사에 대한 신뢰, 그리고 사직 여부는 산출(output)요소의 분배가 얼마나 공정한 과정을 통해 이루어지는가를 뜻하는 절차적 공정성(procedural justice)에 의해 좌우된다는 것이다. 투명하고 공정한 과정을 거쳐 보상이 주어진다면, 다소 부당한 급여를 받고 있거나 승진이 부적절하게 되었다고 생각하는 사람도 조직과 상사를 긍정적으로 보려하기 때문이다.

2.2.3 목표설정이론(Goal-Setting Theory)

로케(E.A. Locke)의 목표설정이론은 환경보다 개인의 의지와 의도가 자기의 행동을 결정한다고 보는 이론으로써, 행위는 목표(가치의 의도)에 의해 결정되므로 직무수행을 위해서 달성해야 할 명확한 목표가 설정될 때 더 강한 동기유발이 된다는 이론이다. 그러나 "최선을 다하자"와 같은 막연한 구호는 동기유발에 거의 영향을 주지 않는다. 구체적이고 검증이 되는 목표가 주어질 때 강한 내적 자극을 일으키며 생산성 향상을 가져오기 때문이다. 이 목표설정이론은 인간의 의식적인 측면을 강조하고 있는 이론이며, 피터 드러커가 주장한 목표관리(MBO)와 관련이 있는 이론이다.

목표관리(MBO)에 있어서 목표가 그 의미를 지니려면 다음과 같은 원칙(SMART)을 갖추어야 한다.

▶ **목표설정의 5원칙**

S(Specific)	목표는 구체적이고 기대되는 결과를 확인할 수 있어야 한다
M(Measurable)	목표는 측정가능하고 계량적이어야 한다
A(Action-oriented)	목표는 노력하여 달성할 수 있는 것이어야 한다
R(Realistic)	목표는 현실적으로 달성가능한 것이어야 한다
T(Timely)	목표는 달성에 필요한 시간제한을 명확히 나타내야 한다

2.2.4 강화이론(Reinforcement Theory)

강화이론은 행동주의의 학습이론을 동기유발 영역으로 끌어 온 것으로써, 바라는 행동을 수행했을 때 보상이 주어지면 보상을 받기 위해 바라는 수준의 성과를 이루도록 동기가 부여된다는 스키너(B.F. Skinner)의 이론이다.

이 이론은 개인의 의도가 자기의 행동을 결정하는 것이 아니라 단지 환경(강화물)이 결정한다고 보기 때문에 내적인 동기유발에 대해서는 부정한다. 오직 어떤 조건에서 어떤 자극이 주어지고, 어떻게 강화되느냐에 따라 특정 행동을 더 자주, 지속적으로 하느냐가 결정되기 때문이다. 강화이론은 무엇이 행동을 유발시키는가에 대한 설명은 없지만, 강화가 행동통제의 강력한 분석수단이 되고 있어 과정이론의 하나로 받아들여지고 있다.

문제

1. 자기 자신에게 맞는 가장 효과적인 동기부여방법은 어떤 것인지 발표해보자.

2. 내용이론에 대해 설명해보자.

3. 과정이론에 대해 설명해보자.

의사결정

Chapter 4

1. 의사결정이란?
2. 의사결정 과정
3. 의사결정 유형
4. 의사결정 기법

Chapter 4 인간관계의 이해

1 의사결정이란?

의사결정이란 계획수립과정을 통해서 일정한 목표를 설정하고, 그 목표를 효과적으로 달성하기 위한 몇 가지 대안 중에서 가장 유리하고 실행가능한 대안을 선택하는 합리적인 인간행동을 말한다. 기업경영에 있어서도 의사결정은 기업의 핵심적인 활동에 지대한 영향을 미친다. 기업은 사소한 일에서부터 중요한 일에 이르기까지 의사결정의 연속에 의해 운영되며, 계획화, 조직화, 지휘화, 조정화, 통제화 등 모든 경영관리기능은 반드시 의사결정을 필요로 하기 때문이다.

1.1 의사결정의 개념

의사결정이란 개인이나 조직이 어떤 문제를 해결하거나 목표달성을 위해 여러 대안이나 행동방안을 검토하고 그 중 최선의 대안을 선택하여 실행하는 것이라고 할 수 있다. 의사결정에 대한 학자들의 견해를 살펴보면 다음과 같다.

① 사이몬(Herbert. A. Simon) : 의사결정은 행동으로 이어지는 선택의 과정이다.

② 다프(Richard l. Daft) : 의사결정은 조직상의 문제를 확인하고 해결하는 과정이다.

③ 고어(Gore) : 의사결정이란 어떤 행위를 하기 전에 그 행위에 대한 장래 결과를 생각해 보는 과정이다.

④ 그리피스(Griffiths) : 의사결정은 행동노선(a course of action)에 영향을 주는 모든 판단이다. 의사결정이란 집단구성원들이 심사숙고한 후에 도달된 결론이다.

⑤ 바나드(Barnard) : 의사결정은 조직이 목표달성을 위해 여러 대안 중에서 최적의 것을 선택하는 논리적 과정이다.

⑥ 호이(Hoy)와 미스켈(Miskel) : 의사결정이란 결정에 이르는 결과뿐만 아니라 실행과정까지도 포함한다.

⑦ 오웬(Owens) : 합리적 의사결정은 조직의 목표를 달성하기 위하여 최선의 방법으로 끊임없이 연구할 뿐만 아니라 최적의 수준까지는 도달하지 않더라도 어느 정도 수준까지 충족되면 된다.

학자들의 견해를 종합해보면, 의사결정이란 조직의 최상위에 있는 사람, 즉 의사결정자가 어떤 목적을 설정하고 그 목적을 달성하기 위한 행동의 선택과정이다. 이러한 의사결정은 좁은 의미와 넓은 의미의 개념으로 나누어 검토해 볼 수 있다. 좁은 의미의 의사결정은 여러 가지 행동 가운데서 하나를 선택하는 것이며, 넓은 의미의 의사결정은 최종 대안의 선택이 있기까지 취해지는 모든 과정을 포함하는 것이라 할 수 있다.

1.2 의사결정의 내용

의사결정이란 선택의 행위이고, 의식적으로 만들어지는 정신적 과정이며 목표지향적인 것이다. 이러한 정의 속에는 다음과 같은 세 가지 중요한 내용이 내포되어 있다.

■ **선택행위**

의사결정은 선택행위를 포함한다. 만약 이용가능한 행동대안이 오직 하나밖에 없다고 한다면, 의사결정이란 것은 존재할 수 없다.

■ **의도성**

의사결정은 의식적 · 의도적인 수준에서 행해지는 정신적 과정을 내포하고 있다. 따라서 의사결정에서는 논리성이 강조된다. 그러나 이러한 과정에서 논리적 측면 이외에도 감정적 · 비합리적 및 잠재의식적 요소들이 작용한다.

■ **목표지향성**

의사결정은 목표지향적 성향을 가진다. 즉 그것은 어떤 목표의 달성을 촉진시키기 위해서 이루어지는 행동 내지 과정이다.

2 의사결정의 과정

의사결정은 궁극적으로 어떤 개인이나 조직이 추구하는 목표를 보다 효율적으로 달성하기 위한 과정이다. 이러한 의사결정이 효율적으로 이루어질 수 있도록 하는 일련의 과정들을 몇몇 학자들을 중심으로 살펴보면 다음과 같다.

피터 드러커(Peter Ferdinand Drucker)	• 문제의 정의 → 문제의 분석 → 대안해결책의 개발 → 최선의 대안선택 → 최선안의 실행
사이몬 (Herbert A. Simon)	• 정보활동 → 계획활동 → 선택활동 → 재검토활동
그리피스(Griffiths)	• 문제의 인식 · 확인 및 한정 → 문제의 분석과 평가 → 판단의 기준설정 → 자료의 수집 → 우선권이 있는 대안의 선정 → 대안의 실행
테런스 E. 딜 (Terrence E. Deal)	• 의제의 작성단계 → 탐색단계 → 관여단계 → 실행단계 → 평가단계
호이와 미스켈 (Hoy & Miskel)	• 문제의 인식 및 정의 → 자료수집 및 분석 → 문제해결을 위한 준거설정 → 행동계획과 전략개발 → 행동계획의 시행과 평가

2.1 이성적 의사결정 과정

인지심리학의 대가인 사이몬(Herbert A. Simon) 교수는 "인간은 컴퓨터처럼 관련된 정보를 모으고 판단 분석하여 필요한 정보만을 인출하는 합리적인 사고만 하는 것이 아니다"라고 주장한다. 평소의 해오던 익숙한 방식으로 그 정도면 됐다(good enough)는 수준에서 마무리한다는 것이다. 이런 경향 때문에 의사결정은 체계적이고 과학적인 과정과 절차를 필요로 한다. 이성적인 의사결정의 과정을 크게 7단계로 살펴보면 다음과 같다.

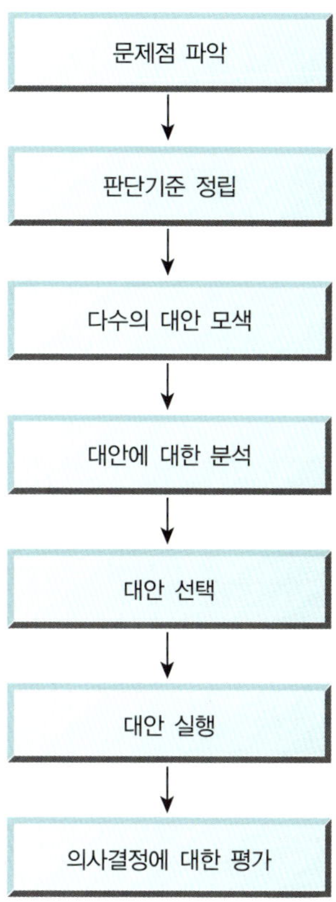

2.1.1 1단계 : 문제점 파악

의사결정의 첫 단계는 문제의 인지를 통한 문제점 파악에 있다. 문제점은 현재의 상황이 외부환경의 필요나 조건에 적응하지 못하는 것일 수도 있고, 직무가 조직내부에서 설정한 성과표준에 부합되지 못하는 것일 수도 있다. 따라서 문제점은 효율성과 효과성이라는 두 가지 측면을 모두 지닌다고 할 수 있으며, 효율성과 효과성은 모두 의사결정의 필요성을 불러일으키는 중요한 요인이 된다.

2.1.2 2단계 : 판단기준 정립

두 번째 단계에서는 의사결정에 관련성을 갖고 있는 다양한 조직 내·외적 요소를 평가하는 의사결정기준을 확인해야 한다. 이에 대해 미국 MIT의 경영대학원인 '슬로안(Sloan)스쿨'의 학장을 역임한 윌리엄 파운즈(William F. Pounds)는 경험적 연구를 통해 판단기준의 접근방법을 범주화했다.

① 먼저 바람직한 기준을 선정하고, ② 현실에 그러한 기준과 비교하여, ③ 양자의 차이를 확인한 다음, ④ 기준과 현실의 차이 가운데 문제가 되는 것을 고르는 단계를 밟아야 한다는 것이다.

이 단계에서는 불확실한 것에 대해서는 반드시 분명하게 확인할 필요가 있다. 이 단계에서 불확실한 특정 기준을 제대로 확인하지 않으면, 의사결정 과정에서 제외되는 경우가 발생하고 이로 인해 불확실성이 증대될 수도 있기 때문이다.

2.1.3 3단계 : 다수의 대안 모색

세 번째 단계는 문제점을 해결할 수 있는 실행가능한 두 개 이상의 대안을 발굴하여 제시하는 단계이다. 이 단계에서는 대안을 평가하는 어떤 시도가 이루어지는 것은 아니며, 다만 다수의 대안을 제시하는 것이다.

의사결정의 효과는 바로 이 대안모색 단계에서 개발한 대안이 양호한지의 여부와 밀접하게 관련된다. 따라서 이 단계에서는 관련 자료를 분석·정리한 결과에서 얻은 정보와 문제해결의 목표 그리고 문제해결에 있어 잠재적 및 현실적 제약사항 등을 고려하여 문제해결을 위한 몇 가지 대안을 개발해야 한다. 그리고 실행가능성이 있는 대안을 개발하기 위해서는 각 대안들의 상호비교가 가능하도록 열거해야 한다.

그러나 문제점 인식 후 그에 대한 기준과 대안을 모색할 때는 대안 선택에 영향을 미치는 다음의 효과들을 경계해야 한다.

■ **휴리스틱**(heuristic)

어떤 판단을 내릴 때 충분한 검토를 거치기보다 이미 잘 알고 쉽게 이용할 수 있는 정보에 의존하여 생각나는 제한된 대안들만 모색하는 것이다. 이는 개인적으로 깊은 인상을 받았거나 최근의 경험이 더 큰 영향을 미치게 된다.

■ **몰입상승효과**(escalation of commitment)

잘못 선택한 것에 대해 아까워하거나 자기 스스로 잘될 것이라는 최면을 거는 것이다. 이는 한 번 내린 결정을 바꾸지 못하는 왜곡이 일어난다.

2.1.4 4단계 : 대안에 대한 분석

네 번째 단계에서는 앞서 개발된 다수의 대안들을 확인한 후 개별 대안에 대해 강점과 약점 등에 대해 비판적인 분석을 하는 단계이다. 분석 단계에서는 이전 단계에서 설정한 기준에 따라 각각의 대안에 대한 장점과 단점, 성공가능성, 기대효과 등을 평가해야 하며, 각 대안이 실행될 경우에 나타날 수 있는 결과를 예상해 보아야 한다. 또한 대안 실행에 있어서의 현실적 제약을 고려하면서 조직이 선호하는 정책과 목표에 따라 적절한 가중치를 두어 우선순위를 정하는 것이 좋다. 이러한 비판적 분석을 통해 각 대안에 대한 확실성을 증대시킬 수 있다.

2.1.5 5단계 : 대안 선택

다섯 번째 단계는 평가된 다수의 대안들 중 가장 효과적이며 효율적인 대안을 선택하는 단계이다. 이 단계에서는 앞 단계에서 객관적으로 비교한 실행가능한 대안들을 다시 한 번 확인하고, 가장 높은 점수를 받은 대안을 선택하면 된다. 물론 선택하기 전에 위험성과 불확실성을 최소화시켰는지를 확인함으로써 결정에 확실성을 증대시킬 필요가 있다.

2.1.6 6단계 : 대안의 실행

이 단계는 선택한 대안을 실천에 옮기는 이행 단계이다. 이전 단계에서 검토하고 선택된 대안이더라도 적절하게 실행되거나 또는 집행되지 않는다면 그 대안은 실패할 것이다. 따라서 대안이 결정되면 모든 노력은 그것을 지지하고 수행하는 방향으로 관심이 모아져야 한다. 최선의 대안을 선택하는 것도 중요하지만, 그 대안이 목표를 향해 수행될 수 있도록 계속 지지해 주는 것도 중요하기 때문이다.

2.1.7 7단계 : 의사결정에 대한 평가(feedback)

마지막 단계로 '의사결정에 대한 평가'는 의사결정이 문제점을 효율적으로 해결했는지에 대해 평가 · 확인하는 피드백 단계이다. 이러한 평가 단계는 대안의 실행에 대해 모든 결과를 예상하는 것이 불가능하기 때문에 반드시 필요하다. 이 단계에서는 실행된 대안이 효과적으로 결과를 달성하였는지, 대안 실행의 결과에 대해 문제나 실수가 없는지에 대해 관련자들의 의견을 들어야 한다. 그리고 관련자의 의견을 적극적으로 수용하여 현재의 결정을 변경하거나 다음의 의사결정 과정에 반영할 필요가 있다.

3 의사결정 유형

의사결정은 모든 계층에서 이루어지고 있으며 그것은 상호보완적이고 유기적이어야 한다. 여기서는 의사결정에 있어서 가장 많이 활용되는 몇 가지의 의사결정 유형을 살펴보겠다. 다양한 의사결정의 유형은 각기 장·단점을 가지고 있다.

3.1 사이몬의 의사결정 유형

사이몬은 정해진 일정한 절차를 따르느냐 그렇지 않느냐에 따라 의사결정을 정형적 의사결정과 비정형적 의사결정으로 구분하였다.

3.1.1 정형적 의사결정

정형적 의사결정은 반복적이고 어디에서나 적용될 수 있는 의사결정이다. 이는 자주 되풀이되며, 구조가 비교적 명확하게 되어 있는 의사결정으로써 표준적인 절차나 프로그램이 설정되어 있는 의사결정을 말한다. 정형적 의사결정은 주로 단기적인 성격을 띤 하위계층의 관리자들에 의한 정형화된 의사결정이며, 주로 조직내부 문제에 초점을 둔 폐쇄적인 시스템 안에서 이루어지며, 일반적으로 분명히 알려진 문제들과 관련이 있어서 대안을 평가하는 기준이 명확하다는 장점이 있다. 또한 조직에서 기존의 계획을 유지해가거나 지속적으로 개선하려는 의사결정이다.

3.1.2 비정형적 의사결정

비정형적 의사결정은 처음 생긴 일이나 독특한 일, 주관을 많이 필요로 하는 일에 주로 해당된다. 이는 프로그램화되지 않은 의사결정으로써 비반복적이고 예

외적이며, 주로 경영자의 직관, 경험, 능력 등에 영향을 받는 의사결정이다. 비정형적 의사결정은 조직의 장기적인 예측이나 목표설정, 장기적인 전략이나 방향설정 등과 관련을 가지며 주로 최고경영자 측에 의해 이루어지는 의사결정이다. 따라서 예외적인 문제에서 많이 일어나며 즉각적인 행동을 요구하는 경우가 많이 발생한다. 이는 비자발적이며 여유가 없는 의사결정이기 때문에 위기사안을 최소한으로 줄여야 한다.

비효과적인 조직은 중요하지는 않지만 정형적인 문제에 대해서는 타당성 있는 정보를 생산하는 반면에, 중요하지만 비정형적인 문제에 대해서는 타당성 없는 정보를 생산하는 경향이 있다. 따라서 이러한 폐단을 방지하기 위해서는 비정형적 의사결정(non-programmed decision-making)을 전담할 수 있는 특별한 부서(기획실, 연구조사부 등)를 설치하여 운영하는 것이 바람직하다.

3.2 앤소프(H.I. Ansoff)의 의사결정 유형

앤소프는 의사결정을 하는 계층에 따라 전략적 의사결정, 관리적 의사결정, 업무적 의사결정으로 분류하였다.

3.2.1 전략적 의사결정

전략적 의사결정은 조직의 전반적 차원의 의사결정 수준으로서 기업의 성장계획, 기업목표의 변경, 다각화계획, 신제품 및 신시장계획 등 주고 기업의 최고경영층에 의한 외부문제에 관한 의사결정을 말한다. 이는 사이몬의 '비정형적 의사결정'과 유사한 개념이다.

3.2.2 관리적 의사결정

관리적 의사결정은 조직의 부문별 의사결정 차원이며 조직구조의 변경, 유통경로, 입지결정, 자본조달, 자재/설비 조달 등 최고경영층에서 내려진 의사결정을 구체화하기 위해 주로 중간계층의 경영자들에 의해 내려지는 의사결정이다. 이는 사이몬의 '정형적 의사결정'과 유사한 개념이다.

3.2.3 업무적 의사결정

업무적 의사결정은 전략적 의사결정과 관리적 의사결정을 보다 구체화하기 위해, 생산, 판매, 재무, 인사활동 등 기업 자원의 변환과정에서 효율성을 극대화하는 것을 목적으로 하는 조직의 각 기능별 의사결정이다.

Tip 기업의 의사결정 수준

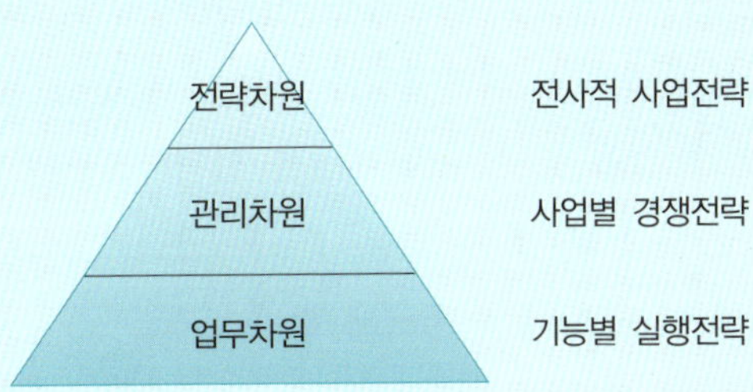

3.3 구텐베르크의 의사결정 유형

구텐베르크는 의사결정 유형을 확실성하의 의사결정, 위험성하의 의사결정, 불확실성하의 의사결정으로 나누어 설명하고 있다.

3.3.1 확실성하의 의사결정

확실성하의 의사결정은 의사결정의 결과가 확실한 것 중의 하나로써 나타나는 것이며, 필요한 정보가 완전할 때 가능하다. 이는 의사결정에 필요한 정보를 충분히 반영하여 발굴된 각 대안들의 결과에 대해 예측이 가능함을 말한다.

3.3.2 위험성하의 의사결정

위험성하의 의사결정은 결정상황에 있어서 하나의 결과가 아니고, 객관적 · 경험적 확률로써 측정할 수 있는 둘 이상의 결과를 알게 될 경우 내려지는 의사결정이다. 이는 의사결정에 필요한 정보가 있으나 불완전하여 의사결정자가 대안을 선택하거나 실행할 경우 위험이 뒤따르는 의사결정을 말한다.

3.3.3 불확실성하의 의사결정

불확실성하의 의사결정은 의사결정과 관련된 미래의 상황을 전연 예측할 수 없는 경우로써 주관적 확률에 의하여 의사결정을 하는 것을 말한다. 즉, 각 대안의 결과에 대해서 전혀 알 수 없을 뿐 아니라 대안을 선택하는 경우에 있어서 제공된 자료의 객관적인 확률을 전혀 알 수 없는 경우를 말한다. 이는 의사결정자의 능력, 취향, 위험에 대한 태도 등에 의존하게 된다.

4 의사결정 기법

효과적인 의사결정 기법으로는 브레인스토밍, 델파이법, 명목집단기법 등이 있다. 각각의 기법들에 대해 살펴보겠다.

4.1 브레인스토밍(Brainstorming)

브레인스토밍은 미국의 유명한 광고회사 BBDO의 창립자인 오스본(Alex

Faickney Osborn)이 개발한 창조성 개발기법으로 일명 '오스본법'이라고도 한다. 브레인스토밍은 리더, 기록자 외에 10명 이내의 참가자(stormer)들이 기존의 관념에 사로잡히지 않고, 폭풍우가 몰아치는 것처럼 자유로운 발상으로 아이디어나 의견을 내는 것이다.

브레인스토밍의 리더는 논의할 주제를 참가자들에게 명확히 설명하고, 참가자들은 자신의 의견과 아이디어를 그룹의 규범과 관계없이 자유롭게 말하도록 한다. 이때 리더는 양적으로 많은 의견과 아이디어가 나오도록 회의를 유도하며, 발표된 의견이나 아이디어에 대해서는 어떤 비판도 허용되지 않는다. 그 후 토의에 대한 분석이 이루어진다. 브레인스토밍의 목적은 보다 자유롭고 융통성 있는 사고를 증진하고 구성원들의 창조성을 촉진시키는 것에 있다.

4.1.1 브레인스토밍 진행 원칙

브레인스토밍을 진행할 때는 지켜야 할 원칙들이 있다. 미국의 심리학자인 토란스는 성인들을 대상으로 브레인스토밍을 통한 회의진행에 대한 실험을 실시하여, 다음과 같은 4가지의 브레인스토밍 진행 원칙을 도출해 냈다.

① 창출된 아이디어를 비난하거나 평가해서는 안 된다.
② 아무리 우스꽝스러운 아이디어라도 수용되어야 한다.
③ 아이디어는 많을수록 좋다.
④ 이미 제안된 아이디어로부터 다른 아이디어를 이끌어 낼 수 있도록 한다.

토란스의 연구결과에 따르면, 회의에 참석한 성인들에게 ①번 원칙을 훈련시킨 후 회의한 결과 10개의 아이디어를 제안했고, ②번 원칙까지 훈련시킨 경우에는 20개, ③번 원칙까지 훈련시킨 경우에는 30개, ④번 원칙까지 훈련시킨 후에는 40개 정도의 아이디어를 제안했다고 한다. 따라서 브레인스토밍을 진행할 때는 위의 4가지 진행 원칙을 회의 참석자들에게 미리 훈련시킨 후 진행하는 게 좋다.

4.2 델파이법(Delphi Method)

델파이법은 미국의 랜드 코퍼레이션(Rand Corporation)사가 1964년 개발한 기술미래예측 방법으로써 기원전 7세기 아폴론 신전이 있던 고대 그리스 도시 델포이(Delphoi)가 어원이다. 그리스 신화에 의하면 미래에 닥칠 자신의 운명을 알기 원하는 사람은 델파이 신탁(Delphic Oracle)의 도움을 받았다고 한다.

마찬가지로 오늘날 조직 내 의사결정자는 최선의 의사결정을 하기 위해 전문가의 도움을 필요로 한다. 이에 정리된 자료가 별로 없고 통계모형을 통한 분석을 하기 어려울 때 관련 전문가들에게 의견을 구하고 종합적인 방향을 전망해 보는 기법을 델파이법이라고 한다.

델파이법은 한 문제에 대해 여러 전문가들의 독립적인 의견을 수집한 다음, 이 의견들을 요약 · 정리하여 다시 전문가들에게 배부하여 일반적인 합의가 이루어질 때까지 서로의 아이디어에 대해 논평하게 하는 방법이다. 여러 전문가들을 한 장소에 모이게 할 필요 없이 그들의 평가를 이끌어 낼 수 있고, 의사결정과정에서 타인의 영향력을 배제할 수 있다는 장점이 있다. 그러나 소요되는 시간이 길고 응답자에 대한 통제가 힘들다는 단점이 있으며, 신속한 의사결정을 필요로 하는 경우에는 사용하기 부적절하다.

델파이법은 의사결정의 범위가 넓거나 장기적인 문제를 해결하는 데 유용한 기법이며, 미래 과학기술 방향을 예측하거나 신제품 수요예측을 위해 보다 정교하게 다듬어지면서 사회과학 분야의 대표적인 분석방법 중 하나로 자리잡게 되었다.

4.3 명목집단기법(Nominal Group Technique)

명목집단기법은 브레인스토밍처럼 그룹 규범의 영향을 차단하는 방법이다. 여기서 '명목(名目, Nominal)'이란 이름만으로 집단을 구성한다는 뜻이다. 즉, 사람들을 한데 모으지만 구두로 서로 의사소통하도록 용납하지 않는 과정을 뜻한다.

먼저 7~10명 정도의 회의 집단을 구성한다. 회의를 위해 모인 멤버들은 일단 각자 갖고 있는 의견과 아이디어를 말하지 않고 종이에 적는다. 그리고 각자 돌아가면서 자신의 아이디어 하나를 발표하여 아이디어를 공유한다. 여기서도 역시 아이디어에 대한 비판이나 다른 의견 제시는 허용되지 않는다. 그리고 한 사람의 기록자가 발표된 모든 아이디어를 익명으로 기록한다. 모든 아이디어가 다 발표되고 기록될 때까지 계속 이 과정을 진행한다. 그 다음 아이디어가 다 발표되고 나면, 그동안 나온 아이디어에 대해서 질문과 토의를 시작한다. 질문과 토의가 끝나면 기록한 아이디어에 대해 투표를 통해 우선순위를 정한다. 최종 결론으로 평점이 가장 우선순위가 높은 아이디어를 채택한다.

4.4 브레인라이팅(Brainwriting)

독일에서 개발된 브레인라이팅은 635법(6명이 둘러앉아 3개의 아이디어를 5분 내에 기입하고 옆으로 전달하는 방식)이라고도 하며, 짧은 시간 안에 구성원의 창조적 발상과 아이디어를 자극하고 한데 모으는 혁신적인 아이디어 창출 기법이다. 브레인스토밍이 활발하게 아이디어를 발산하는 회의법인 반면, 브레인라이팅은 말을 하지 않고 조용히 종이에 각자의 아이디어를 적는 침묵의 발상 회의법이라 할 수 있다.

브레인라이팅을 하기 위해 참가자들은 말을 하지 않고 주어진 주제에 대해 기록지에 3분 동안 자신의 아이디어를 적는다. 누구의 눈치나 이목에 신경 쓰지 않고 자연스럽게 자신의 의견을 적으면 된다. 그런 다음 아이디어 기록지를 옆사람에게 전달한다(다른 방법으로 테이블의 가운데에 아이디어 기록지를 올려놓기도 한다). 그리고 다른 사람의 아이디어 기록지를 참고하여 아이디어가 떠오르면 그 기록지에 새로운 아이디어를 덧붙인다. 같은 방식으로 충분한 아이디어가 나올 때까지 반복한다. 이 방법은 단시간에 대량의 아이디어를 모을 수 있는 간단한 아이디어 발상법이다.

Tip 브레인라이팅 진행 절차

6~8명의 팀 참가자들이 테이블 주위에 앉는다.

↓

개개인에게 브레인라이팅 기록지를 배분한다.

↓

팀 구성원이 각각 말없이 기록지 위에 자기 아이디어를 3개 정도 적는다.

↓

각자의 기록지를 옆사람에게 전달하고 자신도 다른 옆사람의 기록지를 전달받는다.

↓

전달받은 기록지의 두 번째 줄에 옆사람의 아이디어를 참고하여 자신의 아이디어 3개 정도를 기록한다.
다시 작성한 기록지를 옆사람에게 전달하고 다른 옆사람의 기록지를 전달받는다.

↓

충분한 양의 아이디어가 나올 때까지 계속한다.

주제 :

	아이디어 A	아이디어 B	아이디어 C
1			
2			
3			
4			
5			
6			
7			
8			

문제

1. 의사결정이 왜 중요한지 예를 들어 설명해보자.

2. 의사결정의 진행단계에 대해 설명해보자.

3. 의사결정의 유형을 분류하여 설명해보자.

4. 주제를 정한 후 브레인스토밍 기법을 이용하여 의사결정을 해보자.

의사소통

Chapter 5

1 의사소통이란?

2 의사소통 요소

3 의사소통 유형

4 의사소통 방법

Chapter 5 의사소통

1 의사소통이란?

의사소통이 원활하게 이루어지지 않으면, 개인으로 구성된 집단 활동이 효과적으로 수행되지 않으며, 집단이 추구하는 공동의 목표도 달성되지 않는다. 또한 조직에서도 구성원들 간의 커뮤니케이션이 원활하게 이루어져야 조직의 목표달성을 효과적으로 이룰 수 있다. 만약 커뮤니케이션이 없다면 조직의 목적을 달성하기 위한 리더십의 발휘나 동기유발 및 협동적 노력을 수반하기 위한 관리활동이 존재할 수 없다.

1.1 의사소통의 개념

의사소통의 어원은 라틴어 'Communis'에서 유래되었다. 이것은 "공동의 것으로 만든다"는 의미이다. 의사소통은 사람들 간의 공통된 의미를 얻기 위해 메시지를 교환하는 것, 사람과 사람 간에 정보·의사·감정이 교환되는 것으로 흔히 커뮤니케이션(Human Communication)이라고도 한다. 의사소통은 인간관계의 시작이며, 인간관계가 바로 의사소통이라고 할 수 있다. 커뮤니케이션에 대한 학자들의 견해를 살펴보면 다음과 같다.

① 오이어(Ayer) : 커뮤니케이션이란 말은 전달되는 것 자체이나, 그 수단 또는 전 과정을 의미한다.

② 바안런드(Banlund) : 커뮤니케이션이란 의미를 창조하는 과정이다.

③ 베럴슨과 스타이너(Berelson & Steiner) : 커뮤니케이션이란 기호, 언어, 그림, 도형, 도표 등을 사용하여 정보, 사상((Idea) 등을 전달하는 행위나 과정이다.

④ 호블랜드, 재니스와 켈리(Hovland, Janis & Kelley) : 커뮤니케이션은 한 개인이 다른 사람들(수용자)의 행동을 변화시키기 위하여 주로 언어적인 자극을 전달하는 과정이다.

⑤ 밀러(Geoge Miller) : 커뮤니케이션이란 정보가 한 장소로부터 다른 장소로 전해지는 것이다.

⑥ 세논과 위이버(Shannon & Weaver) : 넓은 의미에서 커뮤니케이션이란 하나의 마음이 다른 마음에 영향을 미치는 모든 과정을 뜻하는 것으로, 그 수단으로는 언어뿐만 아니라 음악, 그림, 연극, 무용 등 모든 인간의 행동을 포함한다.

⑦ 밀러(Gerald Miller) : 커뮤니케이션이란 정보원이 수용자의 행동에 영향을 미치기 위한 의식적인 의도를 가지고 수용자에게 메시지를 전달하는 행동적 상황을 뜻한다.

즉, 커뮤니케이션이란 송신자가 수신자에게 전달하고자 하는 메시지를 다양한 형태의 암호로 보내게 되면 수신자가 그 암호를 해석하여 송신자에게 피드백하는 과정이다.

좋은 인간관계를 형성하고 유지하기 위해서는 의사소통은 필수적이다. 의사소통의 단절은 인간관계의 단절이며, 의사소통은 인간관계 그 자체라고 할 수 있다. 따라서 의사소통의 중요성을 인식하고 의사소통 관리를 잘하면, 성공하고 행복한 인간관계를 만들어 갈 수 있을 것이다.

2 의사소통 요소

의사소통은 단순히 말을 하는 것 이상의 의미를 갖는다. 올바른 의사소통은 송신자의 메시지가 수신자에게 정확하게 전달되고, 이해되어야 하는 과정까지 포함한다. 즉, 의사소통은 실체가 아니라 과정인 것이다. 그러나 의사소통은 단순히 한 사람이 다른 사람에게 메시지를 전달하는 과정이라고 하기에는 무리가 있다. 그 과정 속에는 보다 역동적이고 연속적이며, 계속 변화하는 요소들이 상호작용을 하면서 서로 영향을 미치기 때문이다.

▶ **의사소통 모형**

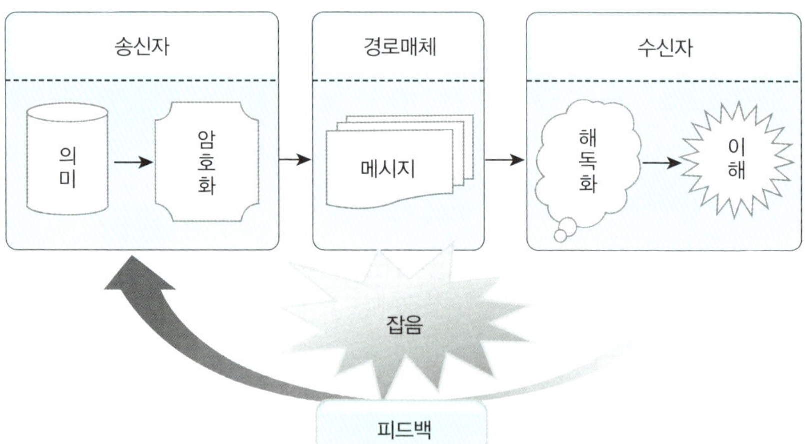

2.1 송신자

송신자는 자기의 의사를 전달하려는 목적을 가지고 자신의 생각, 감정, 정보 등을 타인에게 전달하려는 사람을 말한다. 송신자는 전달하려는 메시지의 목표를 명확히 하고, 전달 내용은 수신자가 이해할 수 있는 적절한 말, 제스처, 상징 등을 사용해야 한다. 송신자는 전달하려는 주제에 대한 의미를 명확히 이해하고 자신감 있는 행동으로 뒷받침 해 주어야 하며, 수신자로부터 적절한 피드백을 얻을 수 있도록 유도해야 한다. 또한 송신자는 수신자가 메시지를 어떻게 수용하고 해독화할 것인가를 알기 위해 수신자의 상황, 태도, 신념 등을 이해해야 하며, 의도했던 의미가 정확히 전달되었는지를 확인해 보려는 시도가 있어야 한다. 아울러 전달되는 정보의 양(quantity)과 질(quality)을 적정수준으로 조절할 수 있어야 한다.

2.2 암호화

송신자가 수신자에게 자신의 주장이나 생각을 전하려고 할 때, 송신자만 알고 있는 메시지로 전달하면 수신자는 송신자의 주장이나 생각을 정확히 읽을 수 없게 된다. 따라서 송신자는 다른 사람이 이해할 수 있도록 자신의 생각을 일종의 부호로 전환해야 하는데 이를 암호화라고 한다. 암호화된 메시지는 전달하고자 하는 내용을 정확하게 담고 있어야 한다.

2.3 메시지

송신자가 전달하고자 하는 내용이 바로 메시지가 되며, 메시지는 아이디어를 전달할 때 사용하는 말, 글, 몸짓, 신호, 표정 등 다양한 형태를 띤다.

- **언어적 메시지 :** 구두메시지, 문자메시지
- **비언어적 메시지 :** 신체메시지, 상징메시지

2.4 경로매체

경로매체는 송신자의 암호화된 메시지를 수신자에게 전달하는 메시지의 전달경로를 말한다. 경로매체에는 대면, 방송, 신문, 잡지, 전화, 인터넷 등 여러 종류가 있다. 경로매체들은 각각 장·단점을 지니고 있으므로 송신자는 적절한 경로매체를 선택해야 한다. 일반적으로 통상 사용되는 경로매체를 선택하는 것이 바람직하며, 복잡하고 중요한 의사소통을 할 때는 몇 가지 경로매체를 함께 동원하는 것이 바람직하다.

Tip 경로 선택 시 유의할 점

1. 각각의 경로는 장·단점이 있다! (텔레뱅킹)
2. 상대방이 선호하는 경로를 선택하라!
3. 중요한 경우 몇 가지 경로를 함께 활용하라!

2.5 잡음

경로매체를 통하여 메시지가 전달되는 과정에서 송신자와 수신자 간에 정상적인 소통을 방해하는 장애요인이 발생하게 되는데, 이것을 잡음(noise)이라고 한다. 이러한 잡음은 송신자의 경우 의사소통 목표의 결여, 의사소통 기술의 부족, 용어 또는 언어 사용의 부적절, 모순된 표현 등에 의해 발생되며, 수신자의 경우 선택적 경청, 상동적 태도, 현혹효과, 투사 등과 같은 정보의 내용 왜곡에 의해 발행된다. 또한 의사소통 상황이나 여건에 의해 잡음이 발생되기도 하며, 전달하는 매체상의 결함이나 한계 때문에 잡음이 발생하기도 한다.

2.6 해독화

해독화는 송신자로부터 전달받은 메시지의 의미를 해석화하는 것으로 수신자는 해독화 과정을 통해 메시지를 이해하게 된다. 이러한 해독화는 송신자의 메시지, 경로매체, 잡음 등에 따른 전달 품질과 수신자의 상황, 능력, 태도, 지식수준, 사회문화체계에 의해 영향을 받는다.

2.7 수신자

의사소통은 혼자 하는 것이 아니라 반드시 수신자를 필요로 한다. 여기서 수신자는 메시지나 정보를 받는 사람, 청취자, 독자를 말한다. 수신자는 전체 메시지의 내용요소와 감정요소 모두에 주의를 기울이고 경청해야 한다. 그리고 메시지를 올바로 전달받았는지의 여부를 송신자가 파악할 수 있도록 수신자의 반응을 송신자에게 전달해 주어야 한다.

2.8 피드백

피드백은 의사소통의 효과를 증대하기 위해 수신자가 송신자에게 메시지의 반응을 되돌리는 과정이다. 즉, 수신자는 자신이 이해한 메시지가 정확한 것인지를 송신자에게 확인하고, 송신자는 수신자에게 메시지가 잘 전달되어 의도된 반응을 일으켰는지를 확인하는 경로나 방법을 의미한다. 예를 들어 대화과정에서 송신자와 수신자는 서로 끊임없이 피드백을 교환하는데, 그것은 고개를 끄덕이거나 가로 젓거나, 얼굴을 찡그리거나 미소짓거나, 어깨를 으쓱하거나, 직접적으로 말을 하는 방법으로 이루어진다. 이처럼 피드백은 일방적 의사소통이 아니라 쌍방적 의사소통에서 일어난다.

3 의사소통 유형

조직에서의 의사소통은 크게 공식적인 의사소통과 비공식적인 의사소통으로 구분지을 수 있다. 공식적인 의사소통은 기업에서와 같이 사전에 공식적 조직에서 결정된 의사소통의 경로에 따라 이루어지는 의사소통과정을 말하며, 비공식적인 의사소통은 집단구성원들 간의 자연발생적인 관계에 의하여 형성된 비공식적 경로를 통하여 이루어지는 의사소통 과정을 말한다.

3.1 공식적인 의사소통

조직 내 규칙과 절차를 중시하는 공식적인 의사소통은 그 방향에 하향적 의사소통, 상향적 의사소통, 수평적 의사소통, 사선적 의사소통으로 나눌 수 있다. 공식적 의사소통은 주로 정보를 알리고 지시하고 평가하는 데 영향을 미친다.

3.1.1 하향적 의사소통

하향적 의사소통은 조직의 위계 또는 명령계통에 따라서 상급자로부터 하급자에게로 전달되는 명령, 지시, 성과표준 등을 포함하는 의사소통을 말한다. 이는 상의하달(上意下達) 의사소통으로써 특정 직무를 지시하고 조직, 절차 및 실행에 대한 정보를 주며, 부하의 업무성과에 대해 언급하며, 조직목표를 주입시키는 데 목적을 둔다. 이러한 하향적 의사소통의 방법으로는 지침서, 편람, 게시, 포스트, 기관지, 작업지시서, 연설 등의 매체를 동원한다. 이 하향적 의사소통은 하급자보다 상급자가 더 자유롭게 의사표시를 하며, 상사에 대한 거부감이 있을 경우 의사소통이 왜곡, 오해, 무시될 가능성이 크다.

3.1.2 상향적 의사소통

상향적 의사소통은 하급자 주도로 이루어지는 의사소통으로써, 하의상달(下意上達) 의사소통이다. 상향적 의사소통은 보고, 내부결제 등과 같은 공식적인 방식과, 직원여론조사, 개별면접, 인사상담, 제안제도, 결의함제도 등과 같은 인간관계적 전달방식을 통해 이루어진다. 이 의사소통은 쌍방적 의사소통을 가능하게 하고, 하향적 의사소통의 문제점을 시정할 수 있다는 점에서 중요하다. 그러나 상사의 질책을 피하고 상사를 즐겁게 하기 위해, 좋지 않은 소식이나 반대의견 등을 걸러내 전달하지 않으려는 '선택적 여과' 현상이 생기기 쉽다는 문제점을 지니고 있다.

3.1.3 수평적 의사소통

수평적 의사소통은 상호작용적, 횡적, 측면적 의사소통으로써 조직 내에서 위계수준이 같은 구성원이나 위계수준이 비슷한 부서 간의 의사소통을 말한다. 이러한 수평적 의사소통의 방법으로는 협조전문을 통한 사전협조제도, 통보나 회람을 통한 사후통지제도, 관계자들이 한 곳에 모여 의사교환을 하는 회의 또는 위원회제도 등이 있다. 수평적 의사소통은 조직 내 동일계층에 있는 단위 내에서 또는 단위 사이의 활동을 조정하고 협력을 촉진시키는 데 도움을 주며, 임무 조정, 문제해결, 정보공유, 갈등해소 등에도 유용하다.

3.1.4 쌍방적 의사소통

쌍방적 의사소통이란 송신자의 메시지에 대해 어떤 형태로든 수신자의 반응이 있는 의사소통을 말한다. 즉, 의사소통에 참여하는 사람이 서로 얘기하고 의견을 나누는 형태로 이루어진다. 쌍방적 의사소통은 일방적인 의사소통에 비해 다른 사람의 말을 좀 더 정확히 들을 수 있고, 자신의 의사를 정확하게 표현할 수 있다는 장점이 있다. 그러나 쌍방적 의사소통은 수신자가 어느 정도 그 문제에 대해 기본지식을 가지고 있어야 효율적이며, 시간과 노력이 많이 든다는 단점도 있다는 것을 염두에 두어야 한다.

Tip 니컬러스 버뷸레스(Nicholas Burbules)의 쌍방적 의사소통 원칙

- 참여의 원칙
  대화가 자발적이어야 하며, 모든 참여자가 질문을 하고, 새로운 생각을 시험하고, 다양한 관점을 들여다보는 활동에 능동적으로 개입할 수 있는 기회가 제공되어야 한다.
- 실행의 원칙
  대화가 어렵고 합의가 힘들어 보일 때조차도 그 대화는 지속적이며, 광범위하게 이루어져야 한다.
- 호혜성의 원칙
  수신자와 발신자의 의견교환은 상호존중과 관심을 바탕으로 이루어져야 한다. 관리자나 전문가의 의견을 당연한 것으로 간주해서는 안 된다.

3.1.5 사선적 의사소통

사선적(대각선적) 의사소통은 조직구조상 부서가 다른(집단을 달리 하는) 사람들 사이의 의사소통을 말한다. 이는 라인조직의 한 부문과 스탭조직 사이에 일어나는 의사소통으로, 이를 통해 라인조직상의 문제에 대한 참모의 조언을 들을 수 있다.

3.2 비공식적인 의사소통

비공식적 의사소통은 집단구성원들 간의 자연발생적인 관계에 의하여 형성되는 의사소통으로써, 메시지가 비공식적으로 흐르는 의사소통이다. 주로 학연, 지연, 취미클럽 등 비공식조직 내에서 행해지는 의사전달이다.

3.2.1 그레이프바인

그레이프바인(포도넝쿨모형 의사소통)은 비공식적 의사소통으로써 친화관계, 학연, 지연 등 조직 내부의 인간적 접촉에 의해 자생적으로 형성되는 의사소통 체계이다. 이러한 의사소통체계가 포도넝쿨을 닮았다 하여 '그레이프바인(grapevine)'이라고 하며, 오늘날 모든 비공식적 커뮤니케이션을 지칭하는 의미로 사용한다. 이 의사소통은 전달속도가 빠르며, 하급자의 즉각적인 반응을 알기 위해 정보를 흘렸을 경우 신속하게 그 결과를 알아낼 수 있다. 그리고 하급자들의 스트레스를 해소시켜주기도 하며, 공식적인 의사소통이 전달하지 못하는 유익한 정보를 제공해 주기도 한다.

그러나 무책임한 정보가 흐를 경우 너무 전달속도가 빨라 관리자의 통제가 어렵고, 정보가 전달과정에서 왜곡될 가능성이 많다. 또한 증거 없이 부정확한 정보를 퍼뜨림으로써 명예를 훼손하고 조직의 와해를 초래할 수도 있다. 따라서 조직적 측면에서 비공식적 커뮤니케이션 체계의 역기능을 줄이고 장점을 이용하는 방안모색이 바람직하다고 할 수 있다.

4 의사소통 방법

의사소통은 일반적으로 언어를 사용하는 언어적 의사소통과 언어를 사용하지 않는 비언어적 의사소통으로 분류할 수 있다. 언어적 의사소통은 말로 하는 구두적인 것과 글로 하는 문서적인 것으로 구분된다. 비언어적 의사소통은 상징 커뮤니케이션과 신체 커뮤니케이션으로 구분할 수 있다.

4.1 언어적 의사소통

언어적 의사소통은 구두 혹은 서면으로 메시지를 전달하는 의사소통으로써, 구두 커뮤니케이션과 문서 커뮤니케이션으로 구분할 수 있다. 언어적 의사소통의 요소는 내가 전하려는 바를 적절한 단어를 골라 적절하게 사용하는 것이다.

4.1.1 구두 커뮤니케이션

구두 커뮤니케이션은 정보와 의사전달에 있어 가장 빈번히 사용되는 커뮤니케이션 방법으로, 의사소통의 가장 기본이 되는 것이다. 구두(oral) 커뮤니케이션의 요소로는 대화, 전화, 회의, 프레젠테이션 등이 있다. 이런 구두 커뮤니케이션을 잘하기 위해서는 말하기 전에 내용을 잘 생각하고, 상대방 입장에서 전달해야 한다. 그리고 전달하는 메시지는 명료하고 순서에 맞게, 상대방 반응을 확인하면서 이야기해야 한다. 이때는 비언어적 의사소통 수단인 얼굴표정, 목소리의 톤, 몸짓 등을 함께 사용하는 것이 좋다.

구두 커뮤니케이션의 사용은 매우 신중해야 한다. 우리가 하는 말에는 부정적인 측면과 긍정적인 측면이 양존하기 때문이다. 즉, 동일한 말이라 하더라도 상황에 따라 다른 의미를 내포하고 있는 경우가 많다. 따라서 나 중심의 말이 아닌 상대방에게 유익한 말을 많이 하고, 주체적·능동적인 표현의 말, 입술 말이 아닌 가슴에서 우러나오는 말을 하도록 노력해야 한다. 또한 평소에도 성공과 행복에 관련된 말을 자주 해야 하며, 반대로 실패와 불행에 관련된 말들은 피해야 한다. 성공과 행복 등의 플러스적 감정 표현의 말은 인간관계를 위한 최강의 무기이기 때문이다.

4.1.2 문서 커뮤니케이션

대부분의 커뮤니케이션은 구두에 의해 이루어지지만 전달내용이 중요하거나 기록으로 남아야 할 때에는 문서의 기록에 의한 방법을 선호한다. 문서 커뮤니케이션은 구두적인 의사소통의 방법의 한계를 극복하고 보완하기 위한 의사소통 방

▶ 언어적 의사소통의 효율성

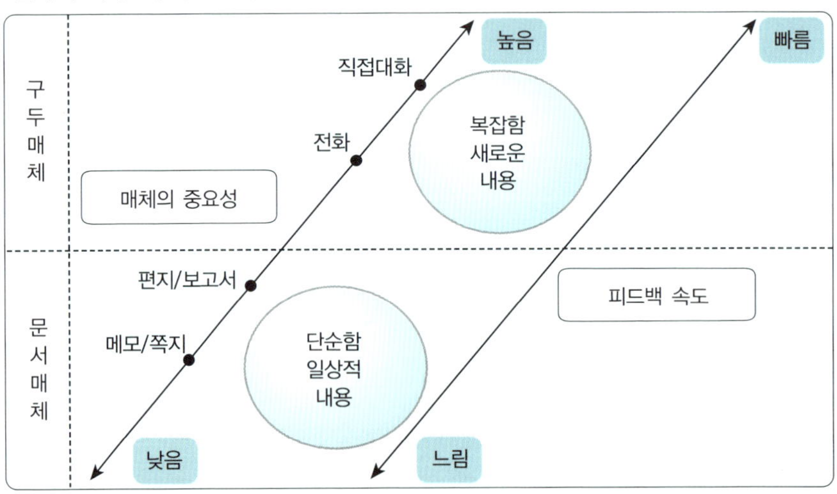

법이며, 그 수단으로는 편지, 공람, 계약서, 보고서, 인증서, E-mail 등이 있다.

문서적인 방법을 사용하면 메시지를 사전에 준비하고 영구적으로 보관할 수 있으며, 최소의 비용으로 전달할 수 있다. 그러나 문서의 읽기 능력이 부족한 사람에게 잘못 표현될 수 있으며, 즉각적인 피드백이 어려워 정확하게 전달되었는지에 대한 많은 시간이 소요된다는 단점이 있다. 따라서 문서의 기록은 육하원칙에 의하여 정확하고 간결하게 작성해야 한다. 또한 정보를 효과적으로 습득하기 위한 읽기능력을 갖추어야 한다.

4.2 비언어적 의사소통

일반적으로 인간의 기본적인 감정인 유머, 놀람, 슬픔, 노여움 등의 표현은 말 자체 속에 담기기보다는 말 밖의 요소인 몸짓이나 음성, 음량에 의해 전달된다. 비언어적 의사소통이란 이처럼 말에 의한 의사소통이 아닌 목소리, 얼굴표정, 눈, 몸짓, 눈맞춤이나 접촉, 상징물 등 언어영역 밖에 있는 모든 의사소통 방식을 의미한다. 비언어적 의사소통은 언어적 의사소통을 대신하여 의사소통의 주된 역할을 하기도 하고, 음성언어를 보조하는 역할을 하기도 한다. 언어적 내용 그 자체는 아니지만 의사전달에 영향을 미치는 요소들을 살펴보면 다음과 같다.

4.2.1 신체커뮤니케이션

■ 몸짓

상대의 몸짓이나 자세를 통해 그가 어떤 생각을 하고 있는지, 무슨 말을 하려고 하는지를 파악할 수 있다. 몸짓은 악수, 포옹과 같은 직접적인 접촉과 손, 머리, 어깨 등 신체를 움직이는 제스처(gesture)가 있다.

■ 눈맞춤

눈맞춤(eye-contact)은 상대에 대한 관심, 애정, 사랑, 수줍음, 공포감 등을 표현한다.

■ 얼굴표정

얼굴표정을 통해 그 사람의 감정상태를 읽을 수 있으며, 그 사람에 대한 감정이입이 더 잘 일어난다. 얼굴표정은 때에 따라서 말보다 훨씬 더 정확하게 자신의 감정을 전달하기도 한다.

■ 옷차림

대부분 상대방의 옷차림에서 중요한 메시지를 전달받는다.

■ 준언어

목소리, 억양, 말의 리듬, 주절거림 등을 준언어라고 한다. 준언어의 의미를 정확하게 판단하기 위해서는 준언어를 사용하는 사람의 습관, 성격 등이 함께 고려되어야 한다.

■ 거리

상대방에 대한 물리적 거리, 바라보는 방향, 만남의 장소 등을 잘 활용하는 것도 중요한 의사소통의 기술이다. 일반적으로 상대방과 친밀할수록 사람들은 상대와 더 가까이 선다.

그밖에 악수, 포옹, 입마춤, 머리쓰다듬 등 접촉을 통한 커뮤니케이션도 있다.

4.2.2 상징커뮤니케이션

■ 집

집의 크기, 모양 등은 그 사람의 부와 사회적 지위를 평가할 수 있는 메시지를 전달하기도 한다.

■ 사무실

사무실의 위치, 크기, 청결상태 등은 그 사람의 직업, 성격, 그 사람의 사회적 지위 등에 대한 메시지를 전달하기도 한다.

■ **지위**

지위는 상대에 대해 존경, 곤경 또는 무시 등을 표현하게 하는 메시지가 있다.

■ **친구**

사귀고 있는 친구를 통해 사람들은 상대를 평가하기도 한다.

■ **부모**

부모가 누구인가에 따라 그 사람을 평가하는 기준을 삼기도 한다.

■ **차**

값비싼 자동차는 부와 명예의 상징으로 작용하기도 한다.

Tip 메러비안법칙

'메러비안법칙'은 캘리포니아대학의 앨버트 메러비안(Albert Mehrabian)이 주장한 것으로, 그의 연구에 의하면 서로 대화하는 사람들을 관찰한 결과, 상대방에게 내용을 이해시키는 데 있어서 목소리는 38%, 태도는 20%, 몸짓이 5%의 영향을 끼치지만, 말하는 내용(어휘) 자체는 겨우 7%의 비중밖에 차지하지 않는다는 것이다.

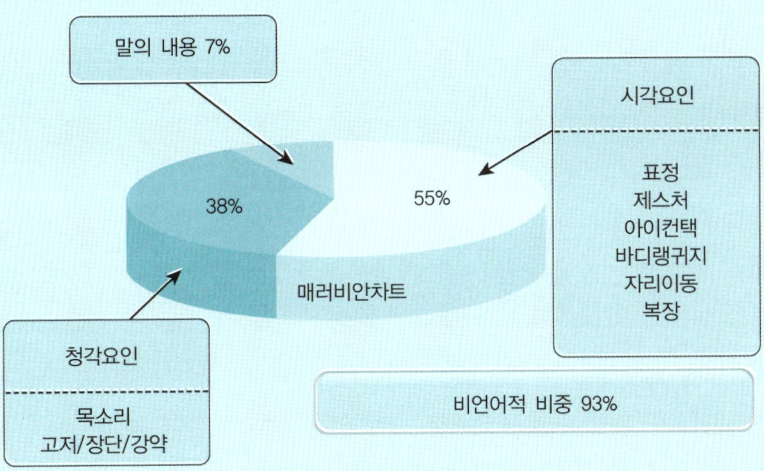

이는 단순히 언어 구사력이 뛰어나다고 해서 의사소통이 잘되는 것이 아니며, 오히려 비언어적 단서가 의사소통에 더 중요하다는 것을 밝혀낸 연구이다.

문제

1. 의사소통이 왜 중요한지 예를 들어 설명해보자.

2. 의사소통의 요소에 대해 설명해보자.

3. 의사소통의 장애요인과 극복방안에 대해 설명해보자.

4. 비언어적 의사소통을 활용했을 때의 이점에 대해 발표해보자.

리더십

Chapter 6

1. 리더십이란?
2. 리더십 유형
3. 리더십 이론
4. 현대식 리더십

Chapter 6 리더십

1 리더십이란?

1.1 리더십의 정의

리더십(leadership)은 공동의 목표를 달성하기 위해 한 사람이 다른 사람들에게 영향을 미치고, 동기를 부여하고, 지지와 도움을 얻는 사회적 영향의 과정이며, 지도자로서의 능력을 말한다. 리더십은 단일행동이 아니며, 다른 사람들에게 생각, 감정, 행동 등을 따르게 하는 일종의 동태적 움직임을 뜻한다. 리더십에 대한 학자들의 견해를 정리해하면 다음과 같다.

① 스톡딜(Stogdill) : 집단목표의 달성을 위하여 행해지는 여러 활동에 영향을 주는 과정 또는 영향력의 행사이다.

② 테리(George R. Terry) : 모든 사람들이 집단목표를 위하여 자발적으로 노력하도록 사람들에게 영향을 주는 활동이다.

③ 허쉬와 브랜차드(P. Hersey & K.H. Blanchard) : 일정한 상황 하에서 목표를 달성하기 위하여 개인이나 집단의 활동에 영향을 미치는 과정이다.

④ 제임스 맥그레고 번즈(James MacGregor Buns) : 변화를 가져오는 리더십은 리더와 따르는 자 모두의 비전과 가치관, 포부를 새로운 기대치 수준으로 향상시키는 관계이다.

⑤ 제임스 쿠제스 & 베리 포스너(James Kouzes & Barry Posner) : 리더가 상황에 따라 달성해야 하는 바를 구성원 스스로가 원해서 하게 만드는 기법이다.

⑥ **로빈스(S.P. Robins)** : 리더가 일정한 상황에서 구성원들로 하여금 공통목표를 달성하는 데 필요한 행위를 하도록 영향을 미치는 과정과 그러한 능력을 의미한다.

⑦ **쿤쯔(H. Koontz)** : 리더십이란 공통의 목표달성에 따르도록 타인에게 영향력을 주는 활동이다.

⑧ **이반세비치(J.M. Ivancevich)** : 리더십이란 목표달성을 위해 개인이 다른 사람들에게 영향력을 행사하는 둘 또는 그 이상의 사람들 사이의 관계이다.

이와 같이 리더십이란 "자신의 캐릭터와 처한 상황을 조화롭게 맞추어 가는 기술로서 구성원의 자발적 참여를 통한 조직의 목표달성을 유도하는 능력"이라고 할수 있다. 그러나 이러한 보편적인 정의 외에, 리더십은 일반 사회・정치에서 사용할 때와 기업과 같은 조직에서 사용할 때의 개념은 약간의 차이가 있다.

1.1.1 사회・정치에서의 리더십 개념

사회・정치에서 사용하는 리더십은 사회지도자나 정치지도자가 수행하는 역할을 의미한다. 사회・정치에서의 리더십은 일반적으로 조직체의 외부환경과의 적응, 내부 조직의 안정, 외부 사회집단과 내부 조직구성원으로부터의 협조와 상호작용을 강조한다.

1.1.2 기업에서의 리더십 개념

기업에서의 리더십은 경영관리 관점에서 수행하는 역할을 의미한다. 기업의 경영관리과정은 일반적으로 계획(planning), 조직(organizing), 지휘(directing), 조정・통제(controlling)로 구분되는데, 그 중에서 지휘기능을 리더십과 동일시하고 있다. 이와 같이 경영관리 관점에서 볼 때, 기업에서 리더십은 기업 내의 상하계층을 막론한 모든 관리자의 직무에 포함되는 보편적인 관리기능으로 인식되고 있다.

경영의 제반사고가 인간을 중심으로 전개되고 있고, 경영활동이 인간을 통해 목표를 달성하는 과정으로 이해되는 현대적 기업경영의 관점에서 리더십은 특히 중요한 의미를 갖는다. 즉, 리더십을 통해 조직구성원들의 행위를 바람직한 방향으로 형성하고 이를 과업지향적으로 통합하는 기능을 수행할 수 있고, 변화하는 기업환경 조건에 신속히 적응하게 함으로써 급변하는 기업환경 속에서 조직의 안정성을 유지하는 데 도움을 주며, 조직이 성장하거나 변화하는 시기에 다양한 조직단위를 내부적으로 통합하는 완충기능을 수행하기 때문이다.

1.2 팔로어십, 헬퍼십과의 관계

1.2.1 팔로어십

리더십의 상대적 개념으로 팔로어십(Followership)이 있다. 리더십이 자신과 남을 올바른 방향과 방법으로 변화를 이끌어내는 능력인 데 반해, 팔로어십은 리더를 잘 보좌하고 리더가 성공할 수 있도록 최대한 지원해 주는 것을 말한다. 팔로어(follower)는 단순히 리더를 무조건적으로 따르는 추종자로서의 개념이 아니며, 성공하는 조직에서는 리더와 팔로어는 협력관계에 있는 파트너이고 동반자여야 한다. 따라서 리더 자질 못지않게 리더를 좀 더 리더답게 만들 수 있는 팔로어의 역할이 중요하다. 팔로어십은 원래 기업 등 수직적 조직에서 경영자에 대해 구성원이 따르는 방식으로 출발했으며, 최근에는 사회적으로 의미가 확대돼 법질서와 합의, 권위에 대한 존중 등을 포괄하고 있다.

1.2.2 헬퍼십

훌륭한 리더 곁에는 탁월한 헬퍼가 있기 마련이다. 빌 게이츠 옆의 스티브 발머, 마오쩌둥 옆의 저우언라이, 클린턴 옆의 앨 고어라는 헬퍼가 있었다. 이처럼 최고 리더의 위치가 아니라 2인자의 위치에서 리더를 훌륭하게 보좌하는 것은 물론, 조직구성원들이 하나의 목표를 향해 나아갈 수 있도록 도와주는 리더십을 헬퍼십(Helpership) 또는 스탭십(Staffship)이라고 한다. 헬퍼십은 리더를 위한 또 다른 형태의 리더십이 아니다. 헬퍼십은 그 자체로써 온전한 리더십을 완성시키는 리더십의 한 부분이며, 조직구성원들과의 조화와 균형을 유지하여 영향력을 행사하는 능력이라고 할 수 있다.

Tip 리더(leader)의 의미

L	Listen	리더는 잘 들어줘야 한다.
E	Explan	리더는 설명을 잘해 주어야 한다.
A	Assist	리더는 구성원을 잘 도와주어야 한다.
D	Develop	리더는 구성원의 능력을 개발해줘야 한다.
E	Evaluate	리더는 평가를 공정하게 해야 한다.
R	Reward	리더는 보상을 잘해주어야 한다.

2 리더십의 유형

리더십 유형이란 리더의 스타일을 말한다. 이는 리더십을 연구하는 한 가지 방법론이며, 수십 가지의 서적과 이론들이 존재한다. 많은 리더십 유형 중 가장 보편적이고 일반적인 유형은 지배자로 군림하려는 독재형, 다른 사람들과 의논하는 민주형, 모든 것을 내버려두는 자유방임형이 있다. 또한 빠른 변화와 동적 성장을 통한 조직의 다양성을 요구하면서 변혁적 리더십, 성기호리더십, 팀리더십, 비조직리더십 등 다양한 현대적 리더십이 등장하고 있다.

2.1 독재형 리더십

독재형 리더십은 지배자로 군림하기 위해 명령과 복종을 강조한다. 따라서 지도자는 독선적이며, 질문을 금지시키고, 실수를 용납하지 않으며, 핵심정보는 혼자 가지려고 한다. 따라서 조직구성원들의 개인적인 욕구는 2차적인 문제로 생각하며, 보상-처벌의 연속선에서 통제하고 관리한다.

이러한 독재형 리더십은 통제와 조정이 쉽고 리더의 조직 운영에 대한 진행에 일관성이 있다는 장점이다. 또한 지시와 명령으로 조직을 주도하기 때문에 사업 진행에 있어 신속한 결정이 가능하고, 이러한 점은 위기 시에 기여할 수도 있다.

그러나 이와 같은 독재형 리더십은 조직구성원들에게 주어진 업무만을 묵묵히 수행할 것을 요구하기 때문에 조직의 사기를 저하시키고, 조직의 경직성을 초래할 수 있다. 이러한 조직은 조직구성원들의 창의적인 아이디어를 수용하기 어렵고 긍정적인 인간관계가 결여되어 있으므로 장기적인 성장을 기대하기 어렵다는 단점이 있다.

2.2 민주형 리더십

민주형 리더십은 조직의 목표설정이나 의사결정을 함에 있어서 이성적 사고를 지닌 조직구성원들의 의견을 묻고, 다수 구성원들의 자발적인 참여에 의해 결정되는 과정이나 행위라고 할 수 있다. 민주형 리더십은 조직원들의 의견을 존중하고, 조직에 정보를 전달하려고 노력하고, 전체 그룹의 구성원 모두를 목표방향 설정에 참여하게 함으로써 구성원들에게 확신을 심어주려고 노력하는 리더십이라 할 수 있다.

이러한 민주형 리더십은 조직원 스스로 능력을 인식하고 발휘하도록 이끌어주는 것이기 때문에, 동기와 사명감을 증진시킬 수 있고, 집단토의 권장을 통해 새로운 정보의 교환이 활발하게 이루어질 수 있다는 장점이 있다. 또한 객관적 입장에서 칭찬과 격려가 이루어지기 때문에 조직을 평등한 분위기로 발전시킬 수 있다.

그러나 다수의 조직원들을 의견수렴에 참여시키는 데 많은 시간이 걸릴 수 있기 때문에 긴급한 결정을 할 경우에는 어려움이 있다. 또한 조직구성원이 과업에 대한 흥미와 성취욕구가 강하지 않거나, 필요한 지식과 정보를 갖추고 있지 않은 경우에는 활동성이 떨어진다는 단점이 있다.

2.3 자유방임형 리더십

자유방임형 리더십은 리더가 소극적인 자세로 대부분의 의사결정권을 부하직원들에게 위임하는 형태의 리더십이다. 따라서 자유방임형 조직에서는 직원들 스스로 목표를 세우고 계획을 수립하며, 리더는 자문하는 역할을 수행한다. 이러한 리더십은 창의력 중심의 조직이나 특정 과업해결을 위한 전문가 중심조직에 적합할 수 있다.

자유방임형 리더십은 리더가 조직을 장악할 수 있는 확고한 권한을 가지지 못하면 리더십의 부재로 이어지고, 이는 곧 조직이 안일하고 나태해질 수 있으며, 조직 내부갈등이 생겨도 해결하지 못하고 오히려 혼란을 야기시킬 수도 있다.

3 리더십 이론

어떤 형태의 조직이든지 그 조직의 성과를 높이기 위해서는 경영자의 리더십이 무엇보다 중요하다. 그래서 리더십의 본질에 대한 많은 연구가 이루어지고 있지만, 연구하는 학자들의 견해 차이도 크고, 리더십 이론도 다양하게 발전하였다. 그럼에도 불구하고 시대적 흐름에 따라 발전적으로 전개된 리더십 이론을 들자면 특성이론, 행동이론, 상황이론 등을 들 수 있다.

특성이론은 리더가 갖추어야 할 개인적 자질과 특성을 통해 리더십을 찾으려는 이론이고, 행동이론은 리더가 하는 행동 또는 행동패턴과 조직구성원과의 관계를 규명하려는 이론이다. 상황이론은 리더십 상황과 영향력으로 리더십을 찾으려는 이론이다.

▶ **리더십이론의 발전과정**

특성이론 (1940~1950) → 행동이론 (1950~1960) → 상황이론 (1970~현재)

3.1 특성이론(Traits Theory)

특성이론은 리더십의 초창기 연구로써 1940년대에 본격적으로 등장하였다. 특성이론은 용모와 같은 신체적 특성과 판단력, 언어능력, 지능, 성격, 학력과 경력 등의 사회적인 배경 같은 리더의 특성에 초점을 둔 이론으로써, 리더는 타고난다는 명제를 강하게 암시하고 있다.

즉, 성공적인 리더와 비성공적인 리더를 구분짓는 중요한 특성이 존재한다는 기본가정을 전제로, 성공적인 특성을 가진 사람은 효과적인 리더가 될 수 있다는 이론이다. 또한 이 이론은 만약 모든 성공적인 리더들이 공통적으로 소유하고 있는 특성이 있다면, 그 특성은 리더십 능력을 발휘하는 데 천부적인 특성이라고 가정하고 있다.

버나드(Barnard)는 특성이론의 개인적 특성으로 활력과 인내성, 결단력, 설득력, 책임성, 지적 능력 등을 들었으며, 스톡딜(Stogdill)은 육체적 특성, 사회적 배경, 지적 능력, 성격, 과업과 관련된 특성, 사회적 특성 등을 리더와 조직구성원, 성공적인 리더와 비성공적인 리더를 구분해주는 특성요인이라고 밝혔다. 반면 제닝스(Jennings)는 성공적인 리더와 비성공적인 리더를 식별하는 특성을 확인할 수 없었다고 주장하였다. 그러나 리더의 특성이 집단구성원을 지휘하는 데 매우 중요한 역할을 담당하고 있다고 밝혔다.

그러나 특성이론이 타당성을 얻기 위해서는 성공적인 모든 리더들에게서 보편

타당한 일반적인 자질과 특성들을 찾을 수 있어야 하고, 성공하지 못한 리더들과 성공한 리더들을 구분해 주는 분명한 자질과 특성들이 무엇인지 제시할 수 있어야 한다. 하지만 특성이론은 자신들이 주장하는 특성들과 리더십과의 연관성을 객관적으로 검증하지 못함으로써 이후 '행동이론'이 등장하게 되었다.

3.2 행동이론(Behabioral Theory)

행동이론은 특성이론의 문제점과 한계를 극복하기 위해 1950년대에서 60년대에 걸쳐 나타난 이론이다. 행동이론은 리더의 특성이 아닌 조직구성원에 대한 리더의 행동패턴에 따라 리더십 효과가 좌우된다는 이론으로써, 다양한 상황에서 리더가 조직구성원에게 보여주는 행동패턴과 이에 대한 조직구성원의 반응에 초점을 맞추었다. 이는 성공적인 리더는 리더의 특별한 행동유형에 따라 비성공적인 리더와 구별된다는 것이다. 행동이론의 연구에는 오하이오연구, 미시간연구, 관리격자이론 등이 있다.

3.2.1 오하이오(Ohio)연구

오하이오주립대학에서는 리더십연구를 위해 먼저 리더행동을 측정하기 위해 '리더행동기술설문서(leader behavior description questionnaire : LBDQ)'와 '리더의견설문서(leader opinion questionnaire : LOQ)'를 개발하였다. 이 설문지를 민간인과 군인들에게 배포하여 그들의 리더에 대한 행동을 기술하게 하였고, 기술된 내용을 토대로 요인분석을 하였다. 분석은 주로 '리더행동기술설문서'의 결과를 기준으로 이루어졌으며, 분석을 통해 행동항목 간에 어떤 상관관계가 있는지를 밝혀냈고, 관련 항목들 간에 유의미한 군집이 존재하는가를 파악했다.

분석결과 리더의 행동을 두 가지 차원의 행동요인로 분류하고, 이를 '배려적 행동(consideration)'과 '과업주도적 행동(initiating structure)'이라고 명명하였다. 그리고 이 두 행동요인이 높은 리더가 그렇지 않은 리더보다 조직구성원들에게 좋은 성과와 만족을 가져다주는 것을 발견하였다. 각 행동요인을 정의하면 다음과 같다.

■ **배려적 행동**

리더와 조직구성원 간의 신뢰, 우정, 존경, 친밀감을 위한 행동을 의미한다. 이는 조직구성원(조직구성원)과의 관계를 중시하는 행동이다.

■ **과업주도적 행동**

리더가 집단의 목표달성을 위해 자신과 조직원의 역할분담 및 업무조정을 명확히 하고, 의사전달의 통로를 확립하여 집단의 성과를 평가하는 행동을 말한다. 이는 조직구성원과의 직무관계를 중시하는 행동이다.

오하이오연구는 신뢰도 및 타당도검증을 거친 설문지를 사용해 리더의 행동을 연구했다는 데 의의가 있다. 그러나 지나치게 설문지에만 의존함으로써 여러 오류를 범할 수 있다는 문제점이 있다. 즉, 설문지에 대한 조직원들의 리더 행동에 대한 평가가 정확하지 않을 수 있으며, 조직원들이 리더를 좋아하거나 싫어하는 경우 실제 리더가 취한 행동과 다르게 평가할 수 있다. 또한 실험연구가 아니기 때문에 연구 결과의 인과성에 대해서는 여전히 한계가 있다.

3.2.2 미시간(Michagn)연구

미시간대학교에서도 오하이오연구처럼 어떤 유형의 리더 행태가 업무집단의 성과와 구성원의 만족을 가져오는지를 연구하였으며, 연구결과로 '직무중심적 리더십 유형(job-centered)'과 '구성원중심적 리더십 유형(employee-centered)'이라는 두 가지 리더십 행동유형이 발견되었다.

직무중심적 리더십 유형은 조직구성원의 직무수행과 이에 따른 직무만족을 위한 방법을 강조한 리더십이다. 이 리더십 유형에서는 조직구성원의 직무를 엄격하게 설정하고, 직무를 세밀하게 조직하며, 조직구성원이 따라야 할 상세한 직무방법을 규정하고, 구성원의 직무를 면밀히 조언하고, 업무성과를 평가하는 데 초점을 두고 있다.

반면 구성원중심적 리더십 유형은 오하이오연구의 '배려적 행동'과 유사하다. 이러한 유형의 리더는 인간지향적이며 책임의 위임과 조직구성원의 복지, 욕구, 승진, 개인적인 성장에 대한 관심을 강조한다. 그리고 조직구성원과 우호적인 관계를 갖는 경향이 있으며, 개인적인 의사결정 대신에 집단 의사결정 방법을 택하고, 높은 성취목표를 설정하여 달성하도록 구성원들을 격려하며, 구성원들을 세심하고 신중하게 대하려고 노력한다.

■ **직무중심적 리더십 유형**

세밀한 감독과 합법적이고 강제적인 권력을 활용하며, 업무계획표에 따라 이를 실천하고 업무성과를 평가하는 데 중점을 둔다.

■ **구성원중심적 리더십 유형**

인간지향적, 권한과 책임의 위임, 구성원의 복지와 욕구, 승진, 개인적인 성장에 관심을 둔다.

미시간연구에서 내려진 결론은 구성원중심적 리더들이 조직에서 보다 높은 생산성과 직무만족도를 나타내며, 상대적으로 직무중심적 리더는 낮은 생산성과 낮은 직무만족도를 보인다는 것이다.

미시간연구의 직무중심적 리더십 유형과 구성원중심적 리더십 유형은 오하이오연구의 '과업주도적 행동', '배려적 행동'과 비슷하다고 볼 수 있다.

3.2.3 관리격자이론(Managerial grid theory)

관리격자이론은 오하이오연구와 미시간연구의 리더십 행동의 개념을 연장시켜 텍사스(Texas)대학의 심리학자 블레이크(Robert R. Blake)와 심리학자 모튼(Jane S. Mouton)이 리더의 행동유형을 더욱 구체화하고 효과적인 리더십 행동을 기르기 위한 기법으로 개발한 이론이다. 이 관리격자이론에 기초한 그리드 조직개발(Grid OD)은 리더십 행동 개발에 유용한 프로그램으로 알려져 있으며, 조직의 시스템적 관점에서 전체 조직의 능력개발로 확장되고 있다.

관리격자이론의 격자망은 수평축과 수직축으로 각각 9개의 위치를 설정하여 총 81종류의 리더십 유형이 나올 수 있도록 설계되어 있다. 수평축은 리더의 행동지향을 생산에 대한 관심(과업)으로 나누고, 수직축은 인간에 대한 관심(관계)으로 나누어 계량화하였으며, 리더의 행동유형을 (1 · 1)무기력형, (1 · 9)사교형, (5 · 5)중도형, (9 · 1)권위형, (9 · 9)팀형의 5가지 기본유형으로 분류하였다. 이 관리격자이론의 연구결과를 기초로 가장 높은 성과를 보이는 리더십 스타일은 (9 · 9)팀형으로 나타나고 있다.

▶ 관리격자이론모형

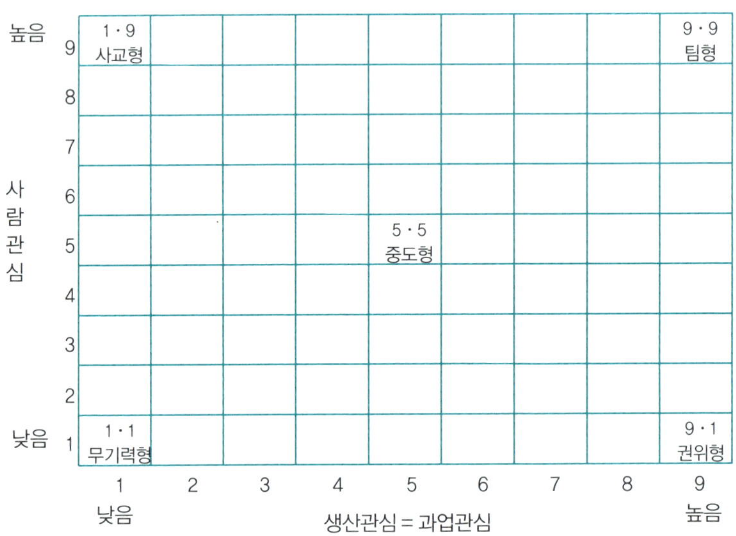

■ (1 · 1)무기력형

리더는 과업과 사람에 대한 관심이 모두 낮다. 따라서 조직구성원으로써 주어진 작업을 성취하기 위해 최소한의 노력만 하며, 안일한 사고를 한다.

■ (1 · 9)사교형

리더는 사람에 대한 관심이 매우 높지만 과업에 대한 관심이 매우 낮다. 이러한 리더는 인간관계를 과업보다도 우선시하며, 조직원과 인간관계가 원활히 이루어지도록 조직원의 욕구에 관심을 갖고, 조직을 편안하고 화기애애한 분위기로 이끈다.

■ (5 · 5)중도형

리더는 과업과 사람에 대해 적당히 관심을 갖는다. 그러나 모험적인 시도나 개혁적 제도는 도입하지 않고 적당한 수준에 성과를 추구하여 현상유지를 최선의 목표로 한다.

■ (9 · 1)권위형

리더는 과업에 대한 관심은 매우 높지만, 사람에 대한 관심은 매우 낮다. 이러한 리더는 인간을 성과달성의 도구로 생각하며, 과업수행능력을 가장 중요하게 생각한다. 또한 인간적 요소를 최소화하더라도 작업의 효율을 높일 수 있는 방향으로 작업조건을 개선한다.

■ (9 · 9)팀형

리더는 사람과 과업 모두에 대한 관심이 매우 높다. 이러한 리더는 조직구성원과 상호의존 관계를 강조하고, 상호 신뢰적인 관계로 조직의 공동목표를 달성한다. 이러한 형태는 일관성을 통해 각자의 자율성이 보장되고 신뢰와 존경의 인간관계가 이루어지며, 조직구성원의 몰입을 통하여 과업이 달성된다.

행동이론은 리더의 행동패턴을 통해 리더십 유형과 조직구성원 간의 관계를 규명하여 효과적인 리더십 유형을 제시하고자 했다. 그러나 이 이론은 리더의 태도가 어느 상황에서나 동일하게 적용될 수 있다는 보편적 입장을 취하고 있다는 한계점이 있다. 즉, 리더의 행동유형과 리더십 효과성 간의 일관된 상관성을 입증하지 못했다. 이는 행동이론의 연구 결과들이 실제 상황에 따라 결과가 달리 나타나고 있어서 이 이론을 일반화시킬 수 없었던 것이다. 이처럼 리더십 효과가 미치는 다양한 상황적 요소를 고려하지 않은 점 때문에 행동이론은 비판을 받고 있으며, 이 한계를 극복하고자 상황이론이 나오게 된 것이다.

3.3 상황이론(Contingency Theory)

1970년대에 이르러 최초의 상황이론으로 평가받는 피들러(F.E. Fielder)의 리더십 상황이론이 전개된 후 본격화된 상황이론 연구가 시작되었다. 이는 리더십의 성공적 발현을 위하여 리더십이 발휘되고 있는 상황과 리더를 부합하는 데 초점이 맞춰져 있다. 대표적인 상황이론으로는 피들러의 리더십 상황이론, 하우스의 경로-목표이론, 허시-블랜차드의 수명주기이론을 들 수 있다.

3.3.1 피들러의 리더십 상황이론

리더십 행동연구의 한계점이 도래되면서 피들러(F.E. Fielder)는 그의 동료들과 함께 상황이론을 개발하였다. 피들러는 상황이론을 통해 리더십을 결정하는 주된 요인은 리더의 특성이나 행동에 있는 것이 아니라, 리더가 처해 있는 조직적 상황에 있다고 주장하였다. 그리고 조직의 주어진 상황에 따라 리더의 능력이나 가치가 달리 평가되는 동시에 요구되는 리더의 행태와 자질이 달라진다고 하였다. 즉, 리더는 당면한 상황에 가장 적합한 행동양식을 찾아야 한다는 것이다. 이 상황이론은 오늘날 리더십 연구에서 가장 포괄적이고 지배적인 이론으로 발전되었다.

피들러는 상황적 요소와 리더 유형의 상관성에 중점을 두고, 상황이론을 통해 리더에게 가장 호의적인 것에서부터 가장 비호의적인 것까지 총 8가지의 집단 상황범주를 설정한 후, 각 상황범주에 적합한 효과적인 리더십 유형을 찾으려고 했다. 이는 리더십 행동유형과 상황을 정확히 판단해야 리더의 리더십이 효과적으로 발휘되기 때문이다. 그리하여 피들러는 어떤 리더십 유형이 효과적일 것인지 아닌지를 결정하는 리더십 상황변수로 리더-구성원 관계, 과업구조, 직위권력을 제시하였다.

▪ 리더-구성원 관계(leader-member relations)

조직의 분위기를 나타내는 요소로써, 구성원들이 리더에게 갖는 신뢰, 미움, 존경, 충성심, 친밀감 정도를 말한다. 구성원이 리더에 대해 갖는 반응이 호의적이냐 비호의적이냐의 정도에 따라 리더와 구성원과의 관계가 결정된다.

■ **과업구조(task structure)**

리더십 상황을 결정하는 명확한 과업목표, 다양한 과업경로, 의사결정의 변동성 및 구체성 등 과업수행을 위한 절차화된 직무의 정도를 말한다.

■ **지위권력(position power)**

리더가 조직구성원의 채용과 해고, 승진, 상벌, 임금인상 등과 같은 권력변수들에 대해 행사하는 공식적·합법적·강압적인 영향력의 행사 정도를 말한다. 이는 조직구성원들이 수용할 수 있는 지위권력의 정도를 말한다.

피들러는 8가지의 리더십 상황범주와 상황변수를 대입시켜, 아래 표와 같이 효과적인 리더 유형과 집단성과에 대한 결과를 얻었다.

▶ **피들러의 상황이론모형**

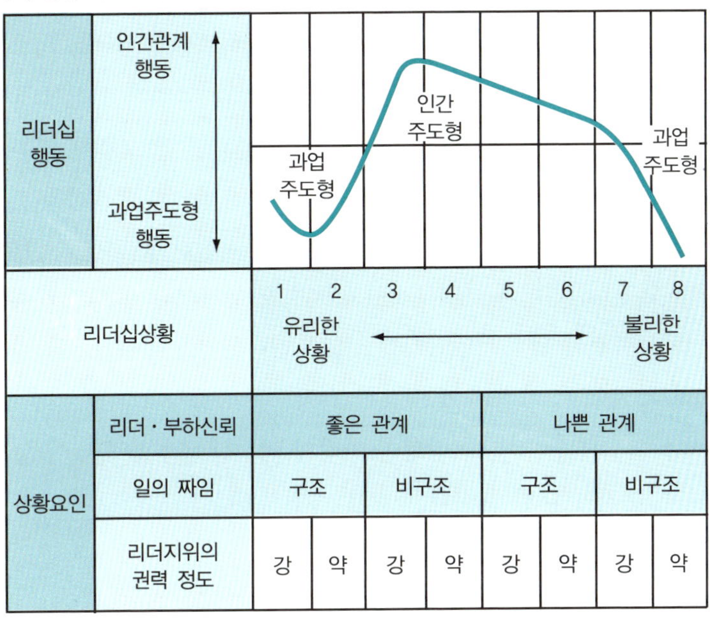

		1	2	3	4	5	6	7	8
리더십상황		유리한 상황 ←							→ 불리한 상황
상황요인	리더·부하신뢰	좋은 관계				나쁜 관계			
	일의 짜임	구조		비구조		구조		비구조	
	리더지위의 권력 정도	강	약	강	약	강	약	강	약

위 그림의 결과를 살펴보면, 과업지향적 리더(task oriented leader)는 매우 호의적이거나 매우 비호의적인 상황에서 관계지향적 리더(relationship oriented leader)보다 높은 성과를 올리는 경향이 있으며, 관계지향적 리더는 호의성이 중

간 정도일 때 과업지향적인 리더보다 높은 성과를 올릴 수 있다는 결론을 얻었다. 또한 리더십의 유효성은 상황의 호의성에도 의존하므로, 리더의 개성이나 상황의 호의성을 변화시키거나 리더의 상황을 변화시킴으로써 리더십의 유효성을 변화시킬 수 있다는 것이다. 피들러의 주장에 따르면 리더십 유형은 쉽게 바꾸기 어렵고, 리더십 유형도 모든 상황에 적절히 적용할 수는 없다. 따라서 리더십 효과를 높이기 위해서는 상황에 맞게 리더의 스타일을 바꾸든가, 아니면 상황을 리더의 스타일에 맞춰 바꾸는 것이다.

피들러는 리더 유형의 상관성에 중점을 두고, LPC(Least Preferred Co-worker. 최소선호 동료) 설문 분석을 통해 개인에 대한 리더십의 영향력 정도를 측정하여 리더의 특성을 분류하였다. LPG 설문 점수는 리더에게 그가 가장 싫어하는 동료 작업자를 평가한 점수로써 그 동료가 리더와 관계지향적 특성을 갖고 있는지 과업지향적 특성을 갖고 있는지를 판단하는 기준이 된다. 즉, 동료작업자에 대해 좋은 점수를 주는 관계지향적 리더는 LPC 점수가 높고, 조직구성원에 대한 관심과 사랑으로 조직을 결속시키려 한다. 반면 과업의 성취로부터 만족을 얻으려는 과업지향적 리더는 LPC 점수가 낮으며, 조직구성원보다 과업에 관심이 높다.

상황이론에서는 여러 가지 상황 조건을 구체화하고 상황 조건에 따른 리더십 행동과 효과를 집단성과와 집단구성원의 만족감을 중심으로 분석하였다. 하지만 상황 분류를 지나치게 단순화한다든가, 상황변수가 복잡하고 의미가 분명치 못하여 측정이 어려우며, 리더나 조직구성원의 기술적 능력이나 변화에 대해서는 간과하고 있다는 단점이 있다. 또한 상황요소와 리더유형의 상관관계를 명확히 규명하지 못하고 있으며, 이 연구에 사용한 측정도구가 불명확하다는 비판도 받고 있다. 그러나 이 이론은 리더와 상황이 어떻게 적절한 조화를 이루어 높은 성과를 이룰 수 있는가에 대한 관심과 이해를 증진시켰다.

3.3.2 하우스의 경로-목표이론

경로-목표이론(Path-Goal theory)은 하우스(R.J. House)와 에반스(M.G. Evans)의 대표적 이론이다. 이는 동기부여의 기대이론에 기반을 두고 있다. 기대이론에 의하면, 조직구성원은 그들의 직무가 원하는 결과를 얻을 수 있다고 기대될 때 만족을 느끼고, 노력한 만큼 원하는 결과를 얻을 수 있다고 기대할 때 보다 열심히 일을 한다는 것이다. 경로-목표이론은 동기부여이론에서 말하는 결과(목표)를 조직구성원이 좀 더 쉽게 달성할 수 있도록 경로를 제시하거나 그 경로를 보다 쉽게 해주는 것이라고 할 수 있다. 경로-목표이론은 조직구성원의 작업목표와 개인목표, 목표달성에 대해 리더가 어떻게 영향을 미치느냐 하는 측면에 초점이 맞춰져 있으며, 조직구성원에게 동기부여를 제공하는 것이 그들에 대한 리더십 발휘라고 보고 있다.

하우스(R.J. House)와 미첼(T.R. Mitchell)은 리더의 행위와 조직구성원의 특성 및 과업구조에 대한 기대 등의 상황적 요인 간의 관계를 규명코자 하였다. 이들은 조직구성원들을 동기부여시킬 수 있는 리더십유형으로 지시적 · 지원적 · 참여적 · 성취지향적 리더십의 네 가지를 제시하고, 각 리더십 유형이 효과적일 수 있는 상황조건을 제시하였다.

■ **지시적 리더십(directive leadership)**

지시적 리더십은 리더가 조직구성원의 활동을 계획, 조정, 조직, 통제하고 안내하여 과업구조를 주도하고, 목표달성을 할 수 있게끔 유도해주는 구조주도적인 리더십 스타일을 말한다. 이는 리더중심으로 의사결정이 이루어지고, 조직구성원들에게 명령하고 복종을 강조하는 리더십이다. 그리고 조직구성원을 보상-처벌의 연속선에서 통제하고 관리한다. 이 리더십은 통제와 조정이 쉽고 정책 집행에 일관성이 있으며, 신속한 결정이 가능하므로 위기 시에 기여할 수 있다. 그러나 조직구성원의 사기를 저하시키고 조직구성원의 적대감, 소외감 등을 유발할 수도 있다.

■ **지원적 리더십(supportive leadership)**

지원적인 리더십은 리더가 조직구성원들의 욕구에 대한 배려를 하며, 그들의 복지와 안락에 대하여 관심을 가지고, 조직분위기를 친밀하게 유지하려고 노력하는 리더십이다. 지원적 리더십은 리더가 조직구성원들에게 보다 우호적이고 친근하며 인간적인 관심을 갖는다. 지원적 리더십은 직무의 구조화가 높은 경우, 조직구성원들의 사회화 욕구가 높은 경우, 직무의 성격상 상호협조가 강하게 필요한 경우에 유효하게 작용하여 조직구성원의 직무성과에 긍정적인 효과를 기대할 수 있다

■ **참여적 리더십(participative leadership)**

참여적 리더십은 조직구성원들에게 목표달성을 위한 정보를 제공하고 의사결정 및 이의 시행과정에 있어서 조직구성원들의 아이디어와 제안을 끌어내어 이를 진지하게 고려하는 리더십 스타일이다. 이러한 참여적 리더십은 조직구성원들에게 과업 자체가 흥미와 도전감을 유발하고 이를 통해 동기부여가 제공될 때 긍정적인 효과를 기대할 수 있다. 그러나 이 리더십은 리더와 조직구성원과의 관계가 상하가 아닌 동등한 수평의 관계로서 인간관계를 맺어야 하기 때문에 리더의 입장에서는 실행에 많은 어려움이 있다.

■ **성취지향적 리더십(achievement oriented leadership)**

성취지향적 리더십은 리더가 조직구성원들에게 도전적인 목표를 설정해주고, 성과를 강조하며, 조직구성원들이 능력을 최대한 발휘할 수 있도록 기회를 부여하는 리더십 스타일을 말한다. 성취지향적 리더십은 복잡한 과업을 수행하는 성취지향적인 조직구성원들에게 긍정적인 효과를 기대할 수 있다.

경로-목표이론은 리더의 조직구성원에 대한 동기부여에 초점을 맞추고 있지만, 조직구성원의 성과에 영향을 미치는 훈련, 조정 같은 다른 지휘행동은 다루지 않고 있다. 또한 상황변수들이 어떻게 상호작용하는지 구체적으로 밝히지 못하고 있으며, 상황의 차이가 지휘행동의 결과에 어떤 영향을 미치는지 명확하지 않아 비판을 받고 있다. 그러나 이러한 비판에도 불구하고 경로-목표이론은 리더십과정의 중요한 상황적 변수를 밝히는 개념의 틀을 제공했으며, 여러 상황적 조건하에서 효과적인 지휘행동을 설명해줌으로써 리더십을 이해하는 데 큰 도움을 주고 있다.

3.3.3 허시-블랜차드의 리더십 상황이론

허시(Hersey)와 블랜차드(Blanchard)의 리더십 상황이론은 "따르는 사람이 없이는 리더십도 없다"는 데 주목하고, 다양한 상황 중에서 리더십효과는 리더를 따르는 조직구성원들에게 달려 있다고 강조한 이론이다. 즉, 성공적인 리더십 유형은 영향력을 행사하는 상황에 따라 다르며, 주어진 상황에서 조직구성원들의

▶ 허시-블랜차드의 상황모형

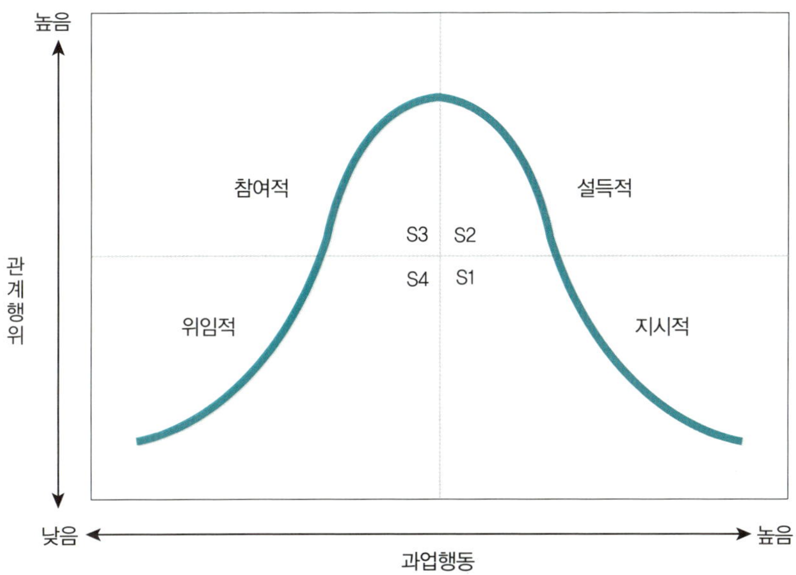

성숙도

높음 ←→ 낮음

	M4	M3	M2	M1
구성원의 성숙도	능력+의지	능력+무의지	무능력+의지	무능력+무의지
리더십 유형	위임형 리더십	참여형 리더십	설득형 리더십	지시형 리더십

※ 리더는 지시나 지원을 거의 하지 않고 과업과 관련된 의사결정의 대부분을 조직구성원에게 위임한다. 인간관계에 대해서도 별다른 노력을 기울이지 않는다.

참여하고자 하는 의욕에 따라 리더십 스타일을 맞추는 것이라고 주장한다.

허시와 블랜차드는 상황에 따른 리더의 행위를 과업행위(task behavior)와 관계행위(relationship behavior)의 2차원을 축으로 하여 4분면으로 분류하였다. 그것이 바로 지시적(telling), 설득적(selling), 참여적(참가적, participating), 위임적(위양적, delegating) 유형이다.

▪ 지시형(높은 과업행동, 낮은 관계행동, S1)

리더가 역할을 정하고 조직구성원에게 목표달성을 위한 과업수행을 지시한다. 강압적이고 명령하는 지시적 행동을 강조한다. 구성원에 대한 배려나 친밀감이 부족하여 사기가 저하될 수 있다.

▪ 설득형(높은 과업행동, 높은 관계행동, S2)

리더는 지시적 행동과 지원적 행동을 모두 발휘하며, 과업수행과 원만한 인간관계 모두에 노력을 기울인다.

▪ 참여형(낮은 과업행동, 높은 관계행동, S3)

리더는 의사소통을 촉진하는 매개역할로 조직구성원이 함께 의사결정에 참여하도록 한다. 또한 목표에 따른 과업통제보다는 구성원들과의 의사소통을 통한 성과향상을 중요시 한다.

▪ 위임형(낮은 과업행동, 낮은 관계행동, S4)

리더는 의사결정권을 조직구성원에게 위임하며, 자문기관으로서의 역할을 한다.

허시-블랜차드의 리더십 상황이론에서는 무엇보다도 조직구성원들의 '성숙도(Maturity)'가 중요한 요소로 작용한다. 즉, 성숙도란 조직구성원이 특정한 과업을 달성하기 위해 지니고 있는 능력과 의욕을 말하며, 능력과 관련된 직무상의 성숙도와 의욕과 관련된 심리적 성숙도로 구분하였다. 그리고 성숙도에 따라 가장 낮은 단계인 M1에서부터 가장 높은 단계인 M4로 나누어 성숙도 상황을 제시한다.

■ **성숙도1(M1)**

조직구성원들이 직무를 수행할 수 있는 능력과 의지가 모두 없는 경우이다. 모든 과업상황을 점검하고 지시해주는 지시적 유형의 리더십이 효과적이다.

■ **성숙도2(M2)**

조직구성원이 직무를 수행할 수 있는 능력은 없지만 의지는 있는 단계이다. 과업의 진행 방향과 방안, 아이디어를 제시하여 이끌어주는 설득적 유형의 리더십이 효과적이다.

■ **성숙도3(M3)**

조직구성원이 직무를 수행할 수 있는 능력은 있지만 의지는 없는 경우이다. 의사결정에 참여를 유도하여 자연스럽게 다양한 아이디어를 공유하며 이를 통해 조직구성원을 성장시킬 수 있는 참여적 유형의 리더십이 효과적이다.

■ **성숙도4(M4)**

조직구성원이 직무를 수행할 수 있는 능력과 의지를 모두 가지고 있는 경우이다. 과업을 위임하여 조직구성원이 능력을 발휘할 수 있도록 기회를 주는 위임적 유형의 리더십이 효과적이다.

이 이론의 결과에 따르면 조직구성원의 성숙도가 가장 낮을 때는 지시적인 리더십 유형이 효과적이고, 성숙도가 높을 때는 위양적인 리더십 유형이 효과적이라는 것이다.

허시와 블랜차드의 리더십 상황이론 모형은 조직구성원의 중요성을 인식하고, 리더가 조직구성원의 능력과 동기부여의 한계를 극복해 줄 수 있다고 보았다. 하지만 이 이론은 실증적 연구가 부족하여 이론의 타당성이 취약하다는 지적을 받고 있다. 또한 리더의 행동범주와 조직구성원의 성숙도를 너무 개괄적으로 정의하고 있으며, 상황변수가 조직구성원의 성숙도뿐이어서 너무 단순하다는 비판도 받고 있다.

3.4 현대적 리더십

현대적 리더십 이론은 1980년대 중반 이후부터 전통적 리더십 이론에 대한 한계로 인해 생겨난 이론으로써, 변혁적 리더십과 카리스마적 리더십 등이 있다. 현대적 리더십은 과거 리더십 이론을 수단적·거래적 리더십이라고 규정하고 있으며, 부하직원의 가치와 의식의 혁신을 추구하고, 자유, 평등, 정의 등에 호소하며 비전을 공유하고자 노력하고 있다.

3.4.1 변혁적 리더십(Transformational Leadership)

기존의 리더십 이론들은 크게 특성이론, 행동이론, 상황이론으로 구분된다. 이러한 이론들은 모두 부하직원들의 직무수행 결과에 대한 보상의 교환이나 처벌을 중요시하는 리더와 부하 사이의 거래적인 관계만을 강조하고 있다. 하지만 환경변화가 급진적인 상황에서 이와 같은 당근과 채찍에 의존하는 거래적인 관계만으로는 부하들에 대하여 고차원적인 동기부여를 시키기가 어려운 게 현실이다. 이에 부하들에게 고차원적인 동기부여를 시키기 위해 변혁적 리더십이 탄생했다.

변혁적 리더십은 다른 말로 변화유도형 리더십이라고 한다. 변혁적 리더십은 미국의 정치학자 제임스 맥그리그 번스(James McGregor Burns)가 1978년 처음 사용한 용어이다. 변혁적 리더십은 주어진 환경에 순응하지 않고 변화에 능동적으로 적응하거나 오히려 올바른 방향으로 변혁시키려고 도전하는 리더십 유형이며, 변화를 유도하는 최고관리층의 리더십을 말한다. 즉, 부하직원들에게 보다 원대한 목표 달성을 위해 자기이익을 초월해서 조직의 미래에 공헌하도록 영향을 미치고, 단기적이고 구체적인 목표의 달성보다는 구성원 개개인들에게 할 수 있다는 자신감과 의욕을 불어넣어 장기적인 경쟁력을 만들고 싶을 때 적절한 리더십이다. 따라서 변혁적 리더는 부하직원들이 자신의 신념, 가치, 욕구를 변화시킬 수 있도록 도와주고, 원대한 목표를 통해 리더와 부하직원의 의지와 포부가 하나로 연결되도록 만드는 데 주된 관심을 보인다.

또한 부하직원을 제한된 범위의 기본적 욕구만을 지닌 존재로 대하는 것이 아니라 근본적인 가치추구를 통해 완전한 인격을 지닌 사람으로 대하기 때문에 부하직원의 상위수준 욕구를 자극해 주기도 한다. 이러한 과정을 통해 부하직원은 자신의 일상적인 모습에서 더 나은 모습으로 변혁되고 또한 리더도 더불어 변혁되며, 오늘날의 급변하는 환경과 조직의 실정에 적합한 리더십 유형으로 주장되고 있다.

변혁적 리더십의 구성요소로는 카리스마, 지적자극, 개별적 배려 등이 있다.

■ 카리스마(Charisma)

카리스마는 리더의 이상적인 비전, 부하직원들에 대한 높은 기대감, 리더 자신의 확신감과 부하직원들에 대한 리더의 신뢰감에 의해 형성된다. 리더는 존경과 신뢰의 대상이 되며, 부하직원들은 리더의 계획에 대해 강력한 지지와 몰입을 하게 되며, 리더와 자신을 동일시하기도 한다.

■ 영감(Inspiration)

리더는 조직구성원들에게 높은 기대를 하고 있음을 느끼게 하고, 조직의 목적을 보다 단순하면서도 상징적인 형태로 압축, 표현해서 영감을 불러일으킨다.

■ 지적자극(Intellectual Stimulation)

지적자극은 조직구성원들의 합리성과 신중한 문제해결 능력을 늘려주고 지적으로 발전할 수 있게 해준다. 부하직원들은 스스로 문제에 대한 해결책을 탐구하고, 문제해결 능력이 고양되어 간다.

■ 개별적 고려(Individual Consideration)

개별적 고려는 리더의 관심사항과 부하들의 관심사항을 공유하는 것을 말한다. 리더는 부하직원 개개인에게 관심을 기울이고 개인적 충고도 곁들이며 방향을 제시한다.

Tip 변혁적 리더십의 특징

① 구성원을 리더로 개발한다.
② 구성원들의 관심을 낮은 수준의 육체적인 가치에서 높은 수준의 정신적인 가치로 끌어올린다.
③ 구성원들이 본래 기대했던 것보다 더 넘어설 수 있도록 고무시킨다.
④ 비전을 실행할 수 있는 변화의 의지에 대해 의사소통한다.

3.4.2 카리스마적 리더십(Charismatic Leadership)

카리스마적 리더십은 변혁적 리더십 이론의 모태가 되며, 변혁적 리더십의 중요한 일부분이다. 그러나 양자가 반드시 동의어는 아니며, 변혁적 리더십이 꼭 카리스마를 필요로 하는 것은 아니다. 카리스마란 그리스어로 '신이 주신 재능(Gift)'이라는 뜻에 기원을 두고 있으며, 논리적인 방법으로는 그 뜻을 명확히 설명할 수 없는 힘을 말한다. 카리스마적 리더십은 개인의 비범한 능력과 특질에 의해 리더십이 발생하며 리더의 특징과 상황적 맥락이 만나 카리스마적 리더십이 발생하게 된다.

카리스마적 리더십은 부하직원의 마음을 사로잡는 비전을 명확히 제시하고 부하직원이나 함께하는 세력에 에너지와 용기를 불어넣어 전에 할 수 없었던 일을 하게 하는 리더십이다. 이러한 리더십은 부하직원에게 보다 더 나은 미래에 대한 생생한 이미지를 전달해 주며, 부하직원이 높은 성과를 낼 수 있을 것이라는 기대감과 부하직원이 높은 성과를 달성할 수 있는 능력을 지니고 있다는 확신을 표출함으로써 부하직원의 자부심과 자아가치 및 자신감을 증진시켜 준다.

대체로 카리스마적 리더는 현 상태에 대해 근본적으로 불만족하여 변화시키려고 노력하며, 추종자들에게 현 상태를 크게 뛰어넘는 이상적 비전을 제시한다. 따라서 카리스마적 리더는 기존의 질서를 뒤엎을 수 있는 혁신적인 수단을 사용하는 데 있어서 전문가로 인정받기도 하며, 변화를 가져오는 데 필요한 환경적 제한점이나 리소스의 제한점을 현실성 있게 평가해 내는 능력을 갖고 있다.

3.4.3 서번트 리더십(Servant Leadership)

서번트 리더십은 기존의 대표적인 유형으로 손꼽히는 보스형 리더와 차별화된 '섬기는 리더십'을 의미한다. 이는 다른 사람을 이끄는(lead) 사람만이 리더가 아니라, 종(servant)의 모습처럼 다른 사람을 섬기는 사람도 리더가 될 수 있다는 것이다.

서번트 리더십은 1977년 미국의 통신회사 AT&T사에서 경영관련 교육과 연구를 담당했던 로버트 그린리프(Robert K. Greenleaf)에 의해 제시되었다. 그린리프는 서번트 리더십을 '타인을 위한 봉사에 초점을 두며, 종업원, 고객 및 커뮤니티를 우선으로 여기고 그들의 욕구를 만족시키기 위해 헌신하는 리더십'이라고 정의하고 있다. 이를 위해서는 우선 리더이기 전에 서번트가 되어야 하며, 구성원들이 스스로 역량을 개발할 수 있는 환경을 조성해 주어야 한다.

또한 구성원들에 대한 인간적인 배려와 공감대 형성이 필수적이며 이를 위해 상호 간의 경청, 공감, 설득의 과정이 지속적으로 이루어져야 한다고 주장하였다. 그러나 그린리프가 제시한 서번트 리더십은 당시 별다른 주목을 받지 못했다. 그러다가 최근 새로운 리더십 모델로 관심이 집중되기 시작한 것은 1996년 미국의 경영관련 서적 전문출판사인 Jossey-Bass사의 「서번트 리더 되기(On Becoming a Servant-Leader)」의 출간을 계기로 볼 수 있다.

Tip 서번트 리더의 특성

- 리더로서 자신을 서번트 또는 지원자로 인식한다.
- 조직에서 가장 가치 있는 자원은 사람이라고 생각한다.
- 늘 학습하는 모습을 보인다.
- 먼저 경청한다.
- 설득과 대화로 업무를 추진한다.
- 조직이 커뮤니티를 형성하도록 한다.
- 권한위임을 통해 리더십을 공유한다.

현재 서번트 리더십에 대해 지속적으로 연구하고 있는 미국의 그린리프 연구센터(Greenleaf Center for Servant Leadership)에서는 다음과 같이 서번트 리더의

10가지 주요 특성을 제시하였다.

① **경청(Listening)** : 경청은 부하에 대한 존중과 수용적인 태도로 이해하는 것이다. 서번트 리더는 말로 표현된 것이나 그렇지 못한 것 모두 경청하는 데 많은 노력을 기울인다. 경청은 외적으로 표현되지 않은 개인의 내면 깊은 곳에서 나오는 음성을 듣는 것을 포함한다.

② **공감(Empathy)** : 서번트 리더는 사람들이 갖고 있는 각자의 독특하고 특별한 모습을 이해하고 그들과 공감하기 위해 노력하며, 공감하는 자세를 가지고 사람들을 대한다.

③ **치유(Healing)** : 서번트 리더는 부하들을 이끌어 가면서 보살펴 주어야 할 문제가 있는가를 살펴야 한다. 사람들이 갖고 있는 상처와 고통의 치유에 관심을 갖는 것은 서번트 리더가 보여주는 가장 강력한 영향력 가운데 하나이다.

④ **인식** : 서번트 리더는 상황에 대한 분명한 인식을 기반으로 근거 타당한 대안을 제시한다.

⑤ **설득** : 서번트 리더는 지위의 권위에 의존하기보다는 설득에 의존하며, 순종을 강요하기보다는 타인을 납득시킨다.

⑥ **폭넓은 사고** : 서번트 리더는 좀 더 폭넓은 사고를 통해 미래에 대한 비전을 가지고 현실에 적합한 조치를 취하기 위해 노력한다.

⑦ **통찰력** : 서번트 리더는 과거로부터의 교훈을 이해할 수 있도록 도우며, 미래의 결과에 대한 예측을 가능케 한다.

⑧ **청지기** : 서번트 리더는 자신이 다른 사람들을 섬기기 위해 현재의 직분을 맡고 있다고 생각한다.

⑨ **사람들의 성장에 헌신(Commitment to the growth of people)** : 서번트 리더는 다른 사람의 성장에 본질적인 가치를 갖으며, 이에 실질적인 기여를 한다.

⑩ **공동체 형성(Building community)** : 서번트 리더는 조직 안에서 일하는 사람들 사이에 공동체 의식을 형성할 수 있는 수단을 찾기 위해 노력한다.

서번트 리더에게는 무엇보다 자기수련의 과정이 필요하며, 경쟁적인 조직구조에서 익혀온 자기중심적인 가치관을 버리고, 구성원 개개인의 가치를 소중히 여길 수 있도록 생각의 틀을 바꿔가야 한다.

Tip 코코아 잔을 들고 봉사하는 대통령

제2차 세계대전 때 미국의 많은 젊은이들은 전쟁터의 이슬로 사라졌다. 병력이 부족하고 또 졸지에 일어난 전쟁이기 때문에 각 지방의 젊은 청년들은 영장을 받은 후 큰 도시로 집결해서 기차를 타고 훈련소로 갔다.

당시 국민들의 마음을 안정시키기 위하여 장정들을 태운 기차는 주로 밤늦게 떠났다. 그러므로 워싱턴에도 밤마다 태우러 온 기차 정거장에는 수백 명의 장정들이 몰려들었고 시민들이 나와서 그들의 편의를 도와주고 있었다.

그때 시민들 가운데 밤마다, 밤늦게까지 다리를 절면서 뜨거운 코코아 잔을 쟁반에 들고 젊은 장정들에게 봉사를 한 사람이 있었다. 어떤 때는 임시로 마련된 주방에서 친히 코코아를 끓이기도 했다. 어느 장정 하나가 그 노인을 자세히 보니 보통 사람이 아니었다.

그는 분명히 대통령이었다. 그렇다 루즈벨트 대통령은 자유스런 사람이 아니었다. 육체의 불편을 무릅쓰고 밤마다 기차 정거장에 나와 청년들에게 뜨거운 코코아를 들고 다니며 봉사했다. 대통령이 친히 기차 정거장에 나와서 따라주는 코코아를 마신 청년들의 사기는 대단했다. 이처럼 섬기는 일에는 위아래가 없는 법이다.

문제

1. 리더십이란 무엇인지 본인의 생각을 발표해보자.
2. 리더와 독재자의 공통점과 차이점에 대해 발표해보자.
3. 현대사회에서 리더십의 중요성에 대해 예를 들어 설명해보자.
4. 자신이 가장 존경한 인물의 리더십 유형을 분석해보자.

Part 3

관계의 기술

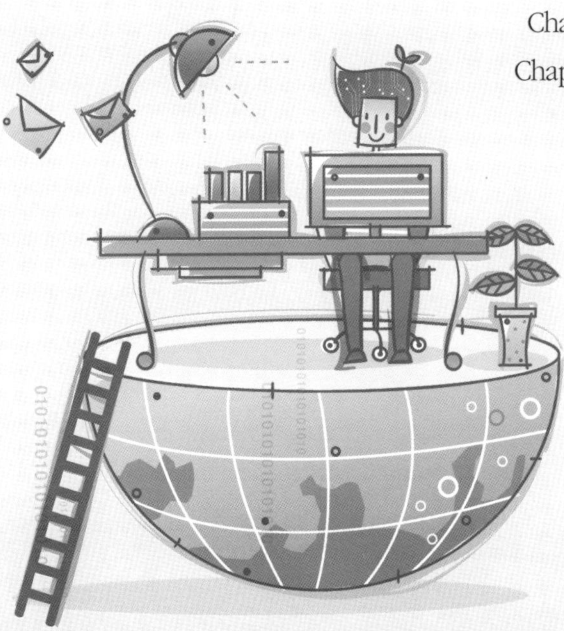

대화의 기술

Chapter 7

1. 대화의 기술
2. 경청(傾聽)의 기술
3. 칭찬의 기술
4. 발표의 기술

Chapter 7 대화의 기술

1 대화의 기술

대화는 인간만이 갖고 있는 위대한 능력이며 중요한 기술이다. 물론 동물들도 그들의 언어로 기쁨, 애정, 고통, 공포 등을 어느 정도 표현할 수는 있다. 그러나 인간만이 대화를 통해 자신의 생각을 상대방에게 정확히 전하고, 대화를 통해 인간관계를 좌우한다. 미국의 경제학자 피터 드러커는 "인간에게 가장 중요한 능력은 자기표현능력이며, 현대의 경영이나 관리는 커뮤니케이션에 의해 좌우된다"라고 지적했다.

1905년 미국 심리학의 아버지라 불리는 하버드대학교의 윌리엄 제임스 교수는 어떤 감정을 경험하는 가장 좋은 방법은 실제로 그렇게 될 때까지 '척하는 것'이라 말했다. 행복하거나 흥분한 것처럼 행동하면 곧 행복이나 흥분을 느끼게 된다는 것이다. 이것은 외적인 행동이 이에 상응하는 내적인 감정을 만들어낸다는 말이다. 행복한 사람은 '행복하다'는 표현을 자주 쓰고 불행한 사람은 '불행하다'는 표현을 자주 쓴다. 기쁨이 넘치는 사람은 '기쁘다'는 표현을 자주 쓰고, 슬픈 사람은 '슬프다'는 표현을 자주 쓴다. 대화를 통해 나타나는 말솜씨, 어투 등 말의 내용은 그 사람의 삶을 표현해준다. 따라서 현재 삶이 어떤 모습인지 알려한다면 근래에 자신의 언어표현이 어떤 방식으로 이루어지고 있으며 무슨 말을 사용하는지 살펴보면 된다.

이 장에서는 입이 말하고 귀가 듣는 것이 아니라, 입을 통해 인격이 말하고 귀를 통해 인격을 듣는 대화의 기술을 파악해 보고자 한다.

1.1 대화의 기초

"단 한 가지 능력만 남겨둔다면?"

미국의 정치가 다니엘 웹스터는 '화술'이라고 했다. 화술로써 다른 모든 능력을 얻을 수 있기 때문이다. 그러나 화술은 몇 개월이나 몇 년에 완성되는 것이 아니라 평생의 과제이다. 여기서는 효과적인 대화의 기술에 대해 살펴보도록 하겠다.

1.1.1 자기 자신 파악하기

"지피지기(知彼知己)면 백전불태(百戰不殆)"라는 말이 있다. 이는 자신을 알고 남을 알면 백번 싸워도 위태롭지 않다는 의미이다. 화술의 가장 기본적인 단계가 바로 자기 자신을 제대로 파악하는 것이다. 자신의 성격, 장점, 단점, 가치관, 사고방식 등을 구체적으로 파악하여 알고 있어야 한다. 그래야 어떤 난처한 상황에서도 자신만의 확고한 신념으로 우왕좌왕하지 않고 헤쳐나갈 수 있는 것이다. 따라서 자기 자신에 대해 면밀히 파악하여 단점을 발견하고 순서를 정하여 하나씩 고쳐나가려는 노력이 필요하다. 또한 자신만의 장점을 발견하여 남보다 우수하다는 자부심도 가지고 있어야 할 것이다.

1.1.2 초면의 대화 시작하기

초면에 완벽하게 대화를 하겠다는 욕심을 버려야 한다. 대부분의 사람들은 처음 만난 사람과의 대화를 어떻게 시작할지 몰라서 어색해 하곤 한다. 그 이유는 너무 완벽한 대화를 하려 하기 때문에 일어나는 현상이다.

미국의 철학자 · 심리학자인 윌리엄 제임스(William James, 1842년~1910년)는 "사람들이 마음의 브레이크를 제거하고 기계적으로 자신있게 생각나는 대로 이야기 하다보면 대화의 꽃이 피고 분위기가 생생해 진다"고 했다. 처음부터 지혜로운 대화를 하려고 하지 말고 비록 무의미하고 보잘것없는 이야기라도 생각나는 대로 하는 것이 좋다. 그러면 자연히 활기 넘치는 이야기를 할 수 있게 될 것이다.

Tip 마법의 대화기술 – 1 · 2 · 3 법칙

- 내가 1분 말하려면
- 상대방의 말을 2분 들어주고
- 맞장구 치는데 3분을 써야 한다.

낯선 사람과 처음 대화를 시작할 때는 가벼운 이야기로 화제를 꺼내는 것이 좋다. 특히 딱딱한 자리일수록 또는 업무적인 이야기일수록 곧바로 본론으로 들어가기보다는 긴장을 풀 수 있는 날씨, 취미, 건강, 뉴스 등 관심사에 대한 간단한 이야기를 하는 것이 좋다. 긴장을 풀고 대화를 나누어야 서로 간의 갈등과 대립을 미리 완화시키고 더 좋은 생각들이 나올 수 있기 때문이다. 아울러 처음 만난 사람에게 무뚝뚝한 표정으로 담담히 맞이하면 상대방은 불안해하고 당신과 상대방 사이에 보이지 않는 벽이 생기게 된다. 따라서 초면인 사람에게는 미소를 보내고 밝은 표정으로 맞이해야 한다. 그러면 상대는 쉽게 친밀감을 느끼며 당신에게 호감을 가지게 된다.

1.1.3 대화가 통하는 적절한 화제 선택하기

화제란 일종의 이야깃거리이다. 화제는 불안이나 경계심을 풀고 친근감을 증가시키는 데 있어서 윤활유의 역할을 한다. 대화를 하는 데 말이 없는 사람은 호기심이 부족한 사람으로 오해받기 쉽다. 따라서 효과적인 대화를 위해서는 다양한 화제를 많이 수집하고 그것을 자신만의 이야깃거리로 만들어야 한다.

대화를 함에 있어 상대방이 관심을 가지고 있는 분야의 이야기를 꺼내면 상대방과의 대화가 매끄러워진다. 즉, 분위기에 맞는 적절한 화제를 선택하는 것도 중요하며, 가장 좋은 화젯거리는 나와 상대에게 모두 공통으로 해당 것이다. 예를 들어 같은 취미생활, 같이 알고 있는 친구 소식 등이 이에 해당된다. 이처럼 공통의 화제는 상대방으로 하여금 유대감을 느끼게 하며, 좀 더 활기찬 대화를 나눌 수 있게 하고 서로의 관계를 개선시키기도 한다.

대화를 어렵게 생각하는 사람은 화젯거리를 잘못 만든다. 화젯거리만 일단 머리에 떠올리면 대화는 쉬워진다. 그러나 말을 먼저 못 꺼내는 사람은 "이 말을 꺼냈을 때 상대방이 호감을 가지고 들어줄까" 하는 고민을 한다. 하지만 그런 고민을 하고 있는 자체가 벌써 이야기의 재미를 마구 깎아내리는 것이다. 자신감을 가지고 이야기하면 재미없는 화젯거리라도 자신감 그 자체가 상대를 즐겁게 만든다.

Tip 화제를 바꿀 필요가 있는 경우

- 하나의 화제가 오래 계속되어 싫증내는 사람이 생길 때
- 비슷한 이야기로 화제가 연결되어 분위기가 술렁댈 때
- 감정적인 발언을 할 것 같은 분위기 일 때
- 참가자 누군가에게 기분을 상하게 할 것 같은 분위기 일 때
- 참가자들이 별로 관심과 흥미를 느끼지 않을 때
- 이야기가 도중에 탈선해 버렸을 때

1.1.4 대화 쉽게 풀어가기

대화를 하기 전에는 대화하고자 하는 어떠한 내용, 즉 대화의 주제가 있어야 한다. 주제는 말하기 전 이미 머릿속에서 결정하고 있어야 하며, 다른 사람들에게 이야기해도 될 만한 것인가 미리 판단을 충분히 해야 한다.

똑같은 주제의 말을 전달하는데도 30초에 끝내는 사람이 있고 3분을 하는 사람이 있고 30분을 하는 사람이 있을 수 있다. 짧게 끝내는 사람은 대화의 주제에 살을 붙이는 방법을 잘 모르는 사람이다. 대화는 주제만 덜렁 제시하는 것으로 끝나는 것이 아니기 때문이다. 따라서 상대방에게 대화의 주제를 효과적으로 전달하기 위해서는 말에 살을 붙이는 과정이 필요하다. 즉 대화하는 자신의 인품이나 생각, 인생관, 가치관, 사고방식 등과 다양한 사례들을 통하여 재미있으면서도 진실하게 주제를 설명하여 전달해야 한다.

대화를 하면서 중요한 것 중 하나가 적당한 분위기 연출이다. 대화 속에 상대방의 눈과 귀를 끌어당기기 위해서는 목소리의 톤과 억양, 평상시 느끼는 감정 등이 대화의 주제와 어울리도록 할 필요가 있다. 또한 아무리 논리적이고 설득력이

있어도 말하는 사람의 태도가 거만하고 성실하지 않으면 상대는 반발심만 생길 뿐이다. 너무 튀지 않으면서도 성심성의껏 대화에 임하고, 자신의 이야기에 자신이 열중하고 빠져들면 상대방 역시 이야기에 귀를 기울이지 않을 수 없게 된다.

Tip 상대를 내편으로 만드는 대화의 기술

- 자신 있는 분야를 화제로 삼는다.
- 자신의 이야기로 상대방을 끌어들인다.
- 상대의 말을 잘 들어준다.
- 적절히 맞장구를 친다.
- 유머를 잘 활용한다.
- 부드러운 대화 분위기를 만든다.
- 상대의 마음을 이해하고 있다는 느낌을 준다.

1.2 대화에 임하는 마음자세

어떤 사람이 당신에게 무슨 말을 하고자 한다면, 즉시 모든 행동과 말을 중지하고 상대의 말에 집중해야 한다. 마음을 모아 상대방을 응시하면서 상대방이 하는 말에 집중해야 한다. 모든 사람을 마치 나의 소중한 보물인양 대해야 한다. 그것이 상대에게 집중하는 마음자세이다.

대화가 끊겼을 때, 언제쯤 말을 하는 것이 좋을까? 3~4초 정도 기다리다가 그래도 상대가 입을 열지 않으면 그때가 바로 당신 차례이다. 상대방은 당신의 대답에는 그다지 관심이 없다. 그저 들어주는 것에만 고마움을 느낀다. 그러므로 어떤 이야기를 하거나 심각하게 자신의 생각을 말해서는 안 된다. 그저 고개를 끄덕이면 된다. 대답해야 할 때도 즉각 대답하지 말고 조금 기다렸다가 말하는 것이 좋다. 주의해야 할 점은 즉각적인 문제해결을 원하는 상황에서라면 대답을 바로 해주는 것이 좋다. 그저 들어주기만 하고 고개를 끄덕이며 즉각 대답하지 않는 자세는 문제가 될 수도 있다. 따라서 때로는 적당한 타이밍에 맞춰 적절한 응답을 해 줘야 할 상황과 상대를 파악하는 것이 중요하다.

열심히 듣는 것만으로는 부족하다. 말의 핵심을 파악해야 한다. 가장 효과적인 방법은 질문하는 것이다. 상대의 이야기가 불문명할 때는 간단하게 핵심을 묻는 것이다. 단 주의할 것은 궁금한 것을 묻는 것이 아니라 상대방이 말하고 싶은 것에 대해 물어야 한다는 것이다. 이 테크닉으로 상대를 매료시킬 때에는 사려 깊은 질문을 하는 것이 필요하며, 적절한 시점에 핵심적인 질문을 던져야 한다. 그래야만 대화의 주도권을 쥘 수 있으며 상대에게 영향력을 끼칠 수 있다. 아울러 상대의 이야기를 주의 깊게 듣고 핵심을 파악한 후 그 요점에 대해 되물을 줄 아는 스킬도 필요하다.

Tip 효과적인 질문의 기술

확대형 질문

"예", "아니오"로 질문할 수 있는 질문이 아닌 대답이 다양하고 잠재적 사고가 표현되는 질문

- 자네는 앞으로 어떤 일을 하고 싶은가?
- 인생에서 소중하게 생각하는 것은 무엇인가?

긍정형 질문

부정형 단어나 내용이 포함되지 않는 질문

- (부정형 질문) 왜 잘 안 되는 거야? / 왜 아무런 대책을 세우지 않는 거야?
  → (긍정형 질문) 어떤 대책이 필요하다고 생각하는가? / 어떻게 하면 일이 잘 진행될 수 있다고 생각하는가?

미래형 질문

질문에 미래지향적 내용이 포함된 질문

- 앞으로 어떻게 해 나갈 계획인가?
- 우리의 관계가 좀 더 나아지려면 앞으로 어떻게 하는 것이 좋을까?

1.3 유머 화술

영국인에게 가장 모욕적인 말은 '유머를 모르는 사람'이라는 평이다. 유머는 음식에서 양념과 같이 대화에서 꼭 필요한 것이다. 체면을 생각하며 딱딱한 분위기

속에서 대화를 나누어서는 감동을 줄 수가 없다. 상대방의 마음의 문을 열기 위해서는 유쾌한 웃음과 솔직한 사연들을 털어놓을 때에 답답한 마음이 시원함을 느껴서 마음의 문이 열리고 호의적인 관계가 되는 것이다.

1.3.1 유머의 역할

대화를 하다보면 서로의 의견이 맞지 않아 불쾌한 감정이 오갈 수 있다. 감정이 격해지면 대화 자체가 스트레스가 되어 서로에게 피곤한 언쟁이 될 뿐이다. 따라서 상대와의 갈등이 심해지기 전에 분위기를 바꾸기 위한 시도가 필요하다. 이때 적절하게 유머를 활용하여 웃음을 이끌어내면 대화 자체가 부드러워진다. 대립과 갈등이 고조된 상황에서 웃음은 상호 대립의 폭을 줄이고 서로를 이해할 수 있게 만드는 다리 역할을 한다. 유머는 메마른 감정에 따뜻한 인간성과 휴머니즘을 바탕으로 갈등을 해소시키며 즐거움, 발랄, 쾌활 등의 밝은 분위기를 연출할 수 있다. 유머를 잘 쓰는 사람은 인간관계가 좋고 사귐이 잘 이루어지며 리더 역할을 잘하는 것을 볼 수 있다.

1.3.2 유머의 소재

유머의 소재는 우리 일상생활 속에 널려 있다. 사소하게 넘어가는 일들도 우스운 내용이라면 반드시 본인이 주인공이 되어 머릿속으로 여러 번 그려보아야 한다. 그냥 웃어넘기는 일들이 다음에 유사한 상황에서 적절하게 사용할 수 있는 말들이 많기 때문이다. 그러므로 일상생활에서 한번 웃었던 일들을 머릿속에 기억하여 두었다가 그와 비슷한 상황이 벌어졌을 때 응용하여 활용할 수 있는 것이다.

메마르고 각박한 마음에서 유머는 나오기 어렵다. 마음을 여유롭게 가지고 마음을 비워야 한다. 욕심을 가지고 있으면 이기적이고 자기중심적인 말들만 나온다. 넓은 마음을 가지고 포용력을 가진 여유로운 사람은 편안한 말과 유머가 풍부하다.

1.3.3 효과적인 유머 타이밍

놀라운 일이나 충격적인 일이 순간적으로 일어나면 보통사람들은 당황하고 어찌할 바를 모르게 된다. 하지만 유머의 진가는 이런데서 더 큰 빛을 발하며 이런 상황일수록 유머러스한 말들이 쉽게 나올 수 있는 것이다. 황당하고 어이없는 순간에 아무렇지도 않게 대수롭지 않은 듯이 한마디 내뱉는 말은 상대방이 생각하고 있는 고정관념의 허를 찌르는 것으로 틀에 박힌 사고에 신선한 충격을 주게 된다. 그런 긴박한 순간에 여유를 잃지 않고 그 와중에도 유머를 잃지 않는다면 당신의 유머 실력은 최고 수준급이다.

1.3.4 매력을 높여주는 유머 전개 방법

웃기고 재미있는 이야기라고 해서 모두가 다 유머는 아니다. 상대방이 듣고 즐거워야 하는데 상대방을 마구 비꼬고 깎아내리는 유머는 듣는 사람도 불쾌하고 웃음을 유발하더라도 뒷맛이 개운치 않다. 이왕이면 상대방의 권위도 올려주면서 재미있게 말을 하는 것이 좋다. 그 사람의 결점이나 단점을 들춰내어 무조건 깎아내리는 것보다 결점이나 단점을 미화시켜서 웃음을 유발하면 말하는 사람이나 듣는 사람 모두의 인격이 같이 올라감과 동시에 서로가 즐거워지는 것이다.

같은 맥락이지만 본인의 이야기를 하는 경우에도 마찬가지이다. 본인의 장점들을 우월감에 젖어 자랑스럽게 이야기하는 것보다는 남들보다 우수하고 뛰어난 점들을 평범하게 전혀 아무 일도 아닌 것처럼 표현하는 것이 좋다. 대단한 것들을 아무 일도 아닌 것처럼 천연덕스럽게 이야기한다는 그 자체가 유머인 것이다.

이야기를 유머러스하게 하기 위해서는 이야기의 구성방식을 잘 꾸며야 한다.같은 말이라도 이야기하는 방법과 순서에 따라서 재미있을 수도 있고 전혀 재미없을 수도 있다. 유머의 구성방법은 결론을 먼저 이야기하고 원인을 나중에 이야기하는 것이 효과적이다. 여기에서 유머의 포인트는 원인이다. 나중에 전개되는 원인은 사람들의 고정관념을 깰 수 있는 획기적인 것이어야 하며, 결론을 먼저 듣고 상대방이 예측하는 상상을 뒤엎을 수 있어야 하며, 결론을 충분히 뒷받침할 수 있는 원인이 되어야 한다. 그러나 결론을 먼저 이야기하는 동안에 상대방이 어느 정도 엉뚱한 원인을 파악하게 되면 이야기가 재미없어지게 된다.

1.3.5 유머에 중독되기

유머는 자기 자신이 우선 즐거워야 한다. 마음이 괴롭고 아픈 데 유머가 나오겠는가? 유머를 함으로써 자신의 마음이 밝아지고 즐거워지는 것을 느껴야 한다. 말하는 본인도 재미없으면 듣는 사람은 더 재미가 없는 것이다. 유머로 자신을 즐길 줄 알고 쾌락을 알면 마치 마약과 같아서 유머에 중독이 된다. 유머에 중독이 되면 유머를 하지 않으면 견딜 수 없게 되고, 자기도 모르게 순간순간 유머와 위트가 흘러나오게 된다.

2 경청(傾聽)의 기술

"경청한 만큼 거둔다"는 말처럼 경청(傾聽)은 상대의 말을 귀담아 듣는 것을 말한다. 커뮤니케이션의 효과는 듣는 사람에게 달려 있으며, 상대방의 말을 들을 줄 아는 사람은 자신의 삶과 인간관계를 변화시킬 줄 아는 사람이다. 경청은 대화의 최고 기술이자, 파워의식을 키우는 효과적인 방법 중의 하나라고 할 수 있다.

2.1 경청의 태도

"경청은 어떠한 태도를 말하는가?", "상대방의 말을 진심으로 들으면 되는 것인가?" 중요한 것은 말하는 상대가 당신이 경청하고 있음을 알아야 한다. 바꾸어 말해 상대를 아무리 공경하여 듣는다 할지라도 상대방이 이를 인지하지 못한다면 소용없다는 말이다. 당신이 경청하고 있음을 반드시 상대가 알아야 한다. 그리고 알게 해야 한다. 그래야만 경청의 효과가 있을 것이다. 그렇다면 어떻게 해야 상대로 하여금 당신이 경청하고 있음을 알게 할 수 있을까? 의외로 간단하다. 경청은 귀로만 하는 것이 아니다. 눈으로도 경청하고 있음을 표현해야 하고, 입으로도 경청하고 있음을 표현해야 하며, 행동으로도 경청하고 있음을 표현해야 한다.

Tip "聽"의 의미

耳 + 王 + 十 + 目 + 一 + 心

"왕(王)처럼 큰 귀(耳)로, 열 개(十)의 눈(目)으로 즉 진지한 눈빛으로 하나(一)된 마음(心)으로 들어주라"는 의미이다.

2.2 경청의 수준

경청은 보다 적극적이고 효과적인 것이 되어야 하기 때문에 흔히 '적극적인 경청', '효과적인 경청'이라는 이름으로 거론된다. 상대의 마음을 얻고 관계를 이어주며 정보를 얻게 되는 경청에도 여러 수준이 있다.

▪ 1단계 : 수동적 경청(Passive Listening or Not Listening)

멀뚱히 바라보고만 있을 뿐 귀를 닫은 상태를 말한다. "저 사람은 늘 하는 소리가 똑같은 소리야"라고 생각하며 마음속으로 딴 생각을 하거나 딴 짓을 하는 태도를 말한다. 의사소통이 필요한 대화에서는 듣고 있지 않는 것과 같은 상태이다. 주변소음, 무시, 무관심일 때 발생한다.

■ 2단계 : 참여적 경청(Pretend Listening)

참여에 의미를 두고 말하는 사람에게 관심을 보이는 정도를 말한다. 듣는 것 같지만 주의를 기울이지 않고 마음은 딴 곳에 가 있는 상태로 상대가 무슨 말을 했는지 잘 기억하지 못한다. 어른들이 아이들이 이야기하는 것에 "응", "그래, 그래"하면서 듣는 시늉만 하고 듣지 않는 상태와 비슷하다.

■ 3단계 : 선택적 경청(Biased Listening or Selective Listening)

들려오는 정보 중 일부만 수용하는 경청으로, 자기가 듣고 싶은 말만 골라서 듣는 상태를 말한다. 상사가 부하의 말을 들을 때 어떤 것은 듣고 어떤 것은 안 듣는 자세를 취할 경우이다. 민주적 리더십보다는 전제적인 리더십을 발휘하는 사람일수록 이런 경향이 강하며 자신의 신념/자신의 고정된 사고의 틀에 맞는 정보만을 수용하는 경청이다.

Tip 올바른 경청법

- 말하는 사람의 눈을 마주보고 진지하게 대화한다.
- 상대방의 의도와 생각에 집중한다.
- 말과 행동으로 맞장구를 친다.
- 적절한 질문을 한다.
- 상대방의 강조하는 말을 적절하게 반복 표현한다.
- 주관적인 감정이나 편견을 갖지 않도록 한다.
- 사실뿐만 아니라 감정도 듣기 위해 노력한다.
- 흥미를 갖고 끈기 있게 듣는다.
- 상대방의 관심을 분산시키는 행동이나 제스처를 피한다.

■ 4단계 : 주관적 경청(Misunderstood Listening)

선택적 경청에 의해 받아들인 정보를 나의 정보와 이해수준에서, 내 입장/내가 유리한 상황/일방적 관점 등으로 해석하여 오해와 오류를 발생시키는 위험한 경청방법이다.

■ 5단계 : 사실적 경청(Attentive 'Data-Only' Listening)

비언어적 표현을 강조한 UCLA 교수인 메라비언(Mehrabian)에 의하면, 의사전달은 언어 7% 목소리 톤(청각) 38%, 몸짓언어(시각) 55%로 이루어진다고 한다. 즉 대화 시에 언어적 표현으로 인한 말의 내용은 7% 전달력이 있고, 비언어적 요소들에 의해 대화의 내용이 93%나 전달된다는 것이다. 따라서 상대방이 전하는 말의 내용에만 집중하여 들었다면, 이는 식사를 대접받을 때 음식의 맛만으로 평가를 함으로써 상대가 배려한 시간, 마음 씀씀이, 상차림 등은 눈에 들어오지 않는 것과 같은 상황이다.

■ 6단계 : 적극적 경청(Active Listening)

상대방이 무엇을 말하는지에만 관심을 기울이거나 집중하여 자신의 경험과 비교해서 듣는 태도로써, 상대의 말, 목소리 톤, 몸짓 언어까지 모두 들어주는 경청방법이다. 그러나 대화는 One-Way가 Two-Way Communication이라는 사실을 기억할 필요가 있다. 적극적 경청의 태도는 상대방을 공격하기 위한 자기방어적 입장에서 듣는 경우가 많기 때문이다. 상대가 주는 모든 정보를 받아들이고 파악했다고 해도 함께 하지 못한다면 아직 대화라고 하기에는 조금 부족하다. 때론 상대의 모든 것을 들으므로 나의 목적 달성을 위한 이기적인 경청이 될 수도 있다.

■ 7단계 : 공감적 경청(Empathic Listening)

상대의 말, 목소리 톤, 몸짓 언어뿐만 아니라 그의 문화적 배경, 상황, 감정도 들어주고 피드백하며, 함께 느끼고 반응하는 경청방법이다. 듣는 사람이 자기 자신을 벗어 버리고 말하는 상대방의 말, 의도, 감정을 이해하기 위해 가슴과 마음으로 듣고 대답한다. 상대와 공감하므로 상대가 표현하지 않은 내용까지 느끼며 상대를 존중하고 배려하는 마음으로 관계도 깊어지는 단계이다. 이 공감적 듣기의 태도는 비로소 완전에 가까운 의사소통이 이루어지는 단계라고 할 수 있다.

■ 8단계 : 촉진적 경청(Facilitative Listening)

공감적 경청보다 한 단계 위의 경청으로 멘토, 코칭, 상담자, 조언자의 역할을 하는 최상의 경청방법이다. 상대와 충분히 공감하는 상태에서 상대가 미처 알아차리지 못하고 있는 부분, 원하지만 두려워하거나 숨기고 싶은 부분, 진정으로 의도하고 있는 부분을 함께 들으며 스스로 해답을 찾을 수 있도록 도울 수 있는 경청방법이다.

Tip 경청의 중요성

적극적 경청은 고객의 욕구를 파악하는 지름길이다. 고객의 말을 주의 깊게 들어서 진의를 파악하는 것만큼 쉽게 배울 수 있는 영업기술은 없다. 그러나 대부분의 영업직원은 이러한 경청기술을 간과하거나 무시하는 경향이 있다. 규모가 큰 회사들 중 영업실적을 겨우 달성한 회사와 최고의 영업실적을 달성한 회사 간에 영업활동 방식에 대한 비교연구는 한 가지 사실만을 제외하고는 별다른 차이가 없다는 것이 밝혀졌다. 영업실적이 우수한 회사의 영업직원은 제품이나 조건 등을 설명하는 데 평균 12분 정도 소요했고, 반면에 실적이 저조한 회사의 영업직원은 평균 33분을 소요했다고 한다. 듣기 보다는 말하는 데에서 21분의 차이가 났던 것이다. 영업활동 과정을 분석한 심리학자들은 말하는 것보다 듣는 것이 훨씬 효과적이라는 사실을 발견했다. 익숙한 경청 태도가 고객들의 구매의사결정에 어떻게 기여하는지를 설명하는 이유는 많다.

사람들은 누구나 자신의 말을 잘 들어 주는 사람을 좋아한다. 그것 자체가 사고 싶은 이유가 될 수 있다. 실제로 고객들은 단지 영업직원이 마음에 든다는 것만으로 사는 경우도 있다. 대개 사람들은 자기 말을 제대로 들어 주지 않는 사람과 대하게 되면 말수가 적어지게 된다. 그러나 잘 들어 줄 때에는 신이 나서 말을 많이 하게 된다. 빈약한 경청기술은 고객으로 하여금 회의적인 표정이나 고개를 가로젓는 등 부정적인 반응을 일으키게 한다.

대부분의 영업은 화술이 능숙하지 못해서가 아니라, 잘 듣지 못하기 때문에 실패한다. 한 대형 백화점에서 고객이 감소하는 이유에 관해 규명해 보았다. 다양한 이유가 있었지만, 가장 두드러진 이유는 판매원들이 고객인 자신들의 말을 들으려 하지 않기 때문에 구매하지 않았다는 것이며, 그 비율은 68%에 달했다. 고객들의 요구에 무관심하게 비춰졌다는 것이다.

영업직원의 실적은 경청능력과 비례한다는 증거이다. 그런데도 사람들은 왜 경청을 경시하는 것일까? 그것은 자신의 페이스로 고객을 설득시키려는 역할을 수행해야 한다는 생각 때문일 것이다. 듣는 힘을 기른다는 것은 짧은 시간에 많은 것을 얻을 수 있는 기적의 영업기술이다. 여기에는 몇 가지 원칙이 있다. 경청에 있어서의 첫 번째 원칙은 듣기를 배운다는 것이다. 고객의 말에 관심을 기울여 고객이 말하려는 진의를 파악하려는 마음을 지니고 있어야 한다. 그러나 그것은 쉬운 것만은 아니다. 때로는 고객의 말에 자존심이 상하거나 깊은 마음의 상처가 될 수도 있다. 그렇다고 듣기에 좋고 싶은 말을 가려서 듣는다고 한다면 경청능력 향상에 도움이 안 된다. 호의적인 고객의 말에 귀 기울이기는 쉬우나 냉담하고, 의심이 많고, 흥미 없어 하는 고객의 말에 귀를 기울이기는 쉽지가 않다. 구매결정을 하는 데 있어서 매우 중요하다고 느끼는 점에 대해서는 설명해야 하지만 그것을 표현하는 시간은 제한되어 있다. 그래서 듣기보다는 자신들의 생각을 어떻게 설명할 것인가에 집중하게 된다. 이것이 듣는 데 장애가 된다. 잘 듣는 사람이 되려면, 잘 듣는 태도를 취해야 한다. 경청하는 태도, 즉 자세를 약간 앞으로 내밀며, 진실한 눈으로 마주 바라보아야 한다. 미소를 띠고, 고개를 끄덕이면서 주의 깊게 듣고 있음을 보여 주어야 한다. 고객의 말을 가로 막아서는 안 된다. 당신이 말하고 있을 때 고객이 무엇인가를 말하려는 기색이 보이면 당신의 말은 중단하는 것이 좋다. 왜냐하면 고객은 그때 당신의 말을 듣지 않고 있기 때문이다. 그때는 "하실 말씀이 있으십니까?"라고 고객으로 하여금 말하도록 유도해야 한다. 고객이 말하려는 바를 지레 짐작하여 추측하거나 속단하는 것도 좋지 않다. 당신이 이미 경험하여 알고 있는 바일지라도 처음 듣는 것처럼 고객의 말에 끝까지 귀 기울여 들어주어야 한다. 영업직원에 대한 일반적인 불만 중 하나는 고객의 관심과 반응을 제대로 파악하지 못한다는 것이다. 영업직원이 지켜야 할 가장 중요한 금과옥조는 바로 잘 듣는 것이다. 다른 사람이 당신의 말을 잘 들어 주었으면 하는 것처럼 다른 사람의 말을 적극적으로 경청하시기 바란다. 여기에 영업비결이 있다.

3 칭찬의 기술

우리가 사용하는 언어 중에 최고로 감동할 수 있는 말은 사랑의 표현과 칭찬이다. 칭찬의 말 한 마디는 용기를 갖게 하며, 비난의 말 한 마디는 분노를 일으킨다. 사람은 누구나 칭찬받기를 좋아한다. 칭찬은 잘만 활용하면 인간관계를 새롭게 할 수 있으며, 사람의 잠재능력을 개발하는 동력이 될 수 있다.

"칭찬은 고래도 춤을 추게 한다."

3.1 칭찬의 원칙

사람들은 모두 인정받기를 원하고 칭찬받는 것을 좋아한다. 누군가와 이야기를 나눌 때 그 사람이 무언가를 자랑스럽게 이야기한다면 그는 지금 칭찬받고 싶은 것이다. 상대의 마음을 얻는 방법은 간단하다. 상대가 원하는 것을 주면 된다. 그의 지혜와 아량, 사려 깊음, 명석함 등 무엇이든 적당한 것을 들어 아낌없이 칭찬하는 것이다. 칭찬은 더 큰 칭찬으로 돌아온다. 남을 칭찬하면 자신에게 돌아온다. 사람은 자신을 칭찬해 주는 사람을 칭찬하고 싶어 한다.

그러나 모든 칭찬이 항상 같은 효과를 내는 것은 아니며 결과보다 과정을 칭찬하면 효과가 더 좋다고 한다. 비난이나 비평, 불평하지 말고 솔직하고 진지하게 칭찬하는 것이 가장 기본적인 칭찬의 기술이다. 이는 다른 사람의 열렬한 욕구를 불러일으키는 원동력으로 작용한다.

3.2 칭찬은 왜 해야 하는가?

하버드대학교 사회심리학과 교수인 로버트 로젠탈(Robert Rosenthal)과 미국에서 20년 이상 초등학교 교장을 지낸 레노어 제이콥슨(Lenore Jacobson)은 1968년 샌프란시스코의 한 초등학교 학생들(650명)을 대상으로 지능검사를 실시했다. 그리고 검사 결과와 상관없이 조사 대상자들 가운데 무작위로 약 20%를 뽑아, 그 학생들의 명단을 교사에게 주면서 '지적 능력이나 학업성취의 향상 가능성이 높은 학생들'이라 믿게 하였다. 8개월 후 이전과 같은 지능검사를 다시 실시하였는데, 그 결과 명단에 속한 학생들은 다른 학생들보다 평균점수가 높게 나왔을 뿐만 아니라 학교 성적도 크게 향상되었다는 것이다. 학생들이 교사나 주위의 기대와 칭찬에 긍정적으로 반응한 것이다. 이같은 현상은 군인, 사관생도, 기술자 등을 대상으로 실시한 실험에서도 비슷한 결과가 나왔다.

칭찬은 왜 해야 하는가? 칭찬은 그 사람의 행동을 변화시키는 가장 강력한 도구이기 때문이다. 칭찬이야말로 우리가 상대방에게 줄 수 있는 가장 귀중한 선물이며, 성장 동기를 끌어내는 유인체인 것이다. 칭찬은 우리의 삶에 힘을 주는 희망의 언어이며, 사람을 움직이게 하는 힘이며, 용기를 갖게 하고 마음을 풍요롭게 하는 촉진제로써 인간을 성장시킨다.

Tip 칭찬 10계명

- 칭찬할 일이 생겼을 때 즉시 칭찬하라.
- 잘한 점을 구체적으로 칭찬하라.
- 공개적으로 칭찬하라.
- 결과보다는 과정을 칭찬하라.
- 사랑하는 사람을 대하듯 칭찬하라.
- 진실한 마음으로 칭찬하라.
- 긍정적인 눈으로 보면 칭찬할 일이 더 보인다.
- 일이 잘 풀리지 않을 때 더욱 격려하라.
- 일이 잘못됐을 땐 관심을 다른 방향으로 유도하라.
- 가끔씩 자기 자신을 칭찬하라.

4 발표의 기술

대부분의 사람들은 1:1의 대화는 무난히 잘 하는 편이지만, 5명 이상의 사람 앞에서 프레젠테이션 등의 발표를 할 때는 가슴이 뛰기 시작하고 어떻게 말을 시작해야 할지 막막해 한다. 우리가 프레젠테이션과 같은 발표를 두려워하고 긴장하는 것은 발표 준비가 제대로 갖춰져 있지 않고, 발표의 기술을 잘 알지 못하기 때문이다. 그러나 이 발표의 준비와 발표의 기술은 누구나 노력만 하면 충분히 극복할 수 있고, 발표의 공포에서 벗어날 수 있다.

4.1 발표 훈련

1:1의 대화를 하면 아주 유능하고 매력 있는 사람도 대중 앞에만 나서면 위축되고 표정이 굳고 쩔쩔매는 사람이 있다. 대중 앞에서 말을 잘하지 못한다면 대중 앞에서 말을 잘하기 위한 훈련을 하지 않았다는 증거이다. 이런 사람은 발표 훈련을 통해 조금씩 경험을 쌓으면서 자신감을 길러야 한다.

4.1.1 실제 훈련을 통해 자신감을 얻어라

떨리는 두려움을 극복하는 가장 좋은 방법은 부끄럽고 떨리고 두려운 장소에 나가서, 실제로 떨려도 보고 실수도 해보면서 그 감정을 직접 피부로 느끼는 것이다. 자극을 피하려고 하지 말고 자극을 받으면서 훈련하는 것이다. 반복해서 여러 번 떨고 나면 그 다음부터는 그 떨림이 훨씬 덜해진다. 그리고 그렇게 훈련한 것을 잠재의식 속에 이미지화시켜야 한다. 이러한 훈련을 통해 발표에 자신감을 얻을 수 있을 것이다.

4.1.2 발표의 성공을 마음속에 그려라

당신이 지금 소심하다면 과거부터 소심한 생각을 마음속에 품고 있었기 때문이다. 불안, 공포, 소심한 마음은 모두가 상상력과 경험과 성장과정에서 오기 때문이다. 따라서 항상 좋은 일이 일어날 것이라는 기대를 가지고 시작하라. 그리고 발표를 성공적으로 마친 자신의 모습을 구체적으로 상상하라. 많은 사람들이 내 발표에 감동받는 모습을 머릿속에 그려보라. 만약 지금 실패하고 좌절한 모습을 마음속에 상상하고 있으면 당신은 반드시 실패한다. 당신의 마음속에 찍혀 있는 상상 그 자체가 당신이 되기 때문이다. 이렇게 마음속에 긍정적인 생각을 품고 느끼는 이미지 훈련은 자기 자신을 변화시키는 가장 빠른 훈련방법 중의 하나이다.

4.1.3 피하지 말고 싸워서 극복하라

처음부터 잘하는 사람은 아무도 없다. 여러 사람 앞에서 발표하려고 하면 떨려서 못하는 것이 아니라 안 하려고 피하기 때문에 더 떨리게 된다. 소심해서 못하고 불안해서 못하는 것이 아니라, 못한다고 생각하기 때문에 점점 더 소심해지는 것이다. 안 되는 방향으로 생각하지 말고 될 수 있는 방향으로 생각해야 한다. 떨려도 해야 되고 부끄러워도 해야 된다. 대중 앞에 나와서 안 해봤기 때문에 말해

본 경험이 적기 때문에 못하는 것은 너무나 당연하다. 일어나지도 않은 일, 시작하지도 않은 일, 다가오지도 않은 일을 미리 걱정하고 설계할 필요는 없다. 할 수 없어서 포기하는 것이 아니라 포기하기 때문에 할 수 없는 것이다.

4.2 발표의 기술

발표의 주인공은 청중이지만, 청중을 이끌어 가는 사람은 바로 발표자이다. 만약 발표자가 흔들린다면 청중들 역시 분산될 수밖에 없다. 발표자는 발표하는 순간부터 청중들을 끌고 간다는 마음으로 청중들을 압도하고 유도할 수 있어야 한다.

4.2.1 발표문의 구성 요령

▪ 청중들을 미리 파악하라

발표자는 미리 청중들의 특색과 심리를 파악해야 한다. 청중의 수는 몇 명이고, 장소는 어디이며, 청중의 지적수준, 청중의 직업, 그들이 원하는 희망사항, 불만과 불평이 무언인가를 미리 파악하여 그들의 문제점에 확실히 부합할 수 있는 발표문을 작성해야 한다.

▪ 발표 제목에 신경 써라

청중들은 발표를 듣기 전에 발표 제목을 보고 나름대로 발표 내용을 추측한다. 그러므로 발표자는 청중이 흥미를 가지고 들을 수 있는 제목을 신중하게 정하여 처음부터 청중들의 관심을 사로잡아야 한다. 발표 제목 자체가 결론을 발표해 주는 것은 좋지 않으며 호기심과 의문을 던져두는 것이 좋다.

▪ 목적에 따라 내용 구성을 달리 하라

어떤 발표든지 그 나름대로의 취지가 있다. 따라서 발표자는 무엇보다 먼저 그 발표의 취지를 잘 이해한 후 발표 내용을 구성해야 한다. 또한 청중을 사로잡는 발표를 하려면 내용의 흐름이 있어야 한다. 앞에서 이 말하고 나중에 다른 주제를 말하면 청중들의 머릿속에는 혼동이 일어나고, 그렇게 오락가락한 발표를 깊이 이해해 줄만큼 주의력을 기울여 주지도 않는다. 발표는 될 수 있으면 쉽게 설명하여 전달의 효과를 높여야 하며, 쉽게 설명하기 위해서는 발표의 구성은 다음과 같이 단순하고 간략한 흐름을 가지도록 하는 것이 좋다.

① **서론→본론→결론 방식** : 그 처음과 끝에 인사말을 두고 발표문를 전개하는 방법이다.

② **결론을 서두에 두는 방법** : 일종의 보고문 스타일이다. 의견이 보다 명쾌하게 전달되기 쉽다는 이점이 있다.

■ 발표의 뼈대를 완성하라

발표문을 작성하고 달달 외워 발표하거나 또는 외우지도 못하고 써놓은 글을 보고 읽는 것은 좋은 방법이 아니다. 실감나고 생동감 있는 발표가 되지 못하기 때문이다. 따라서 일단 제목을 정하고 거기에서 뻗은 소제목을 만든 다음 중요한 핵심단어를 적는다. 그러면 뼈대가 완성된다. 이 뼈대만큼은 완벽히 외우고 거기에 살을 붙이는 것은 따로 적어서 제한하지 말고 자유로이 연습하라. 연습 때마다 내용이 달라질 수 있다. 그러나 기본적으로 외운 뼈대가 있기 때문에 전달 내용이 변형되지는 않으며, 훨씬 더 전달력과 설득력이 강할 것이다.

■ 삭제해도 좋을 부분을 잘라내라

발표자는 화젯거리를 수집하여 발표 줄거리를 세우고 초안을 작성하게 된다. 이 단계가 끝나면 그 초안을 들고 실제의 말로 연습하게 되는데, 원고에 쓸데없는 말이 들어가지는 않았는가, 언어표현이 적절하게 되었는가, 그리고 주어진 시간에 알맞은 분량인가를 검토하여 필요 없는 부분을 잘라내야 한다.

■ 좀 더 세련된 표현을 사용하라

발표나 회의 등에서 비유나 은유 또는 의인법 등을 이용하여 간접적으로 표현해서 의사전달할 수 있다면 유능한 발표자이다. 왜냐하면 듣는 청중들은 같은 말이라도 좀 더 세련되게 표현하는 말들에 귀를 기울이며 그런 말들이 청중들의 주의력을 사로잡기도 하기 때문이다. 이런 방법을 계발하기 위하여 친구 또는 동료들을 상대로 평상시에 많이 연습해 두어야 한다. 개 인 대 개인의 대화가 약하면 대중발표도 같이 어려워진다. 개인과의 대화에서 풍부한 표현력을 연마하고 쌓아서 대중 앞에서 써먹는 것이다.

■ **구체적이고 친밀한 어휘를 사용하라**

청중들을 쉽게 이해시키기 위해서 어려운 단어나 한자보다는 그저 쉽고 이해가 빠른 단어들을 사용해야 한다. 청중들의 이해를 돕기 위해 때로는 속어나 비어들을 농담 삼아 발표하면 훨씬 효과적으로 이해하는 데 도움을 줄 수 있다.

Tip 청중 분석의 10가지 포인트

① 청중의 이해 수준을 파악한다.
② 청중이 발표를 듣는 목적을 확인한다.
③ 청중의 지위, 경력에 대해서 체크한다.
④ 청중 수를 파악한다.
⑤ 청중의 남녀 비율을 파악한다.
⑥ 청중의 연령 구성을 알아둔다.
⑦ 청중 가운데 중요 인물이 누구인지를 고려한다.
⑧ 발표할 시간대를 선택한다.
⑨ 청중의 지역적 특성을 염두에 둔다.
⑩ 특히 주의해야 할 점을 메모해 둔다.

4.2.2 청중을 사로잡는 발표의 기술

사람마다 각자 가지고 있는 개성은 다 다르다. 하지만 그 개성을 무기로 어떤 사람은 힘 있는 발표를 준비하고, 어떤 사람은 유머를 이용하고, 어떤 사람은 감성을 자극하는 발표를 한다. 이렇게 자신의 장점을 알고 그것을 잘 발휘해서 개발시킬 생각을 하며 즐겁게 발표를 하다보면 자연스레 발표력은 두 배 아니 세 배 넘게 향상될 수 있을 것이다.

■ 중간에 주제를 벗어나 재미있는 발표를 첨가하라

음식도 양념이 알맞게 가미되어야 제 맛을 내듯이, 발표 또한 산뜻하고 흥미 있는 화제의 양념이 가해져야 효과를 높일 수 있다. 발표 중간 중간에 재미있는 발표를 첨가하면 청중의 산만해진 주의력을 다시 집중시킬 수 있다. 그러므로 발표 전 미리 중간 중간에 해줄 발표들을 준비하여 듣는 사람들의 분위기를 보아 적절한 시점에 꺼내놓으면 효과적이다.

■ 예를 많이 들어라

발표자의 한 마디 말이라도 많은 청중들에게는 여러 가지로 해석되어 각기 나름대로 인식하게 된다. 그 폭을 줄이기 위해 예를 들어 설명하면 발표 내용이 대체로 변형되지 않고 정확하게 전달된다. 예를 들 때는 모든 사람이 동의할 수 있고 알아들을 수 있도록 객관적이고 쉬운 일반적인 예를 들어야 한다.

■ 토론형태의 진행으로 청중을 참여시켜라

수동적이고 피동적인 청중이 적극적으로 참여할 수 있도록 발표나 발표방법을 변화시켜 가끔은 토론형식으로 진행하는 것도 효과적이다. 청중은 직접적인 참여를 통하여 발표자의 말에 귀 기울이게 될 것이다.

■ 질문을 유도하라

일방적으로 발표만 하면 발표자는 그저 전달자의 위치에서 벗어나지 못한다. 생동감 있는 발표를 위해서는 발표자는 좀 더 청중을 적극적으로 가담하게 해야 하며 질문이 나오도록 분위기를 유도해야 한다. 청중들 중에 누군가가 질문을 하면 사람들은 질문하는 사람의 말에 큰 호기심을 가지고 귀를 쫑긋 세우게 된다. 만약 청중의 자발적인 질문이 없는 경우는 질문을 많이 던져서 청중들이 주의력을 잃지 않도록 이끌어야 한다. 이때 질문 내용은 쉽게 하는 것이 좋고 모든 사람이 답할 수 있는 질문이 좋다.

■ 열성적으로 발표하라

만약 발표자가 귀찮다는듯이 발표하면 청중들은 어떻게 되겠는가? 발표자가 앞에서 열정적으로 발표하면 청중은 자연스럽게 발표 내용에 빠져들고 몰입하게 된다. 정말 목이 쉴 정도로 열심히 발표하면 청중들의 반응은 그야말로 효과 100%이다.

4.2.2 발표의 성공을 돕는 언행

▪ 밝고 미소를 띤 표정을 지어라

발표할 때 주제의 종류에 따라 진지한 표정이 요구되기도 하지만, 주제가 특별히 어두운 것이 아니라면 발표자의 얼굴표정은 밝고 미소를 띤 표정이 좋다. 이는 보는 사람으로 하여금 편안함을 유도하고 즐거운 마음으로 경청할 수 있게 하기 위함이다.

▪ 자신 있는 시선으로 청중 앞에 서라

발표자는 청중들의 표정과 눈빛 하나하나를 보고 분석해야 한다. 그런데 청중 앞에서 발표할 때 눈이 어디로 향해야 하는지 몰라 안절부절 못하는 경우가 있다. 이때 시선은 골고루 이쪽저쪽을 모두 한 번씩 보아주는 것이 좋고, 먼 허공을 보거나 시선을 아래로 떨어뜨리는 것은 바람직하지 않다. 자신 있는 시선으로 대중 앞에 서야 하며, 자신이 없는 사람은 훈련을 통해 이를 극복해야 한다.

▪ 상황에 맞는 적절한 제스처를 사용하라

발표에서 제스처는 빠질 수 없는 항목이다. 주장하는 말과 적절한 몸동작의 조합으로 최고의 효과를 얻을 수 있기 때문이다. 따라서 자신의 주장, 강조하고 싶은 부분, 발표의 핵심이 등장하는 부분은 어떻게든 중요하다는 표시를 몸으로 보내야 한다.

▪ 항상 겸손하라

발표자는 항상 겸손함을 잊지 말아야 한다. 예의바르고 정중한 말을 사용해야 듣는 이의 호감을 사게 되고, 또 발표자의 의견도 효과적으로 전달될 수 있다. 발표자가 청중 앞에서 우월감에 빠져들면 듣는 청중들은 불쾌감을 느끼고 자리에서 일어나 나가고 싶어진다. 최선을 다하고 있는 성실한 모습을 보여주고 청중 앞에서 겸손하기까지 하면, 발표자는 청중들로부터 사랑받는 발표자가 될 것이다. 또한 어투는 발표 전체를 통하여 시종일관 고정시킬 필요가 있다.

■ 피해야 될 화제는 삼가라

같은 말이라도 상황에 따라서 해도 될 때가 있고 하지 말아야 할 때가 있다. 특히 불특정 다수가 모이는 곳에선 정치, 종교, 사상에 관한 화제는 피하는 게 좋다.

Tip 발표력 향상기법 4단계

1단계 : 주의끌기

- 사람들이 흥미를 끄는 사실
- 도발적인 질문을 던짐
- 긴장감 있는 문장을 던짐

2단계 : 요점

- 한 문장으로 만들기
- 짧아야 하고, 긍정적이며 직선적일 것

3단계 : 사례

- 개인적인 것 – 특별한, 구체적인, 생동감 있는 위인 / 유명인 / 특별한 사람들의 이야기
- 뉴스, 사건, 사고, 영화, 책(이솝우화), 시각자료 등

4단계 : 마무리

- 요점을 재구성하는
- 행동하도록 마음을 끄는
- 마지막 질문과 함께 청중을 떠나는

문제

1. 대중 앞에서 자기소개를 효과적으로 해보자.

2. 다른 사람을 칭찬하려면 우선 자신부터 칭찬할 줄 알아야 한다고 한다. 2분 동안 나를 칭찬해보자.

3. 칭찬과 아첨의 다른 점은 무엇인지 설명해보자.

이미지 메이킹

Chapter

8

1. 이미지 메이킹이란?
2. 이미지 메이킹의 필요성
3. 이미지 메이킹의 세 가지 요소
4. 이미지 메이킹의 5단계

Chapter 8 이미지 메이킹

1 이미지 메이킹이란?

이미지(Image)란 어떤 시각적인 요소에 의해 만들어진 정보가 다른 정보매체로 그대로 기억되는 주관적인 상(想)을 말한다. 이미지 메이킹(Image making)이란 말투, 목소리, 얼굴표정, 매너, 옷차림 등 누구나 가지고 있는 자기 모습을 통해 상대방에게 자기 자신을 멋있고 개성 있게 보이도록 자신만의 모습을 만드는 것을 말한다. 이미지가 상대방에게 전달되는 어떠한 느낌을 머릿속에 재현한 허상이라면, 이미지 메이킹은 자신의 모습을 자기가 원하는 감각으로 매력적이고 긍정적이게 이미지화하여 표현하는 기술인 것이다. 즉 자신이 표현하고자 하는 모습을 가장 자기답고 호의적인 이미지로 부각시키기 위한 노력이며, 이에 따른 총체적인 연출법을 이미지 메이킹이라 볼 수 있다.

이미지 메이킹은 상대방에게 호감을 줄 수 있도록 자신의 외형은 물론 마음까지 바꿔가는 과정이며, 자신의 개성과 본질을 바탕으로 어떠한 상황에 걸맞은 최상의 이미지를 만들어내는 일련의 과정이라고 할 수 있다. 따라서 이미지 메이킹은 겉만 그럴듯하게 치장하는 것도 아니고 포장만 하는 위장술도 아니다. 오히려 자신의 참 자아를 찾아가는 과정인 것이다. 자신의 참 자아를 제대로 알지 못하면, 자신에 대한 부정적인 이미지를 가지게 되고, 이는 곧 타인에게 보이는 자신의 모습이 투영되기 때문이다. 자기 자신에 대해 객관적으로 분석하고, 남들에게 어떻게 보이는지 분별하여, "나는 상대방에게 이런 사람이고 싶다"를 보이지 않는 언어 이미지로 어필해야 할 것이다.

2 이미지 메이킹의 필요성

자신의 이미지를 많은 다른 사람들에게 호감이 가도록 메이킹하여 변화시키는 것은 사회생활과 인간관계를 성공적으로 이끌어가길 원하는 모든 사람들에게 매우 중요한 일이다. 특히 현대사회에서의 이미지의 영향력은 엄청나다. 방송, 광고, 영화, 개인 PR 등 시각적 이미지를 잘 활용하는 사람이 설득력 있는 메시지를 전달할 줄 아는 사람으로 인정받는 시대가 되었기 때문이다.

레이건과 부시 등 미국 대통령들의 이미지를 성공적으로 만들어 이미지 셰이커(Image Shaker)란 별명을 가진 로저 아일즈(Roger Ailes)는 "당신 자신이 바로 메시지다(You are the message)"라고 했다. 우리 각 개인이 자신의 이미지를 어떻게 창출하느냐에 따라 상대방에게 전달되는 메시지가 결정되고, 그 메시지를 전달하는 매체는 바로 우리 자신이라는 뜻이다.

헝가리의 라슬로 모호이너지(1895~1947)는 "미래의 문맹은 글을 모르는 사람이 아니라 이미지를 모르는 사람"이라고 했다. 성공적이고 효과적인 인간관계를 위하여 이제부터라도 자신만의 긍정적인 이미지를 가꾸어야 할 것이다.

자신의 이미지를 긍정적으로 가꾸면 바람직한 대인관계가 이루어질 것이고 그것은 자기성취로 이어진다. 하지만 부정적으로 가꿀 경우에는 부적절한 대인관계가 이루어질 것이고, 그것은 인간관계의 고립과 실패를 초래하게 된다.

3 이미지 메이킹의 세 가지 요소

이미지 메이킹은 내적 이미지와 외적 이미지, 관계적 이미지가 있다. 인간의 내적 이미지(본질)는 외적 이미지(현상)로 나타나게 되고, 나와 관계를 이루고 있는 주변적 이미지인 관계적 이미지를 통해서 자아이미지가 형성된다.

3.1 내적 이미지(internal image)

내적 이미지란 인간의 심리적·정신적·정서적인 특성 등이 고유하고 독특하게 개인의 내면에 형성되어 있는 상태로써, 심성, 생각, 습관, 욕구, 감정, 의식, 정서 등을 포함한 본질적인 이미지를 의미한다. 따라서 내적 이미지는 한 사람의 이미지를 구축하고 형성해 나가는 근간이며 본질이다.

내적 이미지가 중요성을 갖게 되는 이유는 내적 이미지가 행동을 일으키는 잠재적인 힘을 가지고 있기 때문이다. 내적 이미지는 추상적이고 관념적인 것 같이 보이지만 실제에 있어서는 행동을 좌우하는 요인이 된다. 이는 태도, 선입관, 가치관 등에 영향을 미친다. 또한 인간의 내적 이미지는 외적인 이미지로 표출되고, 이것은 곧 사회적인 이미지로 형성된다. 내적 이미지는 품위를 만들고 인성을 형성하게 되며 좋은 인품을 보여주게 된다. 내적 이미지를 만들지 않고는, 좋은 외적 이미지를 연출하기는 어렵다.

3.2 외적 이미지(external image)

얼굴이란 의미는 '혼(얼)을 내다 볼 수 있는 통로(굴)'이다. 즉 외적 이미지란 인간의 외부로 나타나는 종합적인 이미지로써 내면의 본질이 종합적으로 외부로 표출되어 나타나는 현상적인 이미지를 의미한다. 외적인 이미지는 외모, 스타일, 언행, 동작, 자세, 패션, 취향, 습관화된 태도 등으로 구성되며, 이는 내적 이미지가 꾸밈행동을 통하여 외부로 표현되는 현상이다. 내적 이미지와 외적 이미지가 적절히 부합될 때 그 사람에 대한 이미지가 형성된다.

외적 이미지인 첫 인상은 5초만에 결정된다고 한다. 또한 첫인상을 결정하는 요소로 외모·표정·제스처가 80%를 차지하고 목소리의 톤과 말하는 방법이 13%, 그리고 나머지 7%는 인격이라고 한다. 즉 처음 만나는 경우는 외적인 이미지로 상대를 파악하게 되는 것이다. 몇 초로 외적 이미지가 결정나는 첫인상은 결코 무시 못할 요소인 것이다. 따라서 외적 이미지는 T.O.P(Time, Occasion,

People, Place)에 맞는 외적인 관리(용모, 목장, 표정, 자세, 태도, 대화법)를 해야 한다.

Tip 전문가 이미지

3.3 관계적 이미지(relational image)

"자리가 사람을 만든다", "부부는 살아가며 서로 닮아간다", "친구를 보면 그 사람을 알 수 있다"고 한다. 우리는 사람을 판단할 때 외모나 내면뿐 아니라 사회적 지위나 직업, 가족관계, 인맥관계 등으로 그 사람을 평가하게 된다. 관계적 이미지란 개인의 본질과 현상이 대인관계에서 상대적 교류로 나타나고 형성되는 사회적인 이미지를 의미한다. 개인 이미지의 관점에서 볼 때 대인관계란 독특한 개체 간의 현상적 충돌에서 오고가는 정서적·물리적 교류를 의미한다. 이러한 의미에서 대인관계는 교류경영이라고 할 수 있다.

Tip 나와 관계하고 있는 주변적 이미지

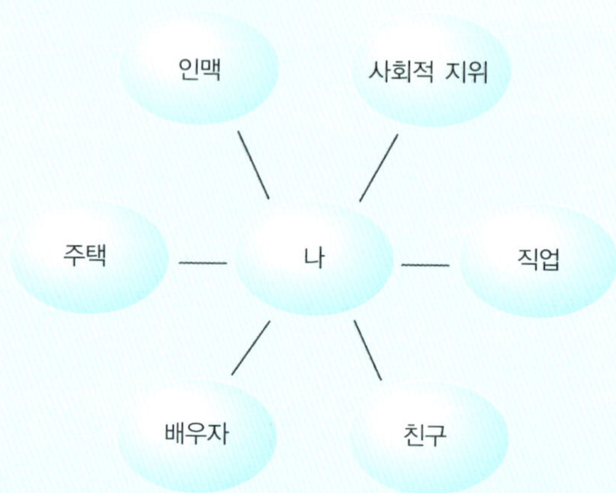

4 이미지 메이킹의 5단계

이미지 메이킹은 선천적이기보다는 후천적인 노력에 의하여 만들어지는 것이다. 따라서 이미지 메이킹을 통해 원하는 목표를 달성하기 위해서는 부단한 연습이 필요하다. 성공하는 이미지 메이킹을 위해서는 다음의 5단계를 거친다.

■ **1단계 : 자신을 알라(Know yourself)**

성공적인 이미지 메이킹을 위해서 가장 먼저 해야 할 것은 자신에 대하여 정확히 아는 것이다. 내가 가진 장점과 단점을 분류해서 장점은 살리고 단점은 보완해 나가야 한다.

■ **2단계 : 자신을 계발하라(Develop yourself)**

자신의 장점을 살리고 단점을 보완하면 이제 기본은 된 것이다. 이제는 자신만이 가진 개성이나 장점을 더욱 가치 있게 만들어 상대방에게 긍정적인 관심을 갖도록 하는 내적·외적·관계적 디자인전략을 수립하여야 한다.

■ 3단계 : 자신을 포장하라(Package yourself)

자신만의 특색 있는 디자인전략을 계발했다면 그것이 돋보이도록 포장해야 한다. 복장이나 화장 등 외형적인 것부터 내면적으로 교양이나 언어 구사력에 의해서도 포장할 수 있다.

■ 4단계 : 자신을 팔아라(Market yourself)

자신이 남들과 차별화된 가치가 빛나게 보인다면 이제 당신을 팔 준비를 해야 한다. 자신을 팔기 위해서는 자신을 살 수 있는 상대방을 만나야 하며, 그 첫 만남에서 자신을 살 수 있도록 이미지 형성요소를 종합적으로 적절히 사용해야 한다.

■ 5단계 : 자신에게 진실하라(Be yourself)

"5초 내에 나를 평가하는 첫 번째 요소는 '신뢰'이다." 상대방을 만나는 동안 진실하게 보여야 한다. 한 순간을 위하여 가식적인 이미지를 보인다면 상대방은 언젠가는 자신에 대한 정확한 평가를 하게 된다. 따라서 지속적으로 좋은 관계를 유지하기 위해서는 상대방을 대하는 동안 진실한 마음으로 대하여 나에 대한 신뢰감이 충분히 형성되어야 한다.

Tip 첫인상의 법칙

- 5초의 법칙
  첫인상은 단 5초에 결정된다는 법칙이다. 처음 5초는 첫인상을 좌우하는 중요한 부분을 차지하며, '첫인상의 초두효과'로 나타난다.
- 시각이미지 법칙
  사람의 내면 모습보다는 외모가 첫인상을 좌우한다는 법칙이다. 보이는 것이 전부는 아니다. 그러나 사람들은 보이는 것을 믿는다.
- 콘크리트법칙
  첫인상은 콘크리트처럼 쉽게 굳어져버리고, 굳어져버린 첫인상은 쉽게 바꿀 수 없다는 법칙이다.
- 부정성의 법칙
  긍정적인 면보다 부정적인 면을 더욱 쉽게 찾아내고 기억한다. 부정적인 첫인상을 접하면 긍정적인 인상으로 쉽게 회복하기 어렵다는 법칙이다.

문제

1. 자기 자신을 멋있고 개성 있게 보이도록 자신만의 모습을 만들기 위해 어떤 노력을 해야 하는지 말해보자.

2. 자신의 역할 모델(role model)을 선정하고 그 이유를 발표해보자.

3. 자기계발을 위한 중장기 계획을 발표해보자.

설득과 협상의 기술

Chapter 9

Chapter 9 설득과 협상의 기술

1 설득이란?

대화를 하는 도중에도 서로의 의견이 달라 대립하는 경우가 발생한다. 견해의 차이는 서로 간에 정반대의 의견을 제시하는 경우도 있고 어느 정도 비슷하지만 강도의 차이가 발생하는 경우도 있다. 그때 설득이라는 대화의 기술이 요구된다.

설득(說得, persuasion)이란 한 사람의 태도나 행동이 강박 당함 없이 다른 사람과의 의사소통을 통해 영향받는 것을 말한다. 아리스토텔레스는 설득을 "학습을 통해 습득할 수 있는 하나의 기술"이라고 설파했다. 즉, 설득이란 내가 생각하고 있는 것을 상대방에게 이야기해서 상대방이 내 생각에 동감하고 내 생각대로 행동하도록 하는 것이다.

사람의 태도와 행동은 말로 하는 위협, 물리적 강제, 자신의 생리적 상태 등과 같은 여러 요인의 영향을 받을 수도 있다. 생활 속의 대화가 대부분 설득하는 말들이지만 모든 의사소통이 설득을 의도하는 것은 아니며, 때로는 정보를 제공하거나 즐거움을 주는 것이 목적인 의사소통도 있다. 설득은 다른 사람을 조종하는 것과 관련되기 때문에 많은 사람은 설득을 불쾌하게 여기기도 한다. 어느 정도의 사회적 통제와 상호조정이 없다면 인간 사회는 무질서에 빠지게 되므로 여러 대처 방안이 고려되고 있을 경우 설득이야말로 윤리적으로 받아들여질 수 있는 방안이라고 주장하는 사람도 있다. 윈스턴 처칠이 민주주의를 지배의 한 형태로 평가한 것은 바꿔 말하면 설득이란 최종적인 사회통제방법이라는 의미가 된다.

2 설득의 기술

2.1 가장 효과적인 설득의 기술, 진심

30대 부부가 5살짜리 아이를 데리고 이사할 집을 알아보다가 드디어 마음에 드는 집을 발견하였다. 주인을 찾아가 "안녕하세요! 집이 맘에 드는데 계약할 수 있을까요?"라고 물었다. 무섭게 생긴 주인이 인상을 쓰며, "아이가 있는 사람에겐 안 돼요"라고 단호하게 거절하는 것이었다. 실망한 부부는 아이를 데리고 다른 곳을 알아보려고 돌아서는데, 갑자기 아이가 "아빠! 엄마! 잠깐만요!"라고 하며 주인에게 다시 다가가서, "아저씨! 저 집 저에게 주세요! 저한텐 아이가 없어요!" 라고 말하는 것이었다. 순간 차갑게 얼어있던 집주인의 표정에서 피식하고 웃음이 터지고 순간 주변은 웃음바다로 바뀌었다. 결국 원하던 데로 계약하게 되었다. 부모님도 설득하지 못했던 차갑다 못해 꽁꽁 얼어있던 집주인의 마음을 따뜻하게 녹여버렸던 것은 아이의 순수한 "진심"이었다.

사람의 마음을 움직이고 설득하는 여러 가지의 기술이 있다. 하지만 무엇보다도 사람의 마음을 움직이는 기술 중에 가장 중요한 기본은 진심이요, 진심에서 우러나오는 말과 행동인 것이다.

2.2 솔선수범

누군가에게 특별한 행동을 하게 만들고 싶으면 자신이 그 행동을 실행에 옮김으로써 본보기를 보이면 된다. 예를 들어 아이들에게 책을 더 많이 읽게 만들고 싶으면 나 자신부터 책을 많이 읽으면 되고, 부하직원들을 더욱 열정적으로 일하게 만들고 싶으면 나 자신부터 열정적으로 일하면 된다. 그들은 언제나 그들이 되고 싶은 사람들을 주시하고 그들의 행동을 따라하는 경향이 있다는 것을 명심해야 한다. 나 자신이 본보기가 되는 것 그것이 최고의 설득기술이다.

2.3 신념과 의지

성공적인 설득의 기술은 상대방을 '이해시켰는가'가 아니라 내가 가지고 있는 신념과 의지를 '팔았는가'이다. 설득은 정답을 이해시키는 것이 아니라, 신념과 의지를 파는 것이기 때문이다. 만약 정답이 이미 존재해 있다면 설득은 필요 없다. 즉, 종업원에게 제시하는 비전, 주주에게 말하는 투자가치, 경쟁사 대비 상품의 장점 등 설득이란 아직 일어나지 않은 일에 대한 신념과 관계된 것이다.

Tip 설득의 6가지 법칙

① 감정을 자극하라.
② 이야기를 만들어라.
③ 주제가 아니라 나를 팔아라.
④ 압축시키되 반복하라.
⑤ 눈높이를 맞춰라.
⑥ 온 몸을 사용하라.

2.4 상대방에 대한 이해

이기적인 직장동료, 화가 잔뜩 나 있는 고객, 매사에 냉소적인 부하직원 등 어려운 상황에서 내가 준비한 온갖 기술이 먹히지 않는 것은 바로 상대의 상황에 대한 이해가 부족했기 때문이다. 누구든 자기 나름의 이상을 섬기게 마련이며 그 이상은 사람들마다 제각기 다르다. 어떤 이는 명예를, 또 어떤 이는 눈앞의 이익을 좇기 바쁘다. 설득을 위해서는 먼저 상대가 어떤 이상을 갖고 있는지 알아낸 후 그것을 실마리 삼아 마음을 움직이는 것이 효과적이다.

상대방이 갖고 있는 이상을 알아내기 위해서는 처음부터 그의 마음속으로 들어가야 한다. 그리고 상대방의 마음을 움직이는 충동을 알아내야 한다. 그것이 그의 의지를 움직이는 열쇠가 될 것이기 때문이다. 그런 다음, 상대방의 감정에 짜릿한 쾌감을 줄 수 있는 자극이 될 만한 제안이나 말 한 마디를 던져라. 상대방의 취향에 근거한 무기로 결정적인 공격을 가하는 것이다. 그러면 틀림없이 당신은 상대방의 의지를 정복하고 상대방의 마음을 당신 뜻대로 이끌 수 있을 것이다.

2.5 설득의 5가지 기본 기술

일상생활 또는 비즈니스에서 사람을 설득해야만 하는 상황이 자주 발생한다. 그때 낭패를 보지 않으려면 다양한 설득의 기술을 활용해야 할 것이다. 상대방을 설득하는 기술을 정리하면 크게 감정의 기술, 논리의 기술, 위협의 기술, 흥정의 기술, 타협의 기술의 5가지가 있다.

■ **감정의 기술**

호의적인 말과 행동으로 상대방의 마음에 강하게 호소하여 감정을 움직이게 만드는 기술이다. 이 기술이 잘 활용되면 여러 협상의 기술 중 가장 효과가 크게 나타난다.

■ **논리의 기술**

객관적이고 논리적인 근거를 제시하여 상대방을 설득하는 기술이다. 이 기술이 성공하려면 사전에 통계 데이터 등의 객관적이고 확실한 정보를 많이 수집해야 한다.

■ **위협의 기술**

상대방에게 공포와 위협을 가하여 원하는 것에 대해 동의하도록 만드는 것을 말한다.

■ **흥정의 기술**

내가 가지고 있는 것(정보, 서비스, 물건, 상품 등)과 상대방이 가지고 있는 것을 흥정하여 상대방을 설득하는 기술이다. 일반적으로 서로에 대한 일정한 양보가 있어야 흥정은 성공한다.

■ **타협의 기술**

나와 상대방이 서로 요구하는 사항이 일치하지 않을 때 중간점을 찾아 타협을 하게 되는데, 이때 타협은 서로에 대해 양보하는 마음이 전제되어야 성공할 수 있다.

3 협상의 기술

협상이란 갈등과정에 있는 둘 또는 그 이상의 당사자가 개인과 개인 간, 개인과 조직 간, 조직과 조직 간, 나아가서 국가와 국가 간 등의 상호작용을 통하여 자신이 원하는 것을 얻어내기 위해 쟁점을 검토하고 자신의 입장을 설명하고, 상대방의 입장에 대한 설명을 들으며 의견을 교환하는 쌍방적인 의사소통 과정을 말한다. 협상은 자신이 원하는 바를 상대방으로부터 얻어내기 위해 서로의 입장 차이를 조율하고 이해관계를 조정하며 바람직한 타결을 위한 방안을 모색해가는 과정이다.

Tip 르위키와 리터러(Lewicki & Litterer(1985))의 협상이 개시되는 세 가지 조건

① 둘 또는 그 이상의 당사자 사이에 이해관계의 갈등이 존재하고, 그들 간의 이해관계가 상충되는 공통목표가 존재하는 경우
② 갈등을 해소함에 있어 확립된 규칙 또는 절차가 없으며 설령 존재하는 경우에도 이를 이용하여 갈등을 해소하기보다는 그들 자신이 개발한 해결방법에 의해 해결코자 하는 경우
③ 현재의 상황에서는 당사자들이 공개적으로 다투거나, 영원히 관계를 끊어버리거나, 또는 문제를 해결하기 위해 보다 상위의 권위체에게 그들의 분쟁을 맡기기보다는 '합의'의 모색을 선호하는 경우

3.1 분배적 협상(distributive negotiation)

분배적 협상이란 한정된 자원에서 서로 더 많은 부분을 얻으려는 경쟁적 협상

을 말하며, 제로섬(zero-sum) 조건에서 이루어지는 win-lose 관계로 정의된다. 분배적 협상은 주위에서 흔히 볼 수 있는 가장 보편적인 협상유형이며, 협상의 당사자 중 한 편이 이익을 보면 그 반대편 당사자는 손해를 보게 되는 협상이다. 즉, 물건을 사려는 사람과 팔려는 사람이 있을 때, 사는 사람은 흥정을 통해 물건 값을 깎아 싸게 사면 싸게 살수록 이익이 되지만, 동일한 상황에서 팔려는 사람에게는 그만큼 손해가 되는 경우이다.

분배적 협상은 노사 간의 임금협상, 구매업체와 공급업체 간의 가격협상 등에서 자주 나타난다. 분배적 협상의 양측 당사자들은 상대방의 손해를 예상하면서도 자신의 이익과 몫을 최대한으로 하려는 방향으로 협상을 진행하고 그 결과 상호배타적 관계가 되어 갈등이 증폭되기도 한다.

Tip 분배적 협상과정에 영향을 미치는 요인

① 누가 상대방의 정보를 더 많이 확보할 수 있는지?
② 협상에 할애할 수 있는 시간이 얼마나 되는지?
③ 협상과정에서 결정권을 행사한다든지, 의사결정을 마무리할 수 있는 권한을 얼마나 소유하고 있는지?

3.2 통합적 협상(integrative negotiation)

통합적 협상이란, 당사자들의 이해를 조화시킴으로써 보다 큰 공동이익을 도출해 내는 과정, 새로운 대안을 발견해 나가는 창조적인 문제해결 과정을 말한다. 변동-합 협상(variable-sum negotiations), 비제로섬 게임(non zero-sum games)이라고도 한다.

통합적 협상은 전통적인 협조구조나 분배적 협상과 달리, 협상 당사자가 서로의 목표를 달성하는 것이 가능하다는 전제하에 공동의 이익을 위해 문제를 풀어가려 협력하고 노력하는 과정이다. 즉, 당사자들 간의 공통점에 초점을 맞추고 공통의 목표를 찾기 위해 협력하고 양 당사자 모두의 요구사항을 충족시키고자 노력한다. 통합적 협상에서는 진실 되고 정확한 정보와 아이디어의 자유로운 교환이 가능하며, 서로의 요구와 가치에 민감하게 반응하고 서로를 존중해야 한다.

Tip 통합적 협상의 중요성

① 인간의 욕구와 가치의 만족은 내재적이고 윤리적인 이해를 지니고 있다.
② 한계 혹은 기대가 클 경우, 통합적 협상은 절대 최소기대를 만족시켜 주는 대안을 구성, 협상 실패의 확률을 줄여준다.
③ 통합적 협상은 더욱 더 빠른 해결을 가져다준다.
④ 통합적 협상은 합의의 결과가 더 통합적일수록 모두에게 더 만족을 주므로 합의에 도달한 후, 합의를 거부할 위험을 줄여준다.
⑤ 지속적인 통합적 합의는 집단구성원의 상호 만족스러운 관계유지가 가능하므로, 그 집단은 더 응집력 있고 지속성을 갖게 된다.
⑥ 통합적 협상은 조직 유효성을 높여준다.

3.3 통합적 협상의 성공요인

통합적 협상은 상호 간의 갈등을 해결하고 협상을 성공적으로 이끄는 데 매우 중요한 역할을 한다. 통합적 협상의 성공요인을 살펴보면 다음과 같다.

▪ 공통의 목표

공통의 목표가 존재하고 협력하는 것이 이익이라는 믿음이 있을 때 협상이 성공하게 된다.

▪ 자신의 문제해결능력에 대한 믿음

자신의 능력을 자신하는 협상자는 더 개방적으로 협상에 임하는 경향이 있으며, 서로 협력할 수 있다고 믿는 당사자는 실제 협력에 성공하는 경향이 있다.

▪ 자신의 입장과 상대방 관점의 인정

자신과 상대방의 태도와 정보, 욕구를 모두 고려한다.

■ **공동협력에 대한 동기부여와 몰입**

자신의 욕구를 명확히 밝히고, 상호 간의 유사점을 찾고 차이점을 인식하며, 불확실성을 인내하고 불일치를 해소한다.

■ **신뢰**

협력적이고 믿음이 가는 행위가 반복될 때 신뢰하는 경향이 있으며, 일단 신뢰가 구축되면 지속되는 경향이 있다. 또한 무너진 신뢰는 재구축하기 어렵다.

■ **정확한 의사소통**

명확하고 정확한 의사소통은 필수적이다.

■ **통합적 협상의 동태성 이해**

당사자들의 이슈별 선호도와 우선순위에 대한 정보교환, 상위의 목표설정 등을 훈련함으로써 협상의 가능성과 성과가 높아진다.

3.4 통합적 협상의 문제해결 과정

협상을 문제해결의 과정으로 보기 때문에 일정한 단계를 거쳐 양자가 모두 만족할 수 있는 합리적인 대안의 발견이 필요하다.

3.4.1 공동의 문제해결적 접근에 대한 합의

통합적 협상전략이 성공하기 위해서 사전에 합의를 가로막는 문제를 공동으로 해결한다는데, 먼저 공동문제 해결을 위해 쌍방이 진지하게 노력을 기울인다는 협상 쌍방의 다짐과 합의가 필요하다.

3.4.2 이슈의 공동확인 및 정리

통합적 협상 전략을 실행에 옮기는 데 첫 번째 단계는 합의를 가로 막고 있는 문제가 무엇인지 쌍방이 제기하고 공동으로 확인하는 단계이다. 이것은 협상의 쟁점을 명확히 정의하기 위함이다.

3.4.3 욕구에 대한 이해(Interest) 문제로 전환

통합적 협상을 이루는 데 가장 중요한 것은 서로 상대방의 이해(Interests)를 정확히 파악하는 능력에 달려 있다. 통합적 협상의 두 번째 단계는 합의를 가로막고 있는 문제 뒤에 놓인 쌍방의 이해를 찾아내고, 입장의 문제를 이해의 문제로 전환하는 것이다. 성공적인 협상의 핵심은 입장을 취하게 되는 이유나 배경을 이해함으로써, 입장을 이해문제로 전환시킬 수 있는 방안을 모색하는 것이다.

해결해야 할 문제를 입장차원에서 이해차원으로 전환하기 위해서는 문제에 깔려 있는 이해가 무엇인지를 정확하게 확인할 필요가 있다.

3.4.4 대안의 창출

통합적 협상의 세 번째 단계는 창의성이 요구되는 대안의 모색 및 창출단계이다. 당사자들이 공동으로 확인하고 정리한 문제를 이해의 문제로 전환한 토대 위에 다양한 대안들을 창출하는 것으로, 마지막 단계인 대안의 선택단계에서 바람직한 최적의 대안에 합의가 도달될 수 있도록 준비하는 단계이다.

3.4.5 대안에 대한 평가 및 선택

공동문제 해결의 네 번째 단계로써 창출한 여러 가지 대안들을 평가하고, 그중에서 최선의 대안을 선택하는 것이다. 즉, 전 단계에서 탐색된 해결책 또는 대안들의 질적 수준과 실현가능성, 기대되는 파급효과 등을 고려해 최선의 대안을 선택하여 합의를 이루고 협상을 마무리하는 것이다. 이 과정에서 양측의 입장만 고수하여 논쟁을 계속할 시 합의점을 찾지 못해 파국을 맞이할 수도 있다. 따라서 문제가 단순할 때, 평가와 선택은 통합가능하나 복잡하고 대안들이 많을 때 평가와 선택은 분리하는 것이 바람직하다.

Tip 노련한 협상가의 6가지 전략

- **제1전략 : 당근과 채찍전략**
  당근과 채찍전략은 인간 본성을 공략해 목표로 유인해내는 전략이다. 즉 상대방이 제시한 제안에 대해 적당한 이유를 들어 거절해서 실망(채찍)시킨 후, 넌지시 상대방이 수용할 수 있는 범위의 역제안(당근)을 해서 협상을 유리하게 만드는 전략이다.
- **제2전략 : 변속기전략**
  여러 개의 협상안이 있을 때, 각각의 협상안에 대해 최종 협상을 유보한 채 변속기처럼 번갈아가며 협의만 하면, 상대방은 협상 자체를 혼란스러워 한다. 이때 각각의 협상안에 대해 최종 협상안을 제시하면 협상에 성공할 확률이 높아진다.
- **제3전략 : 양보전략**
  복잡한 내용의 협상 시, 최대한 협상을 짧고 자주하면서 매 협상마다 상대방에게 작은 양보를 유도하도록 노력한다. 추후에 상대방으로부터 얻은 이 작은 양보들이 협상의 큰 성과로 나타나게 된다.
- **제4전략 : 포커페이스전략**
  상대방이 내가 생각하는 것보다 더 좋은 조건을 제시할 경우, 곧바로 기쁜 얼굴빛을 나타내지 않고 잠시 무표정하게 생각하는 척하며 수용해주는 전략이다.
- **제5전략 : 자기비하전략**
  협상 시 약간의 자기비하는 협상 상대방의 심리적 장벽을 낮추는 효과가 있다. 그러나 지나친 자기비하는 오히려 신뢰를 잃을 수 있으니 주의해야 한다.
- **제6전략 : 유감전략**
  많은 노력 끝에 여러 문제에 합의하고도 마지막 한두 가지 문제 때문에 협상이 결렬될 위기에 있을 때, 지금까지의 합의를 하기 위한 많은 노력을 뒤돌아보게 하는 유감 섞인 말을 통해 남은 문제를 재검토하도록 유도하는 전략이다.

3.5 스튜어트 다이아몬드의 협상의 기술

협상학의 대가인 스튜어트 다이아몬드는 “협상이란 두 사람 사이의 모든 상호관계(interaction)”라고 정의한다. 즉, 시장에서 값을 흥정하거나 자녀에게 숙제를 시키거나 연봉 조건을 협의하는 것 모두 다 협상이라는 얘기이다. 스튜어트 다이아몬드가 제시하는 협상의 기술을 살펴보자.

3.5.1 협상의 목적을 정하고 그것을 달성하라

모든 대화는 협상이다. 친구와 잡담을 할 때, 시장에서 물건을 살 때, 심지어 말을 하고 있지 않을 때도 당신은 협상 중이다. 여기서 누구든 자신의 목적을 아는 사람이 유리하다. 놀랍게도 많은 사람이 협상을 하면서 자신이 원하는 것을 정확히 모른다. 내가 얻고 싶은 목표와 범위를 분명히 정해야 협상 테이블에서 상대에게 말릴 가능성이 적다.

3.5.2 상대가 원하는 것이 무엇인지 알아내라

내 목표를 알았다면 상대에게 관심을 기울일 차례다. 여자를 짝사랑하듯 밤낮으로 고민해라. 입장을 바꿔 놓고 생각도 해보고 주변 사람에게 수소문도 해봐라. 자신의 답에 확신이 없다면 상대에게 직접 물어라. 상대는 의외로 작은 것을 원할 수 있다.

3.5.3 사람들이 전부다. 감정이 사실보다 중요하다

사람은 자신의 말을 경청하는 사람에게 무엇이든 주고 싶어 한다. 상대의 감정을 존중하고 이에 공감하라. 생각보다 많은 것을 얻을 것이다.

3.5.4 당신 자신에게 충실하라

자신을 바꾸려고 하지 마라. 많은 전문가가 어떤 타입의 사람이 되라고 가르친다. 이는 실전에서 잘 먹히지 않는다. 대부분의 사람은 좋은 배우가 아니기 때문이다. 사람들은 상대가 진짜 모습을 보일 때 그를 신뢰한다. 그리고 신뢰는 많은 협상을 성공시키는 열쇠다.

3.5.5 만능의 협상 법칙이란 없다

지금까지 배운 규칙은 잊어라. 협상은 사람과 사람 사이의 일이다. 어디서 누구와 어떤 목표로 협상하느냐에 따라 상황은 달라진다. "홈 그라운드의 이점을 활용해라"는 말도 맞지 않는다. 상대가 자신의 사무실을 좋아한다면 당신이 그곳으로 찾아가면 된다. 상대가 기분이 좋아져 당신의 제안에 쉽게 동의할 수 있다. "먼저 협상안을 제시하지 마라"는 조언도 마찬가지다. 양측이 타협 범위를 알고 있다면 먼저 카드를 내밀고 기선을 잡는 것도 좋다.

3.5.6 다른 가치를 교환하라

서로의 목표를 알면 무엇을 교환할지 보인다. 모든 가치는 상대적이다. 협상 파트너가 간절히 원하는 것이 의외로 내가 쉽게 양보할 수 있는 것일 수 있다. 누구든 고객을 더 소개해주고 물건값을 할인받은 경험이 있을 것이다. 칭찬의 말 한 마디, 추천사 몇 마디 등 눈에 보이지 않는 것이 더 큰 가치를 갖는 경우도 많다.

3.5.7 기술을 쓰지 않는 것이 기술이다

많은 책이 속임수나 잔기술을 가르친다. 다른 삶을 헷갈리게 하거나 잘못된 정보를 흘려 주도권을 쥐라고 속삭인다. 없는 패를 손에 쥐고 있는 것처럼 속이라고 한다. 하지만 잔머리를 굴릴수록 당신은 더 많은 것을 날리게 된다. 진실이 밝혀지면 서로의 신뢰가 무너지기 때문이다. 협상이 완전히 깨지는 일도 다반사다.

Tip 협상을 어렵게 만드는 7요소

① 예의 없는 행동
② 신뢰감이 결여된 태도
③ 부적절한 화법 사용
④ 협상 타이밍의 문제
⑤ 협상정보의 부족
⑥ 문화적 차이에 의한 결례
⑦ 협상의제 미비 및 협상 진행상의 문제

문제

1. 누군가를 설득한 '설득 성공담'을 발표해보자.

2. 특정한 협상 유형 내지 전략만 고수하다가 협상에 실패한 적이 있나요? 협상 실패담을 발표해보자.

상황별 인간관계의 활용

Chapter 10

1. 직장에서의 인간관계
2. 가정에서의 인간관계

Chapter 10 상황별 인간관계의 활용

1 직장에서의 인간관계

직장은 '일'을 매개로 일정한 목적을 달성하기 위한 조직이며, 사람들이 모여 조직적으로 일하는 곳이다. 즉 일을 하면서 경제적 보상을 받고 동시에 인간적 유대를 갖고 자기의 꿈을 실현하는 곳이기도 하다. 직장에서의 인간관계는 인간적인 정보다는 일에 대한 이해관계가 앞서고 업무수행과 밀접한 관련이 있다.

현대의 인간은 인생의 중요한 시기를 대부분 가정이 아닌 직장에서 상사, 동료, 부하와 함께 보내며 직장에서의 사람들로부터 다양한 삶의 의미와 업무를 배운다. 직장생활 자체가 삶 자체이며, 관계의 연속인 것이다. 따라서 직장생활의 인간관계는 행복과 불행을 결정하는 중요한 요인으로 작용한다.

직장에서 자신의 능력을 최대한 발휘하기 위해서는 인간관계에 기초한 인적네트워크의 형성이 필수적이다. 직장에서의 인간관계는 자신의 인프라로 작용하며 직장 밖에서의 사회생활과 직장을 떠난 뒤에도 영향을 미친다.

1.1 직장에서의 인간관계 유형

직장에서의 인간관계 유형은 다양하지만 구성원 간의 호감도와 응집력에 따를 유형으로 분리할 수 있다.

1.1.1 화합응집형

구성원들이 서로에게 긍정적 감정과 친밀감을 지니는 동시에 직장에 대한 소속감과 단결력이 높은 유형이다. 이런 유형의 직장에는 대부분 구성원들의 정서적 관계를 중시하는 지도력이 있는 상사가 있다. 또한 업무분담이 명료하여 구성원 간의 갈등이 적으며 자유로운 직장분위기를 지니고 있다. 서로 개인적인 대화를 나눌 수 있는 회식의 기회가 많고 구성원의 경조사에 서로 적극적으로 참여한다.

1.1.2 대립분리형

구성원들이 서로 적대시하는 두 개 이상의 하위집단으로 분리되어 있는 경우, 하위집단 간에서는 서로 반목하지만 각 집단 내에서는 서로 친밀감을 지니며 응집력도 높다. 이런 하위집단은 일반적으로 부서별로 형성되기도 하고, 같은 부서 내에서 친교관계에 따라 분리될 수도 있다. 대립분리형 유형은 직장 전체의 통합적 운영을 위해서는 매우 취약성을 지니고 있는 구조라고 할 수 있다.

1.1.3 화합분산형

직장구성원 사이에는 비교적 호의적인 관계가 유지되지만 직장에 대한 응집력이 미약한 경우이다. 화합분산형 유형은 지도력이 있는 상사가 없거나 개인주의적 성향이 강한 구성원으로 구성되어 있는 경우에 나타날 수 있다. 이런 직장의 구성원들은 서로에 대한 깊은 수준의 공개나 정서적 교류가 일어나지 않는 피상적인 인간관계를 유지하는 경우가 많다. 이런 유형의 직장인들은 직장 내 인간관계보다 직장 밖의 인간관계를 중시하는 직장탈피적인 인간관계를 나타내며, 업무가 끝나면 각자의 인간관계 영역으로 뿔뿔이 흩어지는 경향이 있다.

1.1.4 대립분산형

대립분산형 유형은 직장구성원 간의 감정적 갈등이 심하며 직장의 인간관계에 구심점이 없는 경우이다. 이런 유형의 직장인들은 직장에 대한 애착이나 소속감을 느낄 수 없다. 직장에서 찾을 수 있는 의미는 경제적 수입밖에 없으며 직장에서 자신에게 부여된 업무만 할뿐 구성원 간의 협조나 협동이 잘 이루어지지 않는다. 이런 유형의 직장인은 직장에 대한 만족도가 매우 낮으며 업무의 효율도 저하될 수밖에 없다.

1.2 직장생활의 성공지수

공존지수(NQ)란 사람들과의 관계를 얼마나 잘 유지할 수 있는지 알 수 있는 지수이다. 공존지수가 높을수록 사회에서 다른 사람과 인간관계가 좋고, 인간관계를 자원으로 삼아 더 성공하기 쉽다는 개념이다. 그렇다면 직장생활에서 성공지수를 높이는 방법에 대해 살펴보자.

① 어떤 사람이든 무시하지 않는다.
지금 힘이 없는 사람이라고 우습게보지 않는 것이 좋다. 나중에 우습게보던 사람에게 큰코 다칠 수 있기 때문이다.

② 자신의 밥값은 당연히 자신이 내고 다른 사람의 밥값도 자신이 낸다.
기본적으로 자기 밥값은 자기가 내는 것이다. 남이 밥값을 내주는 것을 당연하다고 생각하지 않는 것이 좋다.

③ 고마운 일이 있으면 고맙다고 말한다.
고마운 일이 있으면 고맙다고 말하고 미안한 일이 있으면 미안하다고 말하는 것이 좋다. 상대방은 나 자신의 마음속까지 읽고 이해해주지 않기 때문이다.

④ 남을 도와줄 때는 확실히 도와준다.
처음에 도와주다가 나중에 가면 대충 도와주지 말고 시작과 끝이 같아야 좋

다. 또한 도와주는 데 대가를 생각하거나 조건을 달지 않는 것이 좋다.

⑤ 회사 이외에도 사람들을 많이 사귄다.
자신이 다니는 회사의 사람들하고만 사귀다보면 우물 안에 개구리가 될 수도 있다. 창조사회에서는 아이디어를 타업종에서 찾아 융합하는 컨버전스를 요구한다.

⑥ 불필요한 논쟁을 하지 않는다.
회사는 학교처럼 논리적인 정답만을 찾는 곳이 아니다. 불필요한 논쟁으로 인간관계를 손상시킬 필요가 없지 않는가?

⑦ 회사 돈을 함부로 쓰지 않는다.
회사 돈을 함부로 쓰는 사람은 돈에 대한 IQ와 EQ가 부족하거나 때로는 도덕성까지 의심을 받게 된다. 또한 다른 동료들도 회사 돈을 마음대로 쓰고 있는 사실을 좋게 생각하지 않는다.

⑧ 옷을 잘 입는다.
직장생활에서 외모는 생각보다 훨씬 중요하다. 그 사람의 이미지를 좋게 만드는 데 중요하기 때문이다. 때로는 싼 옷 10벌보다 좋은 옷을 한벌 사서 입는 것이 필요할 수 있다.

⑨ 조의금은 많이 내는 것이 좋다.
사람이 슬픈 일이 생기게 되면 자그마한 일에도 예민해지며, 조의금은 자신과의 관계수준을 상대적으로 평가받기도 한다. 그러니 조금 아낀다는 생각보다는 통 크게 내는 것도 고려해 볼 만하다.

⑩ 수입의 1% 이상은 기부한다.
기부를 하게 되면 어려운 사람들에게 극복할 수 있는 힘을 주게 되고 또한 의미있는 일을 했다는 생각으로 마음이 넉넉해지고 그로 인해 표정도 밝아지게 된다.

⑪ 자신의 친구들을 확실히 챙긴다.
새로운 인간관계를 형성하느라고 지금 가지고 있는 최고의 인간관계를 소홀히 하지 않는 것이 좋다. 정말 힘들 때 도움을 주는 것은 자신의 오래된 친구들이기 때문이다.

⑫ 자신에 대해서 생각한다.

다른 사람들과의 인간관계를 유지하고 다른 사람을 생각하느라 자신을 잃어버리면 안 된다. 일주일에 아주 조금이라도 혼자서 조용히 생각하는 '나와나'의 미팅시간을 가지는 것이 좋다.

2 가정에서의 인간관계

귀하고 소중한 것들은 쉽게 보이지 않는다. 바로 '가족'이 그렇다. 모든 인간관계에서와 마찬가지로 '가족'은 점차 '나' 중심에서 '우리' 중심으로, 즉 독립성에서 상호 의존성에로 성숙해 나간다. 이 같은 의미를 지니는 1차적 집단으로써의 가정은 서로가 독특하고 상이하나 그러면서도 많은 유사성을 지니고 있는 특성으로 여러 가지 측면에서 중요한 삶의 기반이고 무대가 된다.

가족구성원이 가족 안에서 경험하는 인간관계는 부부관계에서부터 시작된다. 결혼하여 부부가 된 남녀는 배우자와 삶을 공유하면서 새로운 인간관계를 경험하게 된다. 자녀를 출산하게 되면 부모-자녀관계를 가지게 되며, 자녀들은 서로 형제-자매관계를 경험하게 된다. 자녀가 성인이 되면 노년기에 접어든 부모와 성인 자녀 간에는 노부모-성인자녀관계라는 새로운 가족관계가 형성된다.

가족은 결혼 상대만 빼면 여타의 구성원들은 모두 피로 맺어진 관계이기 때문에 오히려 어렵다. 이 세상에서 제일 가까운 사이기에 서로의 약점도 가장 잘 아는 사이의 사람들이기 때문이다. 사회의 주춧돌인 가정이 무너지면 사회도 무너진다. 따라서 그들 간에 항상 웃음소리가 들리고 그래서 평화롭고 행복한 가정이 되기 위해서는 무엇보다도 구성원들 각각에 역할을 달리 하는 인간관계의 정립과 실천이 필요하다.

2.1 부부관계

부부관계는 선택을 통한 결혼을 통해 이루어진다. 결혼은 남녀가 의존적인 관계에서 독립적인 관계로 성숙하여 상호의존적인 관계에 이르는 과정이라고 할 수 있다. 결혼에 대한 사람들의 생각은 다양하고 지속적으로 변화한다. 결혼한 부부는 특별한 사람들이 아니라 특별한 관계를 형성하고 있기 때문이다. 그러나 확실한 것은 부부관계는 가족관계의 가장 핵심적이고 중추적인 관계라는 것이다. 따라서 행복한 가족 및 부부관계를 위해서는 부부관계에 대한 올바른 지식과 가치관을 가져야 한다.

사람들마다 결혼에 대한 긍정적·부정적인 견해가 있는데 어떤 사람들, 특히 행복한 결혼생활을 영위하는 사람들은 결혼이 자신의 소중한 것들을 보호해주는 경계선이라고 보는가 하면, 불행한 결혼생활을 하는 사람들은 결혼을 '감옥'이라고도 한다. 결혼은 권리가 반으로 줄고 의무가 두 배로 늘어나는 쌍무계약이기도 하다. 실존주의 창시자인 덴마크의 종교철학자 키에르케고르(Kierkegaard, Soren Aabye)는 그의 저서 「이것이냐 저것이냐」에서 "결혼하라. 그러면 후회할 것이다. 결혼하지 말라. 그래도 후회할 것이다"는 유명한 말을 남겼다. 프랑스 철학자 몽테뉴(Montaigne, Michel Eyquem de)도 "결혼은 새장과 같아서 새장 밖에 있는 새는 안으로 들어가고 싶어 하고, 새장 안에 있는 새는 날고 싶어 한다"라고 결혼의 양면성을 지적하였다.

2.1.1 부부 간의 역할

사회구조가 변화함에 따라 전근대적인 역할분담(여성의 자녀양육, 남성의 가족부양)이 부분적으로 변화되었으며, 부부역할에 대한 가치관에도 변화가 초래되었다. 즉, 여성의 교육수준 향상과 남성과 대등한 사회적 지위와 권리를 가질 수 있게 됨에 따라 부부 간의 역할이나 지위도 보다 평등한 관계로 되고 있다. 따라서 현재는 남편의 역할이나 아내의 역할이 고정되어 있는 것이 아니므로 부부 간의 역할영역을 융통성 있게 공유하고 부부들이 각자 상황에 맞게 역할수행을 하면서 상호 이해와 협력으로 역할조정을 하도록 해야 한다.

2.1.2 부부 간의 적응

부부는 결혼생활을 시작하면서 다양한 적응과정을 경험하게 된다. 즉 결혼기간 동안 일상적 상황에 대한 적응, 각 개인의 욕구·흥미·역할기대·관점의 조화, 결혼과 가족생활에서 변화하는 조건 등에 대한 적응이 필요하다. 결혼 후 행복과 만족을 느끼는 부부의 결혼생활은 적응이 잘 이루어진 경우이며 반면에 긴장과 갈등이 표출되는 결혼생활은 적응이 잘못된 경우이다. 따라서 부부적응은 부부적응관계에 영향을 미치는 여러 요인과 조건들 간에 조화를 이루어 부부 간의 문제를 해결하는 과정이라고 할 수 있다. 부부의 적응에 영향을 주는 요인으로는 인성, 가족배경, 사회계급, 성적 요인, 친척관계, 돈에 대한 태도, 종교 및 기본적 가치관, 자녀 등이 있다. 그러므로 부부 적응에 영향을 주는 여러 요인 간에 조화를 이루어 긍정적인 부부생활을 할 수 있도록 해야겠다.

"결혼은 각각의 나무 두 그루를 정한 한 곳으로 옮겨 심는 것이다."

2.1.3 부부 간의 의사소통

현대의 부부관계는 친밀감과 사랑을 중심으로 하여 배우자를 동료로 생각하는 평등적 관계를 지향한다. 이때 애정을 바탕으로 한 관계를 유지하고 경험과 관심을 서로 나누기 위해서는 올바른 의사소통이 있어야 한다. 원만한 의사소통은 부부관계에 활력을 불어 넣는다. 또한 부부 간의 대화시간이 많을수록 결혼생활에서 만족감이 높다고 한다. 즉 의사소통을 명확히 함으로써 부부가 항상 일치하는 것은 아니지만 일치하지 않은 면을 이해하고 수용하는 데 도움을 주며 결혼생활에 올바른 적응을 가능하게 한다.

그러나 모든 의사소통이 부부관계에 도움을 주는 것은 아니다. 서로 의견이 맞지 않을 때 그 차이를 모욕이나 애정의 부족으로 생각하고 부부가 충돌한다면 그것은 부부관계를 붕괴시키는 시초가 될 수 있다.

의사소통 기술의 첫 번째는 서로에 대한 관심과 감정의 이입이다. 즉 상대방의 감정과 태도, 사고에 공감하려는 자세가 가장 중요하다. 두 번째는 자신의 진실한 태도 · 감정 · 생각을 명확하게 나타내려고 하는 자세이다. 세 번째는 부부 상호 간에 진지한 청취자세를 갖도록 노력해야 한다. 즉 자신들의 감정과 생각이 상대방에게 반응을 불러일으키도록 해야 하며, 그런 과정을 통하여 진실한 친밀감을 갖고 우애관계가 지속되는 것이다.

Tip 행복한 부부생활을 위한 지침

첫째. 서로 사랑의 마음을 갖고 이를 적극적으로 표현하라.
둘째. 상대를 다른 사람과 비교하지 말라.
셋째. 부모로부터 온전히 떠나라.
넷째. 가능하면 함께 지내라.
다섯째. 서로 상대방을 잘 이해해 주라.
여섯째. 상대방이 원하는 나의 모습을 디자인하라.
일곱째. 서로가 용서를 구하고 용서하는 일에 인색하지 말라.
여덟째. 서로 화합하여 평화로운 가정을 가꾸는 노력을 다하라.
아홉째. 서로가 승자가 되는 싸움을 하라.
열째. 건전한 성(性)생활을 하라.

2.2 부모-자녀 간의 인간관계

자녀는 태어나서 제일 먼저 갖게 되는 인간관계가 부모와의 관계이다. 부모와 자녀와의 관계는 가족의 인간관계 중에서 가장 본질적이고 애정적인 관계이며, 부모와 자녀로 구성되는 '가정'은 인간행복의 터전이고 인간관계를 배우는 최초의 교실이다.

부모가 자녀에 대한 사랑의 표현을 어떻게 하며, 바람직한 인간상을 어떻게 설정하느냐에 따라서 부모-자녀관계가 큰 영향을 받고 부모-자녀관계 그대로가 자녀의 인생살이에 지대한 영향을 주기 때문에 부모는 부모-자녀관계에 대한 올바른 가치관과 지식을 갖도록 해야 한다.

2.2.1 바람직한 부모-자녀관계

바람직한 부모-자녀관계란 부모의 일방적인 관계가 아니고 상호관계이므로 자녀들과 원만하고 활발한 대화를 통해서 모든 문제를 해결해가는 가정이 되어야 한다. 부모가 자녀에게 다음과 같은 마음가짐, 태도, 행동으로 대할 때 자녀들이 건전하고 건강하게 자라나게 될 것이다.

① 부모는 아버지로서, 어머니로서의 역할이 무엇인지를 분명히 인식하고 지키도록 최대한 노력해야 한다.

② 부모는 자녀를 깊이 사랑하되 절제 있는 사랑을 주어야 한다.

③ 부모-자녀 사이에는 활발하고 따뜻한 관계가 필요하다.

④ 가족원들끼리는 신뢰, 원조, 융합의 원칙을 가지고 뭉치도록 하는 것이 좋다.

문제

1. 직장에서 원만한 인간관계를 유지하기 위한 방안에 대해 발표해보자.

2. 바람직한 부부관계에 대해 발표해보자.

3. 바람직한 부모-자식 간의 관계에 대해 발표해보자.

Part 4

관계의 관리

갈등관리

Chapter 11

1. 갈등이란?
2. 갈등에 대한 관점
3. 갈등의 기능
4. 갈등의 과정
5. 갈등이 생기는 원인
6. 갈등의 유형
7. 갈등의 해소방안

Chapter 11 갈등관리

1 갈등이란?

갈등이란 일반적으로 둘 이상의 행동주체 사이에서 발생되는 대립적·적대적 상호작용을 말한다. 행동주체가 서로 상호작용할 때 두 개 이상의 욕구나 동기가 동시에 존재하여 생각, 태도, 느낌, 행위에 차이가 있을 때 일어나는 대립과정이다.

2009년 Creative Leadership센터의 조사에 의하면 리더들 중 85%가 상시적인 갈등을 겪고 있다고 한다. 갈등은 언제라도 발생할 수 있으며, 또한 관리되어야 한다. 기존에는 갈등 상황이 발생하면 그저 회피하거나 '눈에는 눈, 이에는 이'라는 식으로 대응하는 게 일반적이었다. 그러나 갈등은 '관리'함으로써 창조적인 해결과 상생의 결과를 얻을 수 있다.

2 갈등에 대한 관점

갈등에 대한 관점은 크게 전통적 관점, 행동과학적 관점, 현대적 관점으로 나눌 수 있다.

2.1 전통적 관점

1890년에서 1940년대까지 테일러(Taylor)의 과학적 관리론이 지배한 시대에는 갈등을 매우 부정적인 것으로 보고 파괴와 비능률을 가져온다고 여겼다. 따라서 모든 갈등은 역기능인 것으로 간주하여 제거되어야 할 대상이었다. 따라서 당시의 조직에서는 모든 갈등을 제거하는 것이 행정가가 해야 할 역할 중의 하나라고 생각하였다. 또한 과학적 관리론에 입각하여 분명한 명령계통, 행정가의 상벌제도, 직무에 대한 명확한 기술 등이 갈등을 줄여줄 수 있다고 보았다.

2.2 행동과학적 관점

1940년대 후반부터 1950년대 초까지의 행동과학자들은 전통적 관점에서 벗어나 갈등은 자연적으로 조직에서 불가피하게 생기는 것이며 피할 수 없다는 인식을 가지고 이를 잘 관리해야 한다고 생각하였다. 즉, 갈등의 존재를 인정하고 갈등관리에 초점을 맞추어야 한다는 관점을 지녔다. 전통적 관점과 행동과학적 관점은 모두 갈등의 순기능적 측면을 간과하였다.

2.3 상호작용적 관점

상호작용적 관점은 갈등은 궁극적으로 순기능과 역기능을 모두 지니고 있다는 갈등의 양면성에 초점을 두고 있다. 즉, 극단적인 경우 갈등이 조직을 망하게 할 수도 있지만 조직의 혁신과 변화를 이끌어낼 수 있다고 본다. 그리고 갈등은 조직의 활력소 역할을 하기도 한다. 따라서 관리자는 유익한 방향으로 갈등을 조장하여 최소한의 갈등이 유지될 필요가 있다는 입장이다.

3 갈등의 기능

갈등은 조직과 집단의 목표달성을 저해하거나 부정적 영향을 미치는 역기능과 목표달성을 촉진시키고 조직에 긍정적 영향을 미치는 바람직한 갈등인 순기능을 갖고 있다. 과거 전통적인 관점에서는 갈등의 부정적인 측면, 즉 역기능적인 측면이 강조되어 갈등이란 나쁜 것으로 인식되었었다. 그러나 근래로 오면서 다양한 전문직종에서 갈등의 발생은 보편적이고 필연적인 현상이며 상황에 따라 갈등은 집단의 생산성을 향상시키는 역할을 하기도 한다. 따라서 갈등관리의 기본방향은 역기능적 측면은 최소화하고 순기능적 측면을 최대한 활용하여 집단유효성을 높여야 할 것이다.

3.1 갈등의 순기능

조직 내의 적정수준의 갈등은 오히려 조직의 목표달성을 촉진시키고, 생산성 향상에 도움을 주며 유익을 가져다준다. 따라서 이를 건설적(constructive)인 갈등이라고 한다. 이는 집단 내의 응집력을 향상시켜 건설적 변혁을 유도하고, 혁신적 사고를 촉진시킨다.

3.2 갈등의 역기능

갈등의 역기능은 목표달성을 저해하거나 조직의 결속을 위협하고 조직의 생산성을 저해하는 요인이 된다. 그래서 파괴적(destructive) 갈등이라고도 한다. 또한 갈등의 역기능에 스트레스의 요인을 작용하면, 의사전달 감소, 불신풍토 형성, 직무만족 업무수행 저하, 충성심이 저하되는 현상이 있다. 따라서 관리자들은 갈등을 제거해야 하며, 제거되지 못하면 조직에 부정적인 결과를 초래하게 된다.

4 갈등의 과정

로빈스(S.P. Robbins)는 갈등의 과정을 다음과 같이 4단계로 구분하였다.

■ **1단계 : 잠재적 대립**

잠재적 대립은 갈등이 유발된 상황은 아니며, 갈등을 유발할 만한 요인이나 잠재적인 조건들이 존재하고 있는 단계이다. 의사소통의 어려움, 집단의 규모, 집단 내에서 행해지는 과업의 구조화 및 표준화 정도, 소속된 개인의 전문화 정도, 리더십스타일, 보상시스템 등 조직의 구조적인 변수들도 잠재적 대립상황에 관여한다. 또한 조직 내에서 상호작용하는 개인들의 여러 가지 특성(성격, 태도, 행위 유형 등)도 잠재적 대립 상황에 관여한다.

■ **2단계 : 인지와 개인화**

이전 단계의 잠재적 대립에서 잠재되었던 갈등이 2단계 인지와 개인화에서 현실로 대두된다. 이때는 문제가 지각되며 갈등에 관련된 당사자들에게 갈등이 존재함이 알려지게 된다. 또한 갈등과 관련하여 걱정, 불안, 동요, 불쾌감, 분노, 좌절감 등의 감정도 느끼게 된다.

■ **3단계 : 행동**

갈등이 겉으로 완전히 표출되어 해당 당사자 중 한 사람 또는 한편이 다른 사람 또는 다른 편에게 감정을 표출하거나 목표 달성을 좌절 또는 방해할 목적으로 어떤 실제행위를 시도하게 된다. 갈등을 해결하려는 행동이 나타나는 단계이기도 하다.

■ **4단계 : 결과**

갈등이 원만히 해결되어 오히려 조직의 성과를 향상시키는 결과를 나타내기도 하고, 갈등 그 자체의 파괴력이나 갈등에 대한 부적절한 대처로 조직의 성과가 저하되는 결과로 나타날 수도 있다.

5 갈등이 생기는 원인

갈등은 조직구성원 간에 서로 얻으려 하는 이해관계가 충돌되거나 가치관에 차이가 나타날 때, 서로 목표하는 바가 다를 때, 문제의 인식이나 인지의 차이가 나타날 때도 발생한다. 그리고 서로 관할이 겹치거나 상호 간에 의존도가 높은 경우 관할 간 갈등이 발생할 수도 있고, 조직 내에서 한정된 자원의 확보를 위해 경쟁, 갈등이 발생하기도 한다.

또, 의사결정의 과정에서 집단 간에 정보의 교환이나 의사소통이 충분히 이루어지지 못했을 때도 발생되며, 공식적인 지휘권한과 비공식적인 지휘권한이 다를 경우에 지위의 부조화가 나타나 갈등이 야기될 수도 있다. 예를 들면, 선배가 후배보다 낮은 계급에 있을 경우 등이다.

5.1 목표 및 지각의 차이(goal differences)

개인 또는 집단의 가치관과 태도, 윤리적 책임에 대한 지각, 문제에 대한 인지가 서로 상충되거나 다를 때, 문제해결을 위한 행위와 방법이 서로 다르므로 갈등이 발생한다.

5.2 제한된 자원(limited resources)

둘 이상의 사람 또는 둘 이상의 집단이 필요로 하는 자원이 같고 자원이 희소할 때, 그 자원을 상대방보다 먼저 많이 차지하려는 경쟁이 발생하게 된다. 이때 행동 주체 간에 의견이 일치하지 않고 경쟁이 생기면 갈등이 발생한다.

5.3 모호한 역할기대

개인이나 집단이 자신에게 요구되는 업무의 한계나 역할이 무엇인지 분명하게 알지 못할 때, 개인이나 집단의 목표나 상위조직의 목표가 불분명할 때, 각자에게 할당된 과업이 무엇인지 불명확할 때 갈등이 발생될 수 있다.

5.4 상호의존성(interdependencies)

상호의존성이란 둘 이상의 개인이나 집단이 목표달성을 위해 과업을 수행하는 과정에서 협조, 정보공유, 협력행위 등 조정적 활동을 위하여 의존하게 되는 정도를 의미한다. 따라서 상호의존성이 크면 클수록 과업수행 과정에서 개인간 또는 집단 간 갈등이 발생될 가능성이 많아진다.

5.5 지위신분상의 불일치(status incongruence)

지위신분상의 불일치가 있는 곳에, 그리고 지위신분상의 계층에 변화가 일어났을 때 갈등이 발생한다. 지위신분에는 조직의 근속연수, 나이, 급여수준, 교육수준 등이 있다.

5.6 의사소통의 장애(communication distortions)

의사소통의 장애는 갈등의 주된 원인이다. 의사소통이 모호하고 잘 이루어지지 않을 때, 개인과 집단 간은 서로 이해가 어렵고 협조보다는 분열이 조장되어 갈등이 일어날 가능성이 많아진다.

Tip 성공적 갈등관리를 위한 101% 원리

성공적인 갈등처리의 비결은 101% 원리에 따라 사는 것이다.
만일 당신과 갈등관계에 있는 고집스런 사람이 있다면 당신과 그 사람이 일치하는 1%를 찾아내라. 그리고 그 1%를 위해 당신의 100% 노력과 능력을 쏟아 부어라.
그 1%를 실마리로 해서 당신 두 사람을 함께 묶도록 하라.

– 존 맥스웰 –

6 갈등의 유형

6.1 수직적 갈등, 수평적 갈등

6.1.1 수직적 갈등(vertical conflict)

수직적 갈등은 조직 내의 상하 간에 발생하는 갈등이다. 상사와 부하 간의 역할분담, 권한분담, 기타 인간관계 교류에서 또는 상위조직이 하위조직의 자율성을 지나치게 통제할 때나 하위조직이 상위조직의 지시에 불응하는 경우에 발생할 수 있다. 또한 의사소통의 장애, 가치관, 태도 등의 차이로도 일어날 수 있다.

6.1.2 수평적 갈등(horizontal conflict)

수평적 갈등은 조직 내 동일한 계층에 위치하는 두 개 이상의 집단이 각자 자신의 입장과 자신의 권리를 우선시하는 과정에서 타 집단의 입장과 권리를 침해하게 되는 경우 발생할 수 있다. 운영목표의 비양립성, 차별화, 과업의 상호의존성, 자원의 부족, 권력의 배분상태, 보상시스템, 개인 간의 요소 등 에 대한 부서 간 조정의 어려움으로 인해 야기된다.

6.2 개인 내적 갈등, 개인 간 갈등

6.2.1 개인 내적 갈등(intrapersonal conflict)

개인내적 갈등은 개인의 성격이나 역할에 대한 불만족, 조직목표와 개인목표의 부조화 등을 밖으로 드러내지 않고 자신의 내부에서 일어나는 나와 나 사이의 갈등을 말한다. 어떤 개인이 서로 양립할 수 없는 가치나 욕구를 동시에 가지고 있을 때 이 갈등을 경험하게 된다. 일반적으로 관리자의 경우, 자신의 관리자 역할과 다양한 영역의 책임으로부터 개인 내적 갈등이 발생할 수 있다.

6.2.2 개인 간 갈등(interpersonal conflict)

개인 간 갈등은 조직 내에서 개인과 개인 사이에 일어나는 갈등으로써, 서로 다른 가치관, 목표, 신념을 가지고 있는 두 명 혹은 그 이상의 사람들 사이에서 발생하는 갈등이다. 이 갈등은 동료 사이나 상사와 부하 사이에서 발생하는 경우와 부서가 다른 개인 사이에서 발생하는 경우가 있다. 이는 한정된 자원을 두고 서로 양립할 수 없는 기대나 요구, 희망을 가질 때 발생한다.

6.3 집단 내 갈등, 집단 간 갈등

6.3.1 집단 내 갈등(intragroup conflict)

집단 내 갈등은 집단이 새로운 문제에 직면하거나 새로운 가치체계가 외부로부터 집단 내로 도입될 때 발생한다. 새로운 문제에 직면하고 있는 집단은 집단 내 갈등이 심할 경우 두 개의 새로운 집단이 형성될 수 있고 집단 간의 갈등으로 발전될 가능성이 있다.

6.3.2 집단 간 갈등(intergroup conflict)

집단 간 갈등은 조직 내의 집단과 집단 간에 발생하는 갈등으로서 부서 간 또는 업무단위 간 발생하는 갈등이 가장 보편적이다. 주로 집단이 서로 다른 목표를 가졌거나 다른 집단의 희생으로 한 집단의 목표가 달성되었을 때 일어난다. 이러한 집단 간 갈등은 창조, 혁신, 발전 등을 자극할 수 있고 갈등이 없는 조직은 정체된 조직일 수 있다.

6.4 경쟁적 갈등, 분열적 갈등

6.4.1 경쟁적 갈등(competitive conflict)

경쟁적 갈등은 한 조직 내에 있는 두 개 이상의 집단이 서로 유사한 기능을 가지거나 업무영역에 중복이 존재할 때 발생한다. 예를 들어, 특정 기업체 내에 영업 1부와 2부가 있을 경우 경쟁적인 갈등이 발생할 소지가 많다.

6.4.2 분열적 갈등(disruptive conflict)

분열적 갈등은 비합리적이고 파괴적인 행위를 초래할 수 있는 갈등으로써, 상호 간에 약속된 규칙을 따르지 않으며, 서로 상대편을 제거하거나 정복, 패배시키려고 하는 갈등이다. 이러한 갈등은 공포, 분노, 스트레스가 있는 상황에서 발생한다.

6.5 역할갈등

여러 가지의 역할이 각각 양립할 수 없이 대립될 때 발생하는 갈등이다.

예를 들면 직장인으로서 자신이 속한 회사에서의 역할에 충실하려는 한편, 가정에서 어린 아기를 양육해야 하는 부모로서의 역할 또한 충실히 이행하려 할 때 발생하는 것이 그 예이다.

6.5.1 역할기대자 내 갈등(intragroup conflict)

역할기대자가 서로 상반되는 지시나 기대를 함으로써 발생되는 갈등으로 역할을 주는 사람에게서 비롯되는 역할 갈등을 의미한다.

6.5.2 역할기대자 간 갈등(intersender conflict)

개인이 두 사람 이상의 역할기대자로부터 서로 상충되는 기대를 받을 때 일어나는 갈등이다.

6.5.3 역할 간 갈등(intertole conflict)

개인이 여러 가지 역할을 수행할 때 그 역할이 상반되는 행위를 요구하거나 동시에 여러 가지 역할을 수행해야 할 때 일어나는 갈등이다.

6.5.4 개인-역할 간 갈등(person-role conflict)

개인의 가치, 욕구, 능력이 역할요구와 부조화를 이루거나 부담스러운 역할을 맡았을 때 개인-역할 간의 갈등이 발생된다. 즉, 요구되는 역할이 개인이 가진 지식과 기술 이상의 수준을 요구할 때, 그리고 자신의 가치관에 어긋나는 행위를 요구할 경우에 발생한다.

7 갈등의 해소방안

갈등은 제거하거나 방지·통제하는 것이라기보다는 오히려 갈등으로부터 생기는 가치와 순기능을 증대시키고 비용과 불만족 및 역기능을 감소시켜야 할 것이다. 이는 어떤 조직에서나 발생하는 현상으로 관련 여하에 따라 조직의 성과에 긍정, 부정적 영향을 미칠 수 있으므로 갈등관리는 조직의 생존을 위해 필요한 하나의 핵심적 과정이다.

■ **문제해결**

갈등 당사자들의 공동 노력으로 원인이 되는 문제를 해결하는 것이다.

■ **완화**

의견차이가 없는 것 같이 느끼도록 하고 사소한 의견의 일치와 공동이익을 강조함으로써 갈등을 완화시키는 방법이다. 그러나 이는 근본적인 갈등의 원인을 제거하지는 못하는 단기적인 해소방안이다.

■ **회피**

갈등 당사자들이 갈등의 존재를 알아채고도 갈등을 인정하거나 해결하려고 하지 않고, 그 갈등상황을 회피하거나 그 갈등을 밖으로 표현하지 않고 억제함으로써 갈등에 대처하는 것을 말한다. 갈등의 원인이 되는 문제는 계속 남아 있으므로 갈등의 소지는 계속 남는다.

■ **경쟁과 강제**

상대방을 희생시켜서라도 자신의 목표를 달성시키기 위해 노력하는 것을 말한다. 이는 자신이 이기고 상대방이 패배하는 게임(win-lose전략)을 초래할 수 있다.

■ **타협**

양측이 각자 지향하는 것이나 각자의 목표 중 일부를 포기하는 것을 말한다. 실제로 타협은 한 발짝씩 양보를 통해 상호 win-win할 수 있는 경우가 많으나 때로는 lose-lose 상황을 초래할 수도 있다.

■ **무마**

관리자가 그 갈등은 시간이 지나면 쉽게 해결될 것처럼 행동하고 협동의 필요성을 호소하는 방법이다. 갈등의 감정적인 요소들을 감소시키기 위한 노력으로 상대방에게 무마의 전략을 사용할 수 있다.

■ **협력**

협력은 win-win 상황을 가져오게 하는 갈등해결의 적극적이고 협동적인 방법이다. 협력하게 된 양측은 쌍방의 요구에 부응할 수 있는 해결책, 즉 갈등의 당사자들 모두가 완전히 만족할 수 있는 해결책을 모색하게 된다.

■ **협상**

갈등 당사자들이 상호 대립되는 입장을 부분적으로 양보하여 해결하는 것을 말한다.

■ **자원의 증대**

갈등을 해소하기 위해 희소자원을 늘리는 것을 말한다.

■ **상위목표의 제시**

갈등 당사자들이 공동으로 추구해야 할 상위목표를 제시함으로써 갈등을 완화시키는 것이다.

■ **상사의 명령**

공식적인 권한을 가진 상사가 명령으로써 부하들이 갈등을 해소시키는 방법이다. 그러나 이는 원인이 제거되지 않고 갈등행동만 해소시킬 뿐이다.

■ **대면적 접촉**

갈등 당사자가 상호 대면하여 문제를 해결하는 방법이다. 갈등 원인을 해결하여 갈등을 완전히 해소할 수 있는 방법 중 하나이다.

■ **갈등에 대한 태도개선**

갈등 당사자들이나 앞으로 갈등을 일으킬 가능성을 가진 사람의 태도를 변화시킴으로써 역기능적 갈등을 미리 예방할 수 있고 해소할 수 있다.

Tip 갈등관리 유형진단

본 진단지는 귀하의 갈등관리 유형을 알아보기 위한 것이다.
다음의 질문에 대하여 귀하께서 동의하시는 정도를 아래에 주어진 척도를 중심으로 적절한 번호를 괄호 안에 적기 바란다.

전혀 동의하지 않는다	1	2	3	4	5	매우 동의한다

1. 나는 내 주장의 장점을 설명하기 위해 상대방과 논쟁한다. (　)
2. 나는 타협을 이루기 위해서 상대방과 협상한다. (　)
3. 나는 주변인의 기대에 부응하고자 노력한다. (　)
4. 주어진 문제에 모두가 찬성할만한 해결책을 찾기 위해 상대방과 함께 노력하곤 한다.(　)
5. 나는 내 주장을 관철시키기 위해 강력한 자세를 취한다. (　)
6. 갈등으로 물의를 빚고 싶지 않기 때문에 상대방에게 느끼는 갈등을 혼자서 삭인다. (　)
7. 나는 나의 해결방안을 관철시키기 위해서 끝까지 노력한다. (　)
8. 나는 타협을 위해서 '서로 주고받는'(give and take) 전략을 사용한다. (　)
9. 나는 주변인과 문제를 함께 해결하기 위해 정확한 정보를 교환한다. (　)
10. 나는 주변인과 다른 의견을 갖고 있다 해도 이를 공개 토의하지 않는다. (　)
11. 나는 주변인의 의견을 적극 수용한다. (　)
12. 문제해결의 최선책을 찾기 위해서 나는 모든 문제들을 털어놓고 얘기하는 성향이다. (　)
13. 나는 문제해결에 진전이 없을 때 중간자적 대안을 제시한다. (　)
14. 나는 주변인의 의견을 따르려는 성향이 있다. (　)
15. 상대방과의 의견대립을 피하기 위해 상대의 의견에 반대하더라도 그냥 묻어둔다. (　)

✣ 점수합산

이제 아래의 갈등관리 유형별 점수의 합계를 내기 바란다. 합계 점수가 제일 높은 것이 귀하의 갈등관리 유형을 대표한다.

4	
9	
12	
합계	

종합형

3	
11	
14	
합계	

배려형

1	
5	
7	
합계	

지배형

6	
10	
15	
합계	

회피형

2	
8	
13	
합계	

타협형

✣ 유형별 해설

1. 종합형(협력형)

- 자신과 상대방의 관심과 이해관계를 정확히 파악하여 문제해결을 위한 통합적 대안을 도출해낸다.
- 문제의 취지가 불명확하거나 복잡할 경우에는 종합형이 매우 적절하다.
- 그러나 상반된 가치관으로 인해 발생되는 갈등에 대한 관리방편으로서는 부적합하다.
- 종합형의 큰 장점은 단편적 측면에서 문제들을 다루기보다는 총체적으로 문제들을 다루기 때문에 장기적인 안목에서 효력이 발생한다는 것이다.
- 반면에 단점으로는 시간이 매우 오래 걸린다는 것이다. 이 방법은 갈등을 빚는 자신과 타인이 모두 이득을 보게 되는 win-win의 경우에 해당한다.

2. 배려형(수용형)

- 배려형인 사람은 타인의 관심부분(이해, 이익)을 충족시켜 주기 위해서 자신의 관심부분을 양보(포기)한다.
- 배려를 해준 후 무엇인가를 보답받을 수 있을 때에는 매우 적절하다.
- 그러나 복잡하거나 악화된 문제에 있어서는 부적합하다.
- 배려형의 장점은 협동을 가능케 해준다는 점이다.
- 약점으로는 중요한 문제를 소홀히 다룰 가능성이 있기 때문에 일시적인 대안이라 할 수 있다.

3. 지배형(강압형)

- 자신에 대한 관심은 지나친 반면에 상대방의 입장은 고려하지 않는다. 타인에 대해서 무관심한 자기중심적인 행동을 선호한다.
- 지배형은 공식적인 권위를 사용하여 복종을 유도하기 때문에 강압형이라고 불린다.
- 지배형은 받아들이기 싫은 해결책이 제시될 때 주로 쓰인다.
- 그러나 공개적이고 참여적인 분위기에서는 부적합하다.
- 지배형의 장점은 신속성이다.

- 약점으로는 종종 상대방의 분노와 원망을 초래한다는 것이다. 이것은 win-lose(일방승리)의 경우이다.

4. 회피형

- 회피형은 직면한 문제들을 피하고자 하는 것을 말한다.
- 문제가 사소한 것이거나 피하는 것이 오히려 이익이 될 경우에 적합한 대안이다.
- 회피는 어려운 문제를 접했을 때 일어나는 자연스러운 반응이지만 중요한 문제마저 회피해버릴 가능성도 있다.

5. 타협형

- 타협형은 자신과 타인의 공통된 관심분야를 서로 주고받기 위한 대안이다.
- 서로의 입장을 양보하고 외부나 제3자의 개입, 협상 또는 표결의 방법을 동원한다.
- 타협이란 쌍방이 다른 목표를 갖고 있거나 비슷한 힘을 갖고 있을 때 가능하나 잦은 타협은 우유부단하다는 평가를 받는다.
- 타협은 민주적인 방법이라 할 수 있지만 때로는 문제해결의 창조적인 방안을 도출하는 데 방해가 된다.

문제

1. 갈등의 유형에 대해 설명해보자.

2. 갈등의 원인과 해결방법에 대해 설명해보자.

3. 자신이 최근에 겪었던 갈등은 무엇이고, 어떻게 해결했는지 발표해보자.

스트레스 관리

Chapter 12

1. 스트레스란?
2. 스트레스 이론
3. 스트레스의 유발 요인
4. 스트레스의 증상
5. 스트레스 대처방법

Chapter 12 스트레스관리

1 스트레스란?

스트레스라는 말은 원래 '팽팽하게 죄다'는 뜻을 가진 라틴어의 '스트링게르(stringer)'라는 단어에서 유래된 것이다. 이는 사람들이 스트레스를 느낄 때 경험하는 답답하거나 긴장된 몸과 마음의 반응 상태를 나타내는 것이다. 이 단어는 'string, strest, straisse' 등 여러 말로 쓰이다가 14세기에 이르러 스트레스라는 용어로 정착되면서 고뇌, 억압, 곤란, 역경 등을 의미하였다.

오늘날의 스트레스는 19세기에 나온 것으로 공학적인 의미가 강하다. 즉, 물체나 인간에게 작용하는 힘, 압력, 강한 영향력을 가리킨다. 이 정의 속에는 힘이 가해진 물체나 인간은 외부압력에 저항해서 통합성을 유지하기 위해 긴장을 불러일으킨다는 의미도 포함되어 있다.

▶ 스트레스모형

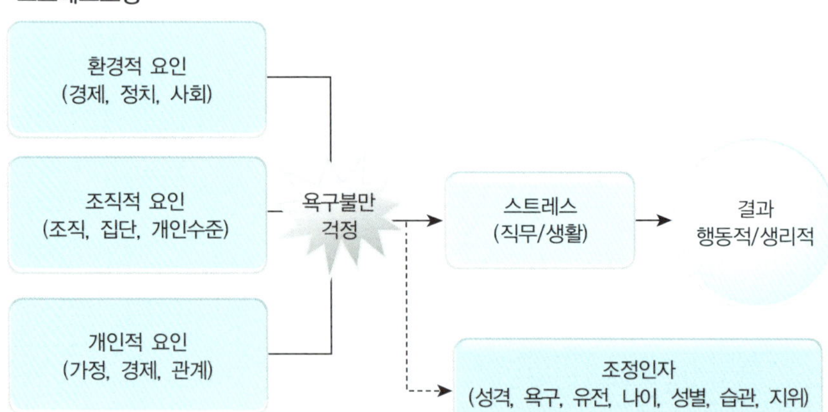

위의 스트레스 모형에서 보듯이, 스트레스는 환경적, 조직적, 개인적 요인을 통한 욕구불만이나 걱정으로 발생하게 되며, 이 스트레스는 행동적 혹은 생리적인 부조화로 나타나게 된다. 그러나 욕구불만이 모두 스트레스가 되는 것은 아니며, 성격, 욕구, 유전, 습관, 지위 등에 따라 스스로 조정할 수 있는 인자를 갖고 있다.

1.1 스트레스의 정의

스트레스란 외부로부터 주어진 힘 또는 압력에 의해 느끼는 '긴장'이라는 뜻이다. 우리를 우울하게 만들거나, 불안에 떨게 하거나, 예민하게 만들고, 화가 나게 하고, 잠들지 못하게 하는 이런 상황들을 스트레스를 일으킬 수 있는 유발인자라 하고, 이러한 유발인자에 의해 나타나는 인체반응을 스트레스라고 한다.

스트레스를 처음으로 명명한 학자는 캐나다의 의학자 셀리에(Hans Selye)이다. 그는 동물실험을 통해 얻은 결론을 바탕으로 1944년에 스트레스이론(Theory of stress)을 발표하였다. 셀리에의 스트레스란 인체에 균형을 깨려고 하는 어떤 원인에 대하여 신체 전체 혹은 대부분의 기관이 항상성을 유지하기 위해 노력하는 적응 반응을 말하며, 그런 반응을 일으키게 하는 요인을 스트레스원이라 한다. 스트레스 유발요인(stressor)이 초래되어 항상성이 변화되면, 외부환경의 물리적, 심리적, 정신적 압력과 내부보호 저항력 사이의 균형이 깨지고 인간 개체의 보호 능력이 손상되어 변형된 상태로 정신과 신체의 다양한 각성 반응을 나타내게 된다는 것이다.

1.2 역기능 스트레스와 순기능 스트레스

일반적으로 스트레스는 우리에게 매우 부정적인 이미지를 준다. 그러나 스트레스가 모두 해로운 것만은 아니다. 적당한 스트레스는 우리 삶의 활력소가 되기도 하고, 각종 자극을 처리해내는 수행능력을 증진시켜주는 원천이 되기도 한다. 그 정도가 너무 커서 감당할 수 없을 때는 그 충격으로 병을 유발하기도 한다.

스트레스를 연구하는 학자들에 따르면, 스트레스는 부정적 가치뿐 아니라 긍정적 가치도 갖고 있다고 한다. 그들은 스트레스가 부정적 가치를 지닐 때 이를 역기능 스트레스(distress)라 하고, 긍정적 가치를 지닐 때 순기능 스트레스(eustress)라 한다.

그러나 역기능 스트레스와 순기능 스트레스의 구분은 개인이 느끼는 상황에 따라 서로 다른 결과로 받아들여지기도 한다. 같은 정도의 스트레스라도 어떤 사람에게는 좋은 스트레스가 되고, 또 다른 사람에게 있어서는 나쁜 스트레스가 되기 때문이다.

1.2.1 역기능 스트레스

적당한 긴장은 삶에 활력이 되지만, 지나치게 긴장상태가 계속 되면 기분이 우울해지고 두통, 어깨결림, 요통 등 각종 통증이 나타나며 면역력이 떨어져 각종 알레르기반응이나 질병에 시달리게 된다. 이처럼 우리 몸에 혼란을 야기하고 병들게 하는 나쁜 스트레스를 역기능 스트레스(distress)라고 한다. 또한 스트레스를 발생시키는 해로운 인자나 자극을 스트레서(stressor)라고 한다.

역기능 스트레스는 감정조절이 안 되거나 계속적인 압박하에서 발생한다. 가족간 갈등, 경제적 문제, 일, 고독 등은 역기능 스트레스의 일반적 원인이 된다.

1.2.2 순기능 스트레스

스트레스란 우리에게 모두 나쁜 것은 아니다. 우리 몸에 도움을 주어 더 나은 상태를 유지하게 하는 좋은 스트레스를 순기능 스트레스(eustress)라고 한다. 즉, 승진이나 휴가와 같은 긍정적 생활사건에 대한 반응은 바람직한 스트레스다. 또한 적당한 스트레스는 일의 성취나 동기부여 측면에서 더 나은 삶을 살 수 있도록 도와준다. 특히 운동선수들의 지옥훈련은 보다 더 좋은 성적을 거두도록 도와주는 순기능 스트레스이기도 하다. 따라서 스트레스를 무조건 없애려 할 것이 아니라 자신에게 맞는 최적의 스트레스 수준을 찾아 자신의 능력을 최대한 발휘할 수 있도록 노력해야 할 것이다.

Tip 순기능 스트레스의 특징

- 삶의 원동력이 되며 효율성과 생산성을 높여 준다.
- 삶의 진미를 느끼게 해준다.
- 삶의 원기를 북돋아 주는 활력소로 작용한다.
- 흥분의 감정과 기회를 제공한다.

2 스트레스 이론

2.1 셀리에(Hans Selye) 이론

캐나다의 의학자 셀리에는 스트레스를 수많은 스트레스원에 의해 야기되는 일반적인 신체적 적응 반응으로 정의하였다. 셀리에는 매우 다양하고 서로 다른 상황들이 스트레스 반응을 일으킬 수 있지만, 그 반응은 항상 동일한 과정을 거쳐 간다고 보았으며, 그 자극의 종류에 관계없이 스트레스 반응은 비특징적으로 발생한다고 주장하였다. 이러한 일반적 반응을 일반적응증후군(General Adaptation Syndrom : GAS)이라고 한다. 셀리에의 일반적응증후군(GAS)은 진행단계에 따라 3단계로 분류하여 설명하고 있다.

■ 1단계 : 경보반응기(alarm reaction)

경보반응기에서는 스트레스를 받음으로 대항 혹은 회피반응이 시작된다. 신체 내에서는 교감신경계가 활성화되어 스트레스에 반응한다. 이때 몸은 일시적으로 두통증상이 나타나며, 피곤해지고, 식욕이 떨어지며, 위통 등이 발생할 수 있지만,

그래도 신체 내에서 회복능력을 지니고 있는 상태이다.

■ **2단계 : 저항기**(resistance and adaptation)

저항기에서는 스트레스에 대해 저항을 하고 원상태(균형)로 돌리려고 한다. 스트레스에 저항을 하다가도 강한 압박감이 지속되면 저항력이 감소되기도 하지만, 압박감이 진정되면 다음 단계인 소모기로 넘어간다. 이때 체내에서는 호르몬의 분비가 왕성해지고, 신체적으로는 소진될 가능성이 있으며, 겉으로는 정상이지만 생리적으로 불균형을 이루어가려고 진행을 하고 있는 상태이다. 심리적·생리적으로 저항이 이루어지지 않으면 불안을 유발시킬 수 있다.

■ **3단계 : 소모기**(exhaustive)

신체적·심리적으로 저항이 약화되어 심신의 균형을 잃게 되는 상태이다. 신체적으로 활동이 둔화되어 질병으로도 확산가능성이 있다. 신체의 면역체계가 약해지고 감기, 위통, 알레르기, 인후염, 근육통과 같은 심리신체 증상이 나타난다. 때로는 심근경색 등 급작스러운 죽음에 이를 정도의 질병을 초래하기도 한다.

2.2 라자루스(R.S. Lazarus) 이론

라자루스는 기존의 이론처럼 일상적인 생활에서의 일이나 사건이 스트레스를 일으킨다고 보지 않으며, 환경과 그것을 인지하는 개인적인 심리요건과 관점이 스트레스를 만든다고 주장하였다. 모든 환경적 자극이 스트레스로 작용하지 않고, 스트레스는 사건 자체보다 그 사건에 대한 개인의 해석을 더욱 중시하고, 개인마다 스트레스를 다르게 느끼는 것은 개인의 인지 평가에 영향을 받는다고 보기 때문이다. 즉, 인간은 다른 동물에게 없는 인지기능이 있어서 생활사건이 스트레스를 일으키기보다는 상황에 대한 인지적 평가가 스트레스를 만든다고 가정하고 있다. 라자루스가 주장하는 인지평가는 두 단계에 걸쳐 이루어진다.

2.2.1 일차 인지평가

자극에 대한 요구를 자신과 관계가 없는 것, 긍정적인 것, 긴장이 가득한 것으로 분류하고, 긴장이 가득한 자극이 도전할 만한 것인지, 지금 현재 손상을 입히는지, 잠재적으로 위협을 주는지 평가하는 과정이다.

2.2.2 이차 인지평가

일차 인지평가에서 평가된 도전, 손상 및 위협은 스트레스 반응을 일으킬 수 있다고 보아 이차 인지평가를 통해 개인이 활용할 수 있는 대처자원을 평가하고, 그 방안을 선정한다.

두 단계의 평가과정을 통해서 자극에 대한 요구가 자신이 가진 자원을 초과하여 안녕을 위협한다고 생각되면 스트레스라고 인지하는 것이다. 이러한 과정은 동시에 일어날 수 있으며, 개인은 스트레스에 대한 자신의 인지를 계속적으로 수정하고 보완되며 재평가한다.

2.3 홈스(Holmes)와 라헤(Rahe) 이론

홈스와 라헤 두 사람은 스트레스를 재적응 노력을 요구하는 일상의 변화 사건 등으로 정의하였다. 홈스와 라헤는 어떤 생애의 변화(또는 사건)는 그것이 유쾌한 것이든 또는 불쾌한 것이든 간에 우리에게 어느 정도의 스트레스를 준다고 말했다. 그들은 셀리에와 유사하게 개인이 보유하고 있는 재적응 에너지는 한정되어 있기 때문에 너무 많은 생활사건들을 경험하게 되면 질병이 유발될 것이라고 가정하였다.

홈스와 라헤는 사회재적응 평정척도(Social Readjustment Rating Scale : SRRS)를 개발하여 주요 생활사건이 유발하는 스트레스의 양을 측정하려고 시도하였다. 이 척도에 힘입어 스트레스 연구의 초점은 동물연구에서 인간의 생활 스트레스 연구로 전환되었다. 홈스와 라헤의 척도에서 흥미로운 것은 인생의 긍정적인 주요 생활사건들도 스트레스가 될 수 있다는 것이다. 그 이유는 긍정적인 사건들도 생활의 변화와 그에 따른 재적응을 요구하기 때문이다. 사회재적응 평정척도의 내용을 살펴보면 다음과 같다.

생활사건	평정척도
배우자 혹은 사랑하는 사람의 죽음	100
이혼	73
별거	65
가까운 친척의 죽음	63
자신의 상해와 질병	53
결혼	50
실직	47
가족의 건강변화 혹은 행동상의 큰 변화	44
임신	40
성생활의 문제	39
새로운 가족구성원이 생김	39
직업 적응	39
재정적 상태의 변화	38
가까운 친구의 죽음	37
직장에서 다른 부서의 배치	36
배우자와의 언쟁의 증가	35
많은 액수의 부채	31
부채가 노출된 경우	30
자녀가 집을 떠나는 것	29
시집식구 혹은 처가식구와의 갈등	29
뛰어난 개인적 성취	28
아내가 취직을 하거나 반대로 일을 그만두는 상황	26
입학과 졸업	26
생활환경의 변화	25
습관을 고치는 것	24
직장상사와의 갈등	23
전학	20

취미활동의 변화	19
종교활동의 변화	19
사회활동의 변화	18
소액의 부채	17
수면습관의 변화	16
가족이 함께 모이는 횟수의 변화	15
식사습관의 변화	15
방학	13
크리스마스	12
가벼운 법규위반	11

위의 척도는 지난 1년 동안 경험한 생활변화 단위의 총합점수를 가지고 스트레스 정도를 체크하는 것이다. 총합점수가 250점을 초과한 경우는 그 다음 해에 발병될 확률이 80%이고, 150점~250점 사이는 50%, 150점 미만은 30% 정도의 발병 가능성이 있다고 한다.

3 스트레스의 유발요인

현대사회에서 스트레스는 피할 수 없는 것으로 삶의 한 부분이며, 스트레스를 유발하는 요인도 다양하다. 우리는 일상생활에서도 항상 사소한 스트레스를 경험하게 되는데, 학자들에 의하면 치과에 가서 의자에 앉아 있는 것만으로도 스트레스가 쌓이고, 심지어 연인과 정열적으로 키스를 하는 것도 스트레스를 유발한다고 한다. 이처럼 스트레스로 작용할 수 있는 원인들은 너무나 많다.

스트레스의 원인을 아는 것은 스트레스를 해결하는 출발점이다. 일상생활의 모든 것, 즉 자신을 둘러싸고 있는 모든 외부 환경적 요인들이 스트레스의 원인이 될 수 있으며, 개인의 성격적 특성과 같은 내부적 요소가 스트레스의 원인이 되기도 한다. 스트레스의 원인은 스트레서(stressor) 또는 유발인자(trigger)라고 하는 데, 외적 원인과 내적 원인으로 나눌 수 있다.

3.1 외적 원인(external stressor)

외적 원인은 소음, 좁은 공간 등 물리적 환경, 인간관계의 갈등, 친지의 사망 등 생활상의 큰 사건, 복잡한 일상 등을 꼽을 수 있다.

3.1.1 스트레스를 일으키는 외적 원인

① 너무 덥거나 추울 때, 고기압 또는 저기압, 소음, 대기오염, 너무 어둡거나 밝을 때, 진동, 한정된 공간과 같은 나쁜 곳에서 생활하거나 일하고 있는 경우들은 스트레스를 일으키는 원인으로 작용한다.

② 가까운 가족이 심한 중병에 걸리거나 죽을병이 든다면 당사자는 말할 것도 없고 가족들에게도 심한 스트레스의 원인이 된다.

③ 과업, 야근, 잔업이 많은 경우, 조직사회에서의 규칙이나 규정 또는 마감시간, 책임이 무거운 일을 하고 있는 경우, 초조하고 불안하고 주의집중이 안 되는 데도 무엇이 문제인지 모를 때, 결정을 잘못하는 것이 스트레스의 원인이 된다.

④ 직장상사, 동료, 부하직원과의 원만치 못한 인간관계, 가정 내의 문제, 친척과의 문제, 친구와의 문제 등 인간간계에서 오는 문제도 스트레스를 일으키는 원인이 된다.

⑤ 기타 직업의 상실, 승진, 결혼 및 출산, 사소한 언쟁, 경제적 염려, 교통문제, 가정문제 등 개인의 지속적인 생활양식에 큰 변화를 초래하는 사건들도 스트레스를 일으키는 외부사건들이다.

3.2 내적 원인(internal stressor)

내적 원인은 자신에 대해 비현실적인 높은 기대를 갖는다든지 상황을 비관적으로 해석하는 성향, 지나치게 완벽을 기하거나 일을 좋아하는 성격, 폭음·카페인·수면부족 등 잘못된 생활양식 등이다. 이렇게 내부적인 요인이 있는 사람은 똑같은 상황에서도 남들보다 더 큰 스트레스를 받는다.

3.2.1 스트레스를 일으키는 내적 원인

① 흡연, 비만, 과도한 음주, 과로 등 건강하지 못한 생활습관의 선택은 스트레스를 일으키는 내적 원인으로 작용한다.

② 자기비하가 심하고 매사 비관적이고 부정적인 생각이 많은 사람은 똑같은 상황에서도 쉽게 스트레스를 받는다. 또한 걱정이 앞서고 항상 불안이 높은 예민한 성격의 소유자나 지나치게 완벽하려고 하는 강박적 성향의 개인도 스트레스에 노출되기 쉽다.

③ 경제적 빈곤으로 인한 무력감, 절망감 등으로 인해 하고자 하는 어떤 행동을 못하게 되거나 또는 희망했던 목표를 달성하지 못하고 좌절을 겪게 되면 정서적으로 분노나 공격감정이 나타나며 이것이 스트레스가 된다.

④ 생체적으로 갖고 있는 생리학적 시간이나 리듬보다는 사회적 시간이나 경제적 효율성에 맞추려다 보면 신체의 자연적 리듬이 파괴되고 따라서 스트레스를 받게 된다.

⑤ 기타 종교, 출신지역, 사회적 신분, 성의 편견과 차별을 받았을 때, 자신이 타인의 존재에 의해 어떤 상황에서 밀집되어 있다는 느낌을 가질 때, 관료주의의 비능률성과 비인격성을 체험할 때도 스트레스를 야기시킨다.

Tip 젤린스키의 걱정분석

어니 젤린스키(Ernie J. Zeelinski)는 그의 저서 「모르고 사는 즐거움」에서 걱정의 본 모습에 대해 이렇게 분석했다.

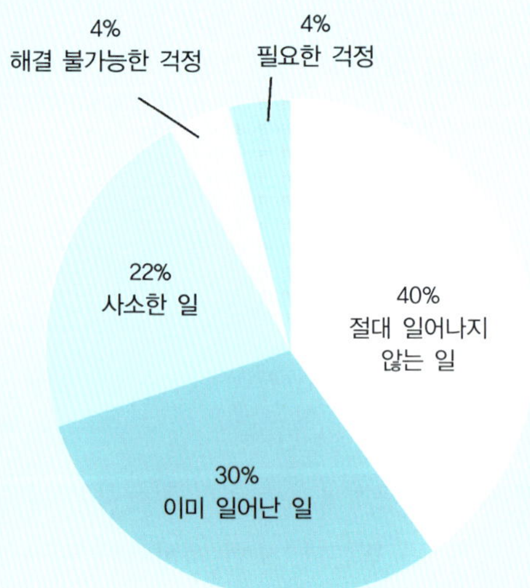

젤린스키에 의하면 걱정의 96%는 하지 않아도 되는 쓸데없는 것들이다. 오직 걱정의 4%만이 우리가 바꿔놓을 수 있는 일에 대한 것이다. 불필요한 걱정은 어떤 문제도 해결해주지 않고 스트레스만 유발한다. 이젠 쓸데없는 걱정은 그만하고, 그 시간에 좀 더 창조적인 일을 해야 할 것이다.

4 스트레스의 증상

스트레스를 받으면 신체적, 정서적, 행동적 반응과 함께 인지적 기능의 효율성이 떨어지기 쉽다. 스트레스를 해소할 시간이 없어 스트레스를 계속 받으면 몸은 혹사되고, 지치고, 면역은 감소되고, 싸우는 힘이 없어져 결국 병이 생기게 된다. 특히 심한 스트레스를 받거나 만성적인 스트레스를 받는 사람들은 지적 능력이 전반적으로 떨어져 상황에 대한 왜곡 및 잘못된 해석을 내리기 쉽고, 비생산적인 사고경향을 보이며 우유부단하게 된다.

4.1 정서적 증상

스트레스의 정서적 증상으로는 집중력과 기억력이 감소되고 어떤 일에 결정을 쉽게 내리지 못하고 혼동이 오며 유머 감각도 약화된다. 또한 매사에 싫증을 느끼고, 식사에 무관심하거나 불면증이 오거나, 절망감에 빠져 우울해 지기도 한다.

> 집중력 약화, 주의산만, 기억력 감소, 우유부단, 마음이 텅 빈 느낌, 혼란, 불안, 우울, 신경과민, 분노, 근심걱정, 유머감각 상실, 불안, 초조, 공포, 우울, 의기소침, 짜증 등

4.2 행동적 증상

스트레스의 행동적 증상으로는 안절부절못하고 발을 떨거나 손톱을 깨무는 신경질적인 습관이 나타나며 긴장을 해소하기 위해 흡연과 과식을 하기도 한다. 심한 경우는 욕설을 하거나 물건을 던지며 때리는 행동이 증가될 수 있다. 행동적 증상을 정리하면 다음과 같다.

> 안절부절 못함, 말더듬기, 입술 깨물기, 손톱 깨물기, 다리 떨기, 이빨갈기, 폭식, 폭음, 흡연, 욕설, 얼굴의 경련, 난폭한 행동, 머리카락이나 귀 또는 코 만지기, 시끄럽거나 어수선한 곳 피하기, 부자연스럽고 변덕스러운 행동 등

4.3 신체적 증상

극도의 스트레스 상태에서는 면역기능이 저하되어 질병의 원인이 된다. 이러한

스트레스의 신체적 증상을 정리하면 다음과 같다.

> 피로, 두통, 식욕부진, 만성피로, 불면증, 근육통(목, 어깨, 허리), 심계항진(맥박이 빠르고 가슴이 두근거리는 증상), 혈압상승, 과호흡 증상, 소화장애, 위염, 위궤양, 설사, 변비, 사지 냉감, 얼굴이 화끈 달아오름, 감각 이상, 흉부 및 복부 통증, 구토, 탈모 등

Tip 스트레스에 강한 사람들의 8가지 특징

① 자신의 삶을 직접 관리·조정한다.
② 매사에 목적이 있고 집중을 한다.
③ 자극성이 강한 음식을 삼간다.
④ 유산소운동을 한다.
⑤ 심신이완법을 실천한다.
⑥ 사회지원시스템을 잘 활용한다.
⑦ 유머감각이 있다.
⑧ 종교적이다.

5 스트레스 대처방법

우리는 살면서 결코 스트레스를 피할 수 없다. 문제는 이것을 어떻게 극복하는가 하는 것이다. 스트레스에 효과적으로 극복하기 위해서는 평소에 개인의 대처능력을 향상시키는 예방적인 준비가 필요하고, 특정한 스트레스 상황에 잘 대처하는 방법을 익혀야 할 것이다. 우리는 강한 의지를 통하여 얼마든지 스트레스를 정복할 수 있다. 우리는 스트레스를 피하는 것이 아니라 오히려 대응함으로써 스트레스에 대해 강한 내성을 길러야 한다.

Tip 스트레스(STRESS) 해소법

S	Simple	단순하게 살아라(버리자, 위임하자)
T	Together	동반자를 찾아라(함께 웃고, 웃어줄)
R	Rest	쉴 때를 정하자(음악, 명상, 여행)
E	Entertain	즐기자(웃자, 웃기자)
S	Step by step	한 가지씩 처리하기
S	Sports	운동하라(스트레칭, 유산소)

5.1 상황별 스트레스 대처법

5.1.1 과도한 업무부담의 경우

업무량이 많아서 개인의 처리용량을 초과할 경우에는 정서적으로 긴장하고 어느 한쪽을 닫고 일부만 처리하게 된다. 이때는 우선순위가 높은 일을 먼저 처리한 다음, 우선순위가 낮은 일들은 뒤로 유보하거나 포기하는 것이 좋다.

5.1.2 걱정거리의 처리

평소 걱정거리가 생기게 되면, 특정한 시간을 잡아 걱정하는 시간으로 정하고, 그때에 고민하도록 의식적으로 습관화한다. 아울러 이 세상 어떤 일도 위험부담이 없을 수는 없다. 모든 일은 좋은 점과 나쁜 점의 양면성을 모두 가지고 있으므로 과감한 결정을 내리는 훈련이 필요하다.

5.1.3 일중독의 경우

짧은 시간 내에 더욱 많은 일을 성취하려는 만성적이고 지칠 줄 모르는 노력을 하는 사람으로 설명적이고 빠르게 말을 하고 느린 것에 참지 못하며, 한 개 이상의 행동에 집중하고 비경쟁적인 상황에서도 타인과 경쟁한다. 이 경우는 완전해야 한다는 사고방식을 바꾸어야 한다. 그리고 일거리가 소소하다고 느낄수록 끝맺는 것을 소홀히 하지 않아야 한다.

5.1.4 생활변화가 스트레스가 되는 경우

우선 불가피한 변화와 통제가능한 변화를 구별해야 한다. “해결할 수 없는 일이라면 즐겨라”는 말처럼 불가피한 변화는 빨리 수용하고 이를 적응해야 하며, 통제가능한 변화는 불가피한 변화에 적응할 때까지 변화를 미뤄야 한다.

5.1.5 상황이 불확실하기 때문에 스트레스가 되는 경우

업무가 과다하거나 생활변화 등으로 인해 미래의 결과가 불확실할 경우 스트레스를 받게 된다. 이러한 불확실한 상황에 놓이면 먼저 불확실한 상황의 원인에 대해 정보를 찾고, 불확실한 상황이 익숙해지도록 행동해야 한다. 그런 다음 또다른 불확실한 상황에 놓이지 않도록 준비를 철저히 해야 한다.

5.1.6 가까운 가족과의 사별의 위협을 받을 경우

가까운 가족이 중병에 걸리거나 죽을 병이 든다면 당사자 뿐만 아니라 가족들도 심한 스트레스를 받는다. 일반적으로 심한 병에 걸리거나 수술을 받아야 할 경우, 그 병이나 수술에 대해 자꾸 알려고 하는 사람보다 자신의 상황을 억지로 억누르는 사람이 이런 어려운 상황을 잘 견딘다고 한다.

Tip 스트레스 대처에 임하는 마음가짐

- 확고한 인생목표를 설정한다.
- 한 가지 과업을 완수하고 다음 과업에 도전한다.
- "난 할 수 있다"는 긍정적인 사고를 갖는다.
- 스트레스를 인생의 불가피한 일부로 받아들인다.
- 해결할 수 있는 문제로 인식한다.
- 스트레스를 성장을 위한 도전으로 받아들인다.
- 자신의 스트레스를 잘 파악하고 이해한다.
- 지금까지 익숙한 비효과적인 스트레스 대처방안을 바꾸려고 결심한다.
- 스트레스를 활력제로 생각하고, 도전할 필요가 있는 대상으로 여긴다.
- 최선의 결과는 무엇인가에 대해서 생각한다.

5.2 방어기제의 사용

방어기제란 어려운 문제에 직면했을 때 현실적으로 또는 합리적으로 문제를 해결하는 것이 곤란하여 좌절하게 되고 이럴 때 현실을 어떤 방식으로 왜곡하면서 불안으로부터 개인을 무의식적으로 보호하게 되는데 이러한 과정을 방어기제라고 한다. 방어기제를 사용하는 것 자체가 이상행동은 아니다. 방어기제를 현명하게 사용하면 가치가 있지만, 방어기제를 지속적으로 사용하면 성장을 방해하고 효율적인 적응과 대처방법을 배우지 못하게 된다. 방어기제의 종류에 대해 하나씩 살펴보기로 하자.

■ **억압(repression)**

억압은 갈등을 해결하기 위해 가장 흔히 사용되는 방어기제로써 억압을 통해 자아는 위협적인 충동, 감정, 소원, 환상, 기억 등이 의식화되는 것을 막는다.

■ **억제(suppression)**

억제는 바람직하지 못한 생각과 충동에 대한 신중한 통제로써, 개인의 의식적 의도를 가진 의식적인 과정이다. 즉, 화장실에 가고 싶어도 참는 것이 이에 해당

된다. 방어기제 중 유일하게 의식에서 이루어진다.

■ **투사(projection)**

투사는 어떤 행동이나 생각의 책임을 자신으로부터 외부 대상이나 다른 사람에게 돌리는 과정이다.

■ **동일시(identification)**

다른 사람의 성격, 태도, 가치, 행동을 무의식적으로 자신의 것으로 채택하는 것이다.

■ **전이(transference)**

전이란 과거가 현재 사람에게로 옮겨와 반복되고 있는 현상이다. 따라서 개인은 과거의 대인경험으로부터 해방되어 대상이미지를 형성할 수 없다.

■ **공감(empathy)**

그 사람이 되지 않고서도 마치 그 사람이 된 듯 그가 느끼는 것을 느낄 수 있는 일시적이고 한정적이면서 건전한 형태의 동일시를 말한다.

■ **합일화(incorporation)**

합일화는 상징적으로 다른 사람을 자신의 내부로 끌어들여 그가 그 사람에게 가졌던 감정을 자신을 향해 쏟아 붓는 것이다.

■ **함입(introjection)**

함입은 갈등을 일으키는 가치, 기준, 사람, 사물이나 태도를 자기 안으로 넣어 용해시키거나 내재화하는 것을 말한다.

■ **반동형성(reaction formation)**

반동형성이란 무의식적으로 고통스럽고 받아들일 수 없는 감정과 충동을 정반대되는 태도나 행동으로 표현하는 것을 말한다.

■ **합리화(rationalization)**

우리가 인식, 의식하지 못하는 동기에서 나온 용납할 수 없는 충동이나 행동에 대해 지적으로 그럴듯한 설명이나 이유를 대는 것이다.

■ **부정**(denial)

부정은 의식화 상태에서 결코 감당하지 못할 어떤 생각, 욕구, 현실적 존재를 무의식적으로 부정하는 것을 말한다.

■ **퇴행**(regression)

퇴행이란 인생이 성숙·발전해 가는 과정에서 좌절을 심하게 당했을 경우 성공적으로 작용했던 과거의 생각이나 감정, 행동에 의지함으로써 현 상황에서의 어려움을 이겨내지 못할 것이라는 불안이나 위협을 해소시키는 과정이다.

■ **고착**(fixation)

고착이란 발달과정에서 어떤 스트레스에 직면할 때 인격발달이 중단되는 것을 말한다. 발달과정 중 고착이 심하면 스트레스와 더불어 고착단계로 퇴행할 가능성이 높다.

■ **대치**(substitution)

대치란 심리적으로 받아들일 수 없는 대상에 대하여 심리적으로 용납되는 비슷한 그리고 연관이 있는 어떤 다른 대상으로 감정이 옮겨가는 것을 말한다.

■ **전치**(displacement)

전치란 무의식적인 어떤 충동, 감정, 관념을 실제 대상과는 전혀 다른 대치물에 향하게 되는 것을 의미한다.

■ **보상**(compensation)

자신의 약점을 보완하기 위하여 긍정적인 것이라고 생각되는 부분을 강화하여 약한 부분을 없애려는 정신적 시도이다.

■ **주지화**(intellectualization)

주지화란 정서와 충동을 누르기 위해 그것들을 경험하는 대신 인지적 과정을 통해 그것들에 관해 생각만 많이 하는 것을 말한다.

■ **전환**(conversion)

전환이란 억압된 충동, 기억, 공상 및 기타 욕구에 의해 생긴 무의식적 갈등이 신체감각기관 또는 신체적 증상으로 전환되는 무의식적 심리과정 또는 방어기전을 말한다.

■ **해리**(dissociation)

인격의 부분들 간에 의사소통이 잘 이루어지지 않을 때, 괴롭고 갈등을 느끼는 인격의 일부분을 인격의 다른 부분과 분리시키는 기제를 말한다.

■ **상징화**(symbolization)

상징화는 어떤 사람이나 사물에 부착된 감정적 가치를 어떤 상징적 표현으로 전치시키는 것으로 무의식의 언어라고 볼 수 있다.

■ **상환**(restitution)

상환이란 무의식에 있는 죄책감을 씻기 위해서 사서 고생하는 것 같은 행동을 하는 것이다.

■ **격리**(isolation)

고통스러운 기억, 생각과 거기 붙은 감정, 정서를 의식에서 몰아내는 과정으로서 그 고통스러웠던 사실은 기억하지만 감정, 정서는 억압하는 것을 말한다.

■ **분단**(splitting)

자신과 타인에 관한 심상과 태도에서 "전적으로 좋은 것"과 "전적으로 나쁜 것"이라는 두 개의 상반된 정서를 자아가 가지는 것을 말한다.

■ **저항**(resistance)

저항이란 억압된 자료들이 의식으로 나오는 것으로서 원치 않는 억압된 내용들이 의식화되는 것을 막고 싶은 욕구에 의해 생기는데 그것들이 의식화되면 너무 고통스럽기 때문이다. 이런 상황에서 그 사람은 대개 기억이 없다는 말을 한다.

■ **취소(undoing)**

취소는 무의식에서 어떤 상황을 향해 품고 있는 자신의 용납될 수 없는 성적인 또는 적대적인 욕구 등으로 인해 그 대상이 입었다고 상상하는 피해를 취소, 불인정, 원상복귀하는 행위를 말한다. 주로 의식행위(ritual)에서 많이 볼 수 있다.

■ **신체화(somatization)**

신체화란 심리적 갈등이 감각기관 수의근계를 제외한 기타 신체 부위의 증상으로 표출되는 경우를 말한다. 정신과 신체가 하나의 작용이라는 말은 신체화의 기전에 의해 잘 설명된다.

■ **승화(sublimation)**

용납되지 않는 충동을 억압으로 충분히 해결하지 못했을 때 사회적으로 용납되는 형태로 둔갑시켜 의식세계로 나가게 하는 것을 말한다. 승화는 각종 예술, 문화, 종교, 과학 및 직업을 통해 나타난다.

■ **공상(fantasy)**

만족스럽지 못한 현실에 위로를 주고 해방될 수 있다는 착각을 하며 억압 때문에 실제적인 만족이 이루어지지 못한 소망에 대한 가상적인 만족을 주는 일종의 방어기제 내지는 긴장해소기제이다.

■ **꿈(dream)**

꿈은 단일한 방어기제라기보다는 다양한 방어기제들이 복합작용을 통해 형성되며 방어기제의 이해를 돕는 도구가 된다. 꿈은 내적 갈등을 해결해 주고 불안을 방어해 주는 역할을 한다.

Tip 스트레스 자가진단

자가진단 문제	O	X
1. 재미있는 일이 있어도 즐길 수 없다. 2. 커피, 술, 담배 등이 늘고 있다. 3. 쓸데없는 일에 자꾸 마음이 쓰인다. 4. 매사에 집중이 잘 안 된다. 5. 아찔할 때가 종종 있다. 6. 타인의 행복을 부럽게 느낀다. 7. 기다리게 하는 것을 참기 힘들다. 8. 발끈 하거나 신경질적일 때가 가끔 있다. 9. 잠이 깊게 들지 않고 도중에 깰 때도 있다. 10. 때때로 머리가 아플 때도 있다. 11. 잠들기가 어렵다. 12. 식욕에 이상이 있다. 13. 전에 비해 자신감이 떨어졌다. 14. 등, 목덜미가 아프거나 쑤실 때도 있다. 15. 쉽게 피로하고 늘 피곤함을 느낀다. 16. 남이 내 말은 하지 않을까 두렵다. 17. 사소한 일에도 가슴이 두근거린다. 18. 나쁜 일이 생기지 않을까 불안하다. 19. 타인에게 의지하고 싶은 마음이 강해지다. 20. "난 이제 틀렸어"라는 생각이 들 때도 있다.		
총점('O'의 숫자를 합한 점수)		

스트레스 측정결과 평가

〈0~6점〉

- 당신은 스트레스가 적은 생활을 이끌어가고 있다.
- 스트레스를 느끼게 될 때, 당신이 유지해 온 낮은 스트레스 경험에 의지하기 바란다.

〈7~15점〉

- 당신은 중간 정도의 스트레스 범주 내에 있다.
- 하지만 일상과 인생의 중요 사건으로부터 발생하는 주요 스트레스에 영향을 받기 쉽다. 어떠한 일에 시간을 쓰고 있는지를 재평가해 보고, 가장 중요한 일에 많은 시간을 할애하도록 노력하기 바란다.

〈15~20점〉

- 당신은 일상의 계획에 거의 만족하지 못하며, 높은 스트레스를 느끼고 있을 가능성이 있음을 보여준다.
- 일의 홍수 속에 살고 있다면 당신의 활동들을 면밀히 조사하여, 무엇이 당신에게 스트레스를 야기한지를 파악하고 시간을 더 효과적으로 다룰 수 있는 방법을 찾아 실행하도록 노력해야 한다.

문제

1. 스트레스가 긍정적으로 작용하는 경우에 대해 발표해보자.

2. 나는 어떤 상황에 처했을 때 가장 스트레스를 많이 받는지 발표해보자.

3. 지난 1년 동안 스트레스를 받았던 사건들을 나열하고, 스트레스에 어떻게 반응하며 어떻게 해소하는지, 자신만의 스트레스관리 전략에 대해 설명해보자.

한국인의 정(情)문화

Chapter 13

1. 한국인의 정(情)
2. 정(情)의 개념적 정의
3. 정의 효과
4. 이제는 정(情)테크이다

Chapter 13 한국인의 정(情)문화

1 한국인의 정(情)

1.1 정(情)

한국적 정(情)은 그야말로 다양한 각도에서 해석될 수 있으나 본서에서는 한국인들의 사회문화적 지지를 구성하는 요소 중의 하나로 간주하고자 한다.

한국적 정(情)이란 '애정과 배려, 공유된 공통의 경험, 그리고 연결느낌 등에 의해 결속된 감정'을 뜻하는 것이다.

1.1.1 한국적 문화의 대표적 정서

외국인 출신으로는 최초로 공기업 수장이 된 이 참 한국관광공사 사장은 최근 해외 홍보영상을 제작하면서 한국의 매력을 감성적 에너지인 정(情), 신명하는 에너지인 흥(興), 신비로운 에너지인 기(氣)로 표현하고, 이를 TV 광고로 이미지화했다. 이른바 '영감(靈感)의 시작'이라는 통합 콘셉트로, 소재 나열 위주의 기존 광고와는 다른 것이라고 설명한다.

그는 "기, 흥, 정"은 이성이나 합리, 혹은 감성의 어느 한 영역에 머무는 개념이 아니라 감성과 이성의 변증법적 통합이랄까, 이를 초월한 것이라고 설명하고 있다. 대상에 대한 관찰과 이에 따른 직관을 근거로 하는 동양 철학 자체가 감성과 이성을 초월한다고 주장하고 있다. 특히 그는 "한국의 영감은 기(氣), 흥(興), 정(情)으로 나눌 수 있는데, 월드컵 응원문화에 담긴 기, 음악만 나오면 절로 어깨가 덩실거리는 흥, 외국인을 배려하는 정은 언제나 나에게 영감을 준다"라고 하였다.

▶ **한국인의 비즈니스 DNA**

DNA	내용
쇠 젓가락 DNA	뛰어난 손재주에 따른 반도체 · 자동차 등 정밀조립산업 기초
고구려 철궁 DNA	활을 잘 쏘던 실력은 세계 양궁 제패와 제철기술 전승
장보고 · 거북선 DNA	우수한 선박제조 기술을 통한 조선강국
비빔밥 DNA	전기자동차, 에코스틸, 스마트TV 등 차세대 주력산업을 성공으로 이끌 한국인의 자산
정(精) DNA	'초코파이 정(精)'을 비롯한 정(精)문화 감성에너지의 대명사
빨리빨리 DNA	급변하는 신기술을 받아들여 이를 변용해 IT 강국의 배경이 됨

자료 : 파이낸셜뉴스, 한국인에겐 특별한 '비즈니스 DNA' 6가지

위의 표에서 보듯이 우리 한국인의 DNA에 정(情)이 있음을 알 수 있다.

우리는 이제 한국적 문화의 대표적 정서로 대변되고 있는 정(情)에 대하여 알아보고자 한다.

최근 조선일보와 여론조사기관 한국갤럽 · 글로벌마켓인사이트가 세계 10개국 5,190명을 대상으로 '행복의 지도(地圖)'를 조사한 결과, 한국인들은 '물욕(物欲)

으로 인한 피로감', '주변국의 위협', '정치인의 부정부패' 등에 지쳐 있었다. 그 때문인지 '다른 나라에서 살고 싶다'는 비율이 10개 나라 중 가장 높았다.

그러나 역시 '한국인'이었다. 행복한 사람이 되기 위한 조건도 두루 갖추고 있었다. 가령 가족에 관한 항목에서는 '(가족이야말로) 내가 가장 사랑하는 사람들'이라는 긍정적 답이 다른 나라에 비해 압도적으로 높아 '정(情)의 민족'임을 드러냈다.

▶ 기회가 되면 다른 나라에서 살고 싶습니까?

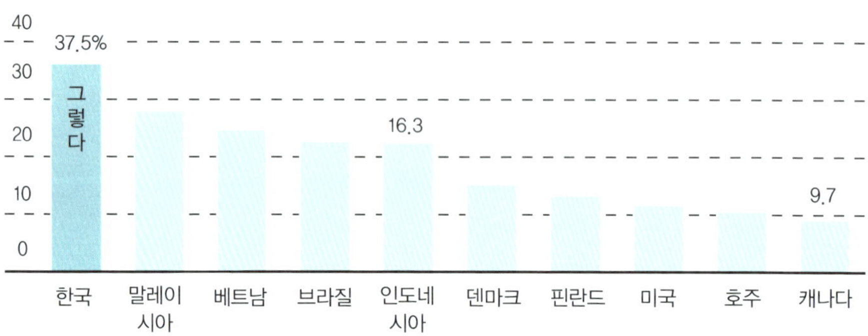

1.1.2 정(情)의 다양한 표현

한국 문화에서 문화적인 대인 정서로서의 정(情)은 친밀하고 가까운 관계, 예를 들면 가족이나 친구 간에 시간과 공간을 공유하고, 상대방에 대해 혹은 상대방으로부터 다정함과 허물없음을 느낄 때 드는 것이다. 그러나 정은 항상 잘 대해주고 아껴준다고 해서 드는 것이 아니라 간혹 싸우거나, 서로에게 실망하거나 밉게 보일 때에도 드는 것이며, 이러한 정을 '미운 정 고운 정'이라고 할 수 있다. 이러한 미운 정 고운 정 관계에서는 서로가 상대방을 아끼고 서로를 생각하는 마음이 느껴질 때 비록 싸우거나 미워한다 하더라도 정이 들었다고 생각하게 된다.

또한 한국 사람들은 친해지고 가까워지는 관계가 형성되는 것을 '정이 든다'는 말로 표현한다. 여기서 가까워지고 친해지는 것은 정이 듦으로써 생기는 것이다. 즉 정이 쌓이면 쌓일수록 더욱 가까워지고, 정이 깊어지는 과정을 '정이 쌓인다'는 말로 표현하는 것이다. 여기서 '든다'는 말은 '정이 생겼다'는 말이고, 이때 정이 생기는 자리는 두 사람에도 생기고 관여된 두 사람 간의 마음간 또한 이들의 마음속에도 동시에 생긴다.

이처럼 마음간 및 마음속에 정이 생겨 정으로 맺어진 관계를 친구, 부자, 부부 또는 연인관계라고 하고, 또는 더 폭넓게 '우리관계'라 부른다. 정으로 맺어진 관계를 광의로 마음으로 맺어진 관계라고 부르기도 하는바, 이는 정이 마음의 영역에 속하기 때문이다. 따라서 정의 속성을 구체화하기 위해서는 한국인의 마음에 대해 구성한 '마음관'을 이해하는 것이 필요하다.

한국인들은 일반적으로 사람들의 본성(마음씨)은 착한 것이라고 가정한다. 또한 마음은 스스로의 운행논리에 의해 움직인다고 가정한다. 그래서, 본래 마음의 운행논리는 본인의 의지나 생각에 관계없이 자체적인 운행체계 속에서 작동되고 전개된다고 믿는다. 이와 관련해서, 마음의 운행원리는 자연발생적이라는 믿음을 가지고 있다. 정이 마음의 일부분이라고 할 때 정의 본질이나 작동, 전개방식은 마음의 작동전개방식과 동일하다.

정이라는 한자의 본 뜻 속에는 '속마음'이라는 의미가 있다. 이는 정이 마음 중에서도 마음의 기본 속성을 충분히 가장 많이 반영하고 따르는 것을 함축한다. 인간의 마음씨가 본래 착하다고 믿는바, 속마음은 착하다는 논리가 성립한다. 이러한 정의 착한 마음은 호의적 대인관계 속에서 자연적으로 발현된다. 또한 정이라는 한자어 속에는 '마음이 발동함'을 뜻하기도 한다. 따라서 정은 '발동된 속마음'이기도 하다.

그러나 이러한 속마음이 다양한 종류의 사람들과 접하면서 좋은 마음이 나쁜 마음으로 발현되기도 하고 이기적인 마음으로 발동되기도 한다. 이러한 맥락에서 정은 세상살이를 하면서 혼탁, 오염되기도 한다. 또한 시대, 문화와 역사적 과정을 통해 정의 의미도 본래의 순수한 착한 본마음에서 세속화된 변형된 의미의 정으로 변질되어 왔다. 이 책에서 다루고자 하는 정은 세속화의 과정을 거쳐 현재의 한국인의 마음속에 형성된 현세적 의미의 현실적 정이다.

1.2 정(情)의 특성

1.2.1 정의 속성

현재 한국에서 사용되는 정은 두 가지 형태이다.

첫 번째는 관계적 정이다. 이것은 '누군가에 대해서', '무엇에 대해서' 생기는 정이다.

두 번째는 성격소질로서의 정이다. 그러나 정 그 자체의 속성에서는 큰 차이가 없다.

정에 대한 개관은 이 두 가지 측면에서 이루어진다. 정의 일반적 속성은 영어의 '애정(affection)', '애착(attachment)'과 같다. 그러나 사랑과 같은 강한 감정이 아니라 마음속으로 느껴지는 'felt emotion'이다. 정은 '이슬비에 옷이 젖듯이' 자신도 모르는 사이에 생기는 감정이자 회고적 성격을 갖는다. 정은 두 사람의 관계성을 함축하는데, 예를 들어, '가깝다', '아껴준다', '서로 보호해준다'는 등의 관계성에 대한 인지, 생각이 감정과 연류된 것이다. 즉 정속에는 애정이나 애착이라는 감정과 더불어 관계성을 함축하는 인지가 곁들여 있다. 정의 심리적 속성은 '아껴주는 마음', '동거역사성', '우리성 일체감', '허물없음'이다.

1.2.2 정의 구성요건

정의 구성요건에는 동거 역사성과, 동고동락은 시공간적 밀착성을 의미한다. 즉 오랜 시간과 잦은 부딪힘을 통해 의도적으로 만드는 것이 아니라 자연발생적으로 생성되는 감정이므로 불쾌한 특정 사건이나 행동으로 인해 상대가 정을 끊으려 해도 끊을 수 없는 것이다. 정관계는 소위 인간적인 행동을 통해서 형성되는데 여기서 인간적인 관계란 '지극히 사적이며 은밀하고 상대의 마음을 헤아려 거기에 대응할 줄 알고 옳고 그름을 떠난 의리의 관계이자 이성보다는 감정의 관계'이다.

정의 관계에서는 '정리'가 따로 있다. 이것은 '사리'와 구분되는 것으로 일반적 관계는 사리의 관계이지만 정관계는 정리의 관계이다. 정리의 관계는 '우리편 의식논리', 'passion의 감정논리', '사적인 정, 의리 논리', '이해관계 비타산의 논리', '우리편 정의 및 우리편 호혜의 논리'인 반면에 사리의 관계는 '사회적 합리성의 논리', '이성의 논리', '사회공공규범의 논리', '이해관계적 타산의 논리', '사회적 정의 및 형편의 논리'가 우선한다.

이러한 정관계의 논리는 '인정 많은 사람'에 대한 한국인의 표상으로도 알 수 있다. 정은 착한 마음의 속성을 지닌다고 언급한 것처럼, 한국인들이 긍정적으로 생각하는 인간은 흔히 착한 사람을 말하는데, 이는 '인정 많은 사람'을 말한다. 인정이 많은 사람의 특성에 대한 질문에서 한국 사람들은 ① 애타성, ② 인간적 연약성, ③ 우선성, ④ 타인 관심성 등의 특성을 들었는데, 인정이 많은 사람은 무엇보다도 남을 사랑하고 도와주며(애타성), 남의 어려움이나 감정, 처지에 대해 감정 공감과 관심(타인 관심성)을 보이는 특성을 지닌다.

그러나 중요한 사실은 이러한 특성만으로는 인정이 많은 사람으로 평가되지 않을 수 있다는 점이다. 예컨대 서구적 합리성이나 기독교적 박애주의 및 정의감에 근거한 자선적 행동이나 애타적 관심은 인정으로 연결되지 않을 수도 있다. 비록 그러한 감정, 관심, 행동은 그 표현형에서 다른 바 없으나, 한국적 '인정 심리'는 이러한 합리성과 당위성이 내재된 자선행위를 고마움의 차원이나 혹은 인위적인 인정의 차원으로 받아들여지기는 하나 내면적인 인정의 차원으로 전환시키지는 않는다.

그러한 자선행위와 고마움이 인간적인 개념인 인정으로 승화되기 위해서는 그 행위를 하는 사람의 인간성이 연약하고 우직하며, 실속 없이 착하고, 혹은 미련해야 한다는 특수성이 요구된다. 여기서는 이러한 범주의 특성을 '인간적 연약성'과 '우선성'의 범주로 수렴하였다. 어떻게 보면 이러한 연약성과 우선성이 소위 한국인이 말하는 '인간적'이라고 하는 말의 본체일지도 모르겠다. 중요한 사실은 인정은 합리적인 자선보다는 이러한 보다 인간적인, 즉 비합리적인 인간특성 속에서 발생하는 한국인의 특수한 사회심리현상이라는 점이다.

이것은 정관계의 정리와도 유사한 측면을 지닌다. 즉 한국인의 우리성이 정을 바탕으로 한 개념이라는 사실을 주시할 때, 한국인의 우리성은 곧, 합리적인 혹은 공식적 관계 속의 우리나 서구적 사태, 상황적 동질성에 기초한 우리가 아닌, 탈합리적, 인간적 관계 속에서 정을 바탕으로 한 개인 간의 인간지향적 연계단위(과업 지향적이 아닌)임을 알 수 있다.

1.3 미운 정, 고운 정

한국인들이 정관계를 맺기 원하고, 왠지 정이 가는 사람, 자신과 친밀-밀착관계인 배우자, 친구, 부모, 자식에게 원하는 관계의 질은 이렇듯 비합리적·비타산적·사적인 성격을 띠고, 이것은 예의와 형식을 넘어 서로의 미숙하고, 시시콜콜한 장단점을 자연스럽게 보여주게 되고, 볼 수 있게 하므로 자연, 갈등과 오해, 싸움과 화해의 굴곡을 만들 수밖에 없다.

이러한 갈등과 굴곡은 더러 관계의 악화를 가져오기도 하지만 서로 예의를 차리며 항상 일정한 거리를 유지해야 하는 공적 관계에서나 타인고통에 무감하고, 이기적, 이지적인 무정한 사람들에게서는 느낄 수 없는 편안함과 따뜻함을 제공한다. 이러한 맥락에서 정은 고운 정의 한 축이 아니라 미운 정 고운 정이라는 두 개의 축으로 유지될 수 있는 것이다.

앞에서도 언급한 바와 같이, 현재 우리 사회에서 정이란 말은 부부관계, 부자관계와 같은 가족관계 상황에서는 물론 붕우관계, 사제관계, 직장에서의 상하관계 등 다양한 인간관계의 맥락에서 두루 사용되고 있다. 심지어는 무르익은 연인관계마저도 '사랑이 깊어졌다'는 말보다는 '정이 들었다'는 말을 사용하며, 사랑이 식었거나 애증이 뒤섞인 부부관계에서도 흔히 '정 때문에 산다'고 말하고, 정이 깊은 관계를 말할 때 '미운 정, 고운 정 다 들었다'고 말한다.

우리 속담에 '흉각각 정각각'이라는 속담이 있다. 대개 흉이 있으면 미워질 수 있다고 상정해 볼 수 있지만 일단 든 정은 상대방의 흉이나 나쁜 점까지도 수용하게 하거나 심지어는 긍정적으로 지각되게도 한다는 것을 암시한다. 성인들의 일상대화에서 '지긋지긋한' 또는 '원수 같은' 남편이니, '바가지 긁는' 또는 '짐 보따리 같은' 여편네니 하는 말을 자주 듣는다. 그러나 정작 이러한 부부들도 그저 헤어지지 않고 살아가며 그 이유를 물으면 '정 때문에 사는 것 뿐'이라고 말한다. 그래서 부부싸움을 한국인은 '칼로 물 베기'라고 말하지 않던가!

이러한 미운 정 고운 정이 형성되기 위해서 오랜 세월 동안 정관계의 상호 간에 서로 오고 가는 정행동이 있는데 그러한 정행동과 정행동에 따른 감정은 다음과 같은 특징을 나타낸다. 한국인들이 정행동의 단서를 이야기할 때, 흔히 '그 사람은 나를 아껴준다'든가 '나에게 신경을 써준다' 혹은 '나에게 잘 해준다' 등의 표현을 한다. 이러한 정의 표현행위는 지극히 은근한 무형의 행위들로 그러한 행동이 가지는 특징은 그 의미나 구체적 행위가 무엇인가를 딱히 꼬집어서 말할 수 없거나 광범위하고, 두 번째로 행동에서 파생되는 감정적 특징으로는 미운 정 고운 정의 정 표현행위에는 긍정적인 측면뿐 아니라 부정적인 측면이 같이 포함되어 있는데 그것은 남인 사람, 즉 정관계가 아닌 사람에 대한 일차적 감정과는 다른 질의 감정을 불러온다는 것이다.

예를 들어, "네가 나에게 어떻게 그럴 수 있는가", "우리 사리에 어떻게 이를 수가"라는 등의 표현을 한국인들은 친한 사이의 갈등, 오해 상황에서 흔히 하는데, 상대의 행동을 이같이 지각하는 의식 밑바닥에는 서로의 관계에 대한 일정한 기대수준이 어긋나는 것에 대한 서운함, 실망, 배신감, 원망이 있다.

우리성-정관계가 아닌 남남인 경우, 단지 무례하고 불친절하다는 단순 지각에 그치거나, 혹은 분노나 화를 야기하는 일차적 감정 수준에 그치지 않고 "우리가 어떤 사이인데 나를 무시한다", "막 대한다"는 둘 간의 관계조망, 회고 속에서 발생하는 이차적·특수한 감정반응이 야기될 수 있다는 것이다. 즉 기대가 크면 실망도 크듯이 정이 깊으면 미움도 클 수 있는 이치인데, 미움의 뒤를 그간의 관계에 대한 조망과 자기조망에서 오는 서운함, 배신감이 뒤따른다.

그러나 서운함이나 배신감, 실망이 그 자체로 관계의 파탄을 불러오는 '미움'과 같지 않고 '미운 정'으로 승화되는 데 정의 독특성이 있다. 결국 서로에 대한 실망도 정에서 나온 것이고 이후의 화해나 포용도 정에서 나온 것인데 우리 속담에 '정에서 노염난다'는 말이 이 같은 맥락을 잘 설명하고, 미운 정 고운 정이 생성되는 과정의 한 단면을 보여준다. 그러나 미운 정 고운 정의 생성에는 앞에서도 언급했듯이 혈연이나 가족 같은 당위적 우리성 관계, 불가분의 관계라는 상황적 관계 요인도 감정적 요인 못지 않게 중요하다.

정은 정관계에 있는 사람들 상호 간에 기쁨과 슬픔을 같이 하고, 가족 같은 푸근함을 나누는 긍정적 측면 못지않게 갈등과 반목, 오해, 미움의 부정적 측면이 있음에도 불구하고 한국인의 의식과 정서, 생활에서 행위의 가장 중요한 동기이자 관계를 움직이는 동력원으로, 마음에서 마음으로 쉼 없이 유통, 전파, 전수된다.

우리나라는 서양의 개인주의와는 달리 인간관계를 중시하는 관계주의 문화라고 할 수 있다. 특히 정(情)이라는 말은 한국인의 인간관계의 가장 기본적인 '우리성'이 인간관계에서 생기며, 정(情)의 관계를 인간관계의 이상적인 상태로 우리는 생각하고 있다. 이러한 정(情)으로 표현되는 인간관계의 원형은 가족관계에서 찾을 수 있는데, 이들 상호 간에 기쁨과 슬픔을 같이 하고, 가족 같은 푸근함을 나누는 긍정적 측면도 있지만, 갈등과 반목, 오해, 미움 등의 부정적 측면도 동시에 지니고 있다.

한국인의 대인관계에서 정(情)은 사람들 간의 가까움과 밀착의 정도를 나타내는 가장 대표적인 심리적 속성이며, 동시에 관여된 두 사람 또는 사람들 간의 친밀, 밀착의 정도를 기술하는 척도가 된다.

2 정(情)의 개념적 정의

2.1 정(情)의 정의

기존연구에서 나타난 정의 개념적 정의를 살펴보면 다음과 같다. 김유경은 한국적 정서와 가치관을 반영하는 독특한 감정, 박통희는 다른 사람과의 상호작용을 통해 친근감, 애정 그리고 동일체적 유대감이 형성되는 것, 박진희 등은 두 개인의 상호관계에서 오랜 접촉이나 공동 경험에 의해 자연적·무의식적으로 생기는 정신적 유대감으로 관심과 배려, 허물없는 사이, 임태섭은 주어진 대상에 대한 직접 또는 간접적 접촉과 공동경험을 통하여 무의식적으로 형성된 일종의 정신적 유대감을 말한다.

정이 감정의 한 형태이고, 어떤 사회나 문화 속에서도 존재하고 있지만 한국인의 정을 하나의 영어 단어로 표현하기에는 부적절하다. 일반적으로 affection, mood, attachment, sympathy, mercy, compassion, feeling, love 등으로 표현하고 있는데 이는 정이 표현하는 많은 속성 가운데 한 가지 일뿐이고, 정을 포괄해서 나타내지는 못하고 있다. 이런 관점에서 이규태는 정을 '메이드 인 코리아'라고 정의하면서 정(情)이라는 말이 한자문화권에서 발달된 것이지만, 한국에 들어와서 한국고유의 감정으로 정착되었다고 하였다.

최상진은 정이란 "오랜 기간 동안 동고동락하며 서로 애틋함, 보호, 도움주기와 같은 아껴주는 마음과 감정을 주고받으면서 이해와 수용, 신뢰에 바탕한 허물없는 관계를 느끼는 심리상태와 감정경험"으로 정의하였다. 즉 정이란 상대와의 장기간의 접촉을 통해 자연발생적으로 형성되는 정서 상태로 자신이 오랫동안 알고 지내는 대상에 대해 가지는 애정과 친밀감, 보살핌의 감정이라 할 수 있다.

우선 정의 사전적 의미는 '느끼어 일어나는 마음', '사랑이나 친근감을 느끼는 마음', '무엇을 보거나 듣거나 하여 느끼게 되는 마음의 움직임', '사귐이 깊어 감에 따라 더해 가는 친근한 마음', '남을 염려하여 헤아리는 마음', '(남이라고 여기지 않을 만큼 두터운) 남녀 간의 애정', '심리학에서, 마음을 이루는 두 요소 가운데의 한 가지, 곧 이지적인 요소에 대하여 감동적인 요소를 이름'이라고 정의된다. 학자들의 정(情)의 개념적 정의를 살펴보면 다음과 같다.

연구자	정 의
최인재 · 최상진 (2002)	장기간의 접촉과정에서 이슬비에 옷이 젖듯 잔잔하게 쌓여서 느껴지는 누적적 감정상태
김유경(2000)	한국적 정서와 가치관을 반영하는 독특한 감정
박통희(2004)	다른 사람과의 상호작용을 통해 친근감, 애정 그리고 일체적 유대감이 형성되는 것
박진희 등(2002)	두 개인의 상호관계에서 오랜 접촉이나 공동 경험에 의해 자연적 · 무의식적으로 생기는 정신적 유대감으로 관심과 배려, 허물없는 사이
임태섭(2002)	주어진 대상에 대한 직접 또는 간접적 접촉과 공동경험을 통하여 무의식적으로 형성된 일종의 정신적 유대감

자료 : 김선희 · 박종희(2007), "상업적 관계에서 정(情)의 개념정립 및 B2C와 B2B의 비교실증", 한국경영학회, 통합학술대회, p.3를 필자가 일부 수정

한국인의 정을 실증적으로 연구한 최상진과 그의 동료들은 한국인에게 있어 정

은 오랜 기간 동안 함께 고생하고 함께 즐거움을 나눌 때(공동 운명성), 두 번째는 상대를 자신처럼 아껴주고 배려해 주는 마음을 가질 때(아껴주는 마음), 세 번째는 상대에 대해 격의 없이 느끼고 상호의 경계가 없어졌을 때(허물 없음성), 네 번째로는 서로 이해관계를 따지거나 내 것 네 것의 구분을 초월할 때(우리성 일체감), 끝으로 함께 오랜 시간이나 세월을 보냈을 때(동거역사성) 발생하는 것으로 보고된 바 있다.

한국인의 대인관계에서 정은 사람들 간의 가까움과 밀착의 정도를 나타내는 가장 대표적인 심리특성이라 할 수 있으며, 한국인들이 일상생활을 살아가는 과정에서 빈번하게 사용해 오고 있는 일상 언어로서, 한국인들의 사회적 지지를 구성하는 요소 중의 하나임에도 불구하고 정의는 명확하지는 않다. 정의 개념을 연구하는 소수의 학자들을 중심으로 수행되어져 왔고, 앞으로도 개념과 주조적인 측면에 대한 많은 연구가 필요할 것으로 보인다.

2.2 정에 대한 학문적 관심

한국의 독특한 사회현상 및 정서에 대한 학문적 관심은 1980년대 중반에 태동하였다. 조혜정은 한국의 사회변동 및 가족주의와 관련된 연구에서 한국인의 집단성은 가족주의에서 비롯되었고, 이에 의해 혈연에 바탕을 둔 효(孝)의 가치를 충(忠)의 가치보다 높게 인식하게 되었다고 밝혔다. 따라서 충의 가치는 효의 연장으로 인식될 때만 정당화될 수 있었음을 주장하며 한국인의 의식 저변에 효로 대표되는 가족주의가 흐르고 있음을 밝힌 바 있다.

사회학자들의 주장이 제기된 것과 유사한 시점에 심리학 분야에서도 한국인의 심리를 학문적 관점에서 해석하려는 시도가 있었으며, 특히 정에 관한 연구는 최상진과 최수향에 의해서 시작되었다. 초기의 연구는 주로 개념을 정립하기 위해 노력하였으며, 2000년대에 들어서 실증적 연구가 이어졌다. 정관련 연구는 간호학과 특수교육학, 행정학 분야로 확대되었다. 그러나 심리학 분야의 활발한 연구와는 달리 다른 학문분야에서는 최초 시도의 수준을 뛰어넘지 못하고 있어 연구자들의 보다 많은 관심이 요구된다고 하겠다.

정개념을 마케팅에 적용한 것으로는 브랜드 개성에 대한 연구와 소비관련 감정에 대한 연구, 은행-고객의 관계신뢰와 한국적 정(情)이 장기지향에 미치는 영향에 관한 연구 등이 있다.

김유경은 브랜드 개성 중에서 한국적 정서와 가치관을 반영하는 독특한 '정' 차원을 개발한 바 있으며, 이학식과 임지훈은 한국인이 제품을 소비하는 과정에서 그 제품에 정이 들게 되는데, 이는 서구인에게서 찾아볼 수 없는 한국인만의 독특한 소비감정이라고 하였다. 그러나 이러한 연구들에서는 연구의 일부분으로서만 정을 언급하였기 때문에 마케팅 상황에서의 정의 효과를 총체적으로 탐색하였다고 보기는 어렵다.

이 점수는 갈수록 치열한 금융시장환경에서 금융기업이 지속적이면서도 안정적인 성장을 이루기 위해서는 신규고객을 유치하는 것 이상으로 기존고객을 장기적으로 유지하면서 이탈을 최소화하는 전략이 매우 중요함을 인식하여 고객의 입장에서 특정 거래은행을 대상으로 평소 느끼는 바를 근거로 하여 은행-고객 간 관계거래에서 나타나는 특징을 찾아보고자 하였다. 그의 연구는 기존이론과 실증연구를 토대로 우리나라 금융기업을 거래하는 고객들을 대상으로 은행-고객 간 관계적 특성요인인 환경의 불확실성, 관계특유투자, 정서적 몰입, 계산적 몰입, 규범적 몰입, 의사교환, 브랜드이미지, 지각된 품질이 관계신뢰에 미치는 영향과 관계신뢰가 장기지향성에 미치는 영향을 실증적으로 분석하였다.

특히 관계신뢰가 높을수록 장기지향성에 긍정적이며, 특히 한국의 기본 정서인 정(情)의 영향력을 확인하였다. 이는 기업이 고객을 유지하는 전략의 방법으로 전통적인 마케팅 기법 이외에도 한국적 감성을 중요시해야 한다는 의미를 보여주었다. 지금까지의 단순고객관리 형태에서 벗어나 이제는 진정으로 고객에게 다가가는 관심과 배려의 고객관리가 필요한 시점이기 때문이다.

이와 같이 아직까지도 고객은 한번 거래하기 시작한 은행에 대해서는 그 은행의 브랜드이미지나 지각된 품질(서비스, 상품, 고객응대태도 등)에 근거하여 본인의 주거래 은행이라는 인식을 갖고 있다면, 일시적인 거래과정에서 약간의 불만이 있어도 거래은행을 바꾸는 등의 기회주의적 행동은 하지 않는다는 것이다. 이것이 바로 은행이 주목해야 하는 대목인 것이다. 지금 은행을 거래하는 고객이 아주 만족해서 장기적인 거래를 하는 것이 아니라, 고객이 느끼고 있는 우리나라 은행의 각종 상품이나, 서비스 품질, 제도가 차별화되어 있지 않기 때문에 그냥 한번 거래를 시작한 은행과 주거래라고 생각하며 거래를 하고 있다는 점이다. 이제는 진정으로 고객에게 다가서서 고객의 의견을 청취하고 은행 경영에 바로 반영하며, 고객과 같이 성장하고 있다는 미래지향적인 관계설정을 도모하여야 하는 시기인 것이다. 그의 연구는 고객과의 각종 관계적 특징도 중요하지만 한국적 대표정서로 정의되고 있는 정(情)의 개념을 하루 빨리 한국 경영의 중요 요소로 인식하여야 한다는 점을 강조하고 있다.

3 정의 효과

3.1 정의 효과

정관련 연구에서 나타난 정의 효과는 첫째, 정이 든 관계에서는 상대를 아껴주고 걱정해 주며 관심과 이해, 배려를 보여주는 행동적 특징이 나타나며 둘째, 허물이 없어져 서로를 편하게 대할 수 있게 된다고 하였다. 이는 상대방에게 의지할 수 있는 마음, 편안한 마음을 의미한다. 셋째, 필요할 때 도움을 요청할 수 있고 비밀을 털어 놓거나 서로의 단점을 말해 줄 수도 있으며 넷째, 정이 들면 상대에게 화가 나도 참을 수 있고, 상대방의 실수를 덮어 줄 수 있는 결점 수용의 관계가 되기도 한다. 그리고 타인을 위해 마음을 써 주고 상대의 마음을 읽고 기쁘게 하거나 상대의 마음에 들게 행동을 한다. 마지막으로 상대를 집안 식구처럼 편안하고 든든하게 느끼며, 사회적 격식을 크게 고려하지 않아도 된다. 그러나 일반적 사회관계에서의 정은 가족관계보다 약화된 정관계, 희석된 상태의 정 성격을 띠고 있다.

이와 같이 정에는 긍정적인 효과가 있는 반면에, 정이 들면 서로를 간섭하거나 상대방에게 말을 함부로 하는 경우가 있고, 부탁을 쉽게 거부하지 못하는 어려움과 맺고 끊음이 불분명해져서 정서적인 부담감을 갖는 부정적인 면이 나타날 수 있다. 그러나 정이 깊으면 일시적인 부정적 감정(서운하다, 섭섭하다)은 이내 상대방의 본마음에 대한 이해와 공감으로 사라진다고 하였다. 이상의 연구결과를 놓고 볼 때 정은 교환관계가 장기적으로 지속되는 상황에서 고객의 관계신뢰에 영향을 미칠 것으로 볼 수 있다.

정의 가장 기본적인 속성은 당사자인 자신도 언제 정이 들었는지 모를 정도로 은근히 발생하는 감정이라고 하며, 정에 대해서는 "오랜 접촉을 통해 자연발생적으로 생기는 아껴주는 인간관계"로 정의하였다. 정이 들면 서로가 상대방에 대한 경계심이 없어지고, 거부당할 것이라는 불안이 없으며 웬만한 것은 이심전심으로 이해가 된다. 또한 서로의 고통을 털어놓을 수도 있으며 자선의 명목이 아닌 진심에서 서로를 위안하고 배려하는 관계가 된다. 정이 든 관계에서 상대방을 아껴주고 배려해 주며 진심으로 걱정해 주고 관심을 보여주고 이해해 주는 행동을 하는 것은 긍정적인 결과로 볼 수 있다. 그 외에도 허물이 없어지니 서로를 편하게 대할 수가 있고 필요할 때 도움을 요청할 수도 있으며 비밀을 털어 놓는다거나 서로의 단점을 말해 줄 수 있다. 더욱이 정이 들면 상대에게 화가 나도 참으며 상대방의 실수를 덮어 줄 수 있는 결점 수용의 관계가 되기도 한다.

3.2 정의 실천

정의 실천 사례들을 주위에서 쉽게 찾아 볼 수 있다.

백석문화대의 승용차로 출퇴근하는 교직원들은 매일 아침 학교에 가기 전 수도권 전철 두정역으로 향한다. 전철을 타고 통학하는 수도권학생들의 등교를 돕기 위해서다. 6년 전 수도권전철이 천안까지 연장 개통된 이후 학생들을 역사에서 학교까지 태워주는 '사랑의 카풀'이 계속 이어지고 있다.

학생 70% 이상이 수도권 통학생으로 이들은 아침 일찍 일어나 시내버스와 전철을 두세 차례 갈아타고 등교를 하고 있다. 이 같은 고충을 덜어주기 위해 총장을 비롯한 교수와 직원들이 자발적으로 나선 것이다. 사랑의 카풀은 학생과 교수,

교직원 사이에 정을 돈독히 하는 효과도 있다. 10여 분의 짧은 시간이지만 사제간에 거리감 없는 많은 대화를 할 수 있기 때문이다.

또한 이주형 수협은행장은 수협은행의 강점 3가지로 “슬림화된 조직이 변화와 적응에 유리하다는 점, 국내 유일의 해양 수산 특화은행으로서의 잠재력을 가지고 있다는 점, 정(情)을 기본으로 한 고객의 평생 가족화를 실천하고 있다는 점”을 꼽은 바 있다.

또한 김희수 건양대학교 총장은 10년째 시험 때마다 학생들이 밤새워 공부하는 도서관을 찾아 빵을 전달하고 있다. 어느 덧 ‘빵 총장’은 그의 애칭이 되었다.

2010년 제13회 세계 외국인 한국어 말하기 대회에 참가한 29개국 1,119명의 외국인들은 한국의 미(美)는 한글, 한옥, 한식, 인정이라고 꼽았다.

4 이제는 정(情)테크이다

4.1 재테크에서 정테크까지

우리는 재테크라는 말을 잘 알 것이다. 그렇다면 시테크라는 단어는 들어 본 적이 있는가? 혹 들어는 보았을 것이다. 또 세테크, 땅테크, 건테크(건강테크), 오일테크, 나노테크라는 말은 이해가 되는가?

시테크란 효과적인 시간관리법으로 부족한 시간을 효과적으로 사용하기 위해서 구체적인 계획을 세워 관리하는 것을 뜻한다. 세테크란 세금납부 액수를 줄이는 요령이나 방법, 재테크(財tech : 財務 + technology)에서 재무의 재(財) 대신 세금의 세(稅)를 붙여 변형한 조어이다.

땅테크란 “땅을 사고팔아 돈을 버는 일을 의미하며, ‘땅땅’거리며 사는 땅 부자들의 실전 노하우. 이 땅에는 역시 ‘땅테크’가 최고의 ‘재테크’라는 믿음이 깊숙이 뿌리내린 듯싶다”라고 보도된 바 있다[한경비즈니스. 2004. 5. 2].

건테크란 건강을 지키기 위하여 계획을 세워 실천하는 일이다. 조항석 연세 노블병원장은 "건강을 위협하는 각종 수치를 조금씩 줄여 나가는 건테크의 방정식만 따라 해도 건강은 손바닥 위에서 놀게 된다"고 조언했다[헤럴드경제. 2005. 3. 22].

오일테크란 각종 할인 혜택을 이용하여 자동차의 기름값을 절약하는 일을 의미한다. 나노테크란 나노테크놀로지를 줄여 이르는 말로 '나노기술'을 가리킨다.

이제는 정테크의 시대인 것이다. 우리가 흔히 전해 듣는 영업의 달인, 판매왕들의 사례를 살펴보자.

아이에스동서의 김명수 상무. 요업업계에서 그의 이름을 모르면 간첩이라는 말이 나올 정도이다. 1987년에 아이에스동서(옛 동서산업)에 말단 영업사원으로 입사해 지금의 상무 자리에 오르기까지 24년간 한우물을 판 그를 사람들은 '요업영업의 달인'이라 부른다. 그의 영업철칙은 '진심'이라는 단어로 요약된다. 진심으로 꾸준히 열과 성을 다해 노력하면 상대방도 알아줄 수밖에 없다는, 이른바 '감성영업'전략이다. "업무라는 틀에 갇혀 사무적 태도로 임하면 어느 순간 한계에 부닥친다. 내 일이라 생각하고 인간미적 요소를 보충해 상대의 마음을 잡는 것이 관건이다."

서울 이문동에서 40년간 영업한 리어커 과일장사 고창석 씨의 사례이다. 이미 그 지역에서 유명인으로 통하는 과일장사는 매일 똑같은 9시 30분에 과일을 팔았

다. 대부분의 고객이 주부들이라서 아침 일과를 끝내는 시간이 9시 30분이기 때문에 이 시간이 물건을 팔기에 안성맞춤인 시간대라는 것이다. 이 지역에서 오랜 영업을 해왔던 그 과일장수는 한 발 더 나아가 이제 어느 집은 사과를 좋아하고, 어느 집은 포도를 좋아한다는 것까지 알게 됐다. 따라서 사과를 좋아하는 주부의 집에서는 "사과 사세요~"라고 외치고, 포도를 좋아하는 집 앞에서는 "포도 사세요~"라고 외친다고 한다. 사소한 고객의 정보까지도 영업에 치밀하게 활용한 사례다. 그는 고객을 알아보고, 단골에겐 단골대접을 해주며, 무조건 맛있다고 말하지 않는다.

그러면 대한민국 최고의 영업의 달인이라고 하는 이들의 이야기를 들어보자.

"좌우지간 가서, 좌우지간 만나고, 좌우지간 얘기하라."
"대화 중 고객이 80%를 말하게 하고 영업사원은 20%만 말하여야 한다."

– 대우차 판매 박노진 –

"처음 만나서 절대 보험얘기 안 한다. 상품 구입 안해도 미안할 정도로 선물을 준다."
"보험에 대해서는 내가 더 많이 알고 있지만 고객을 가르치려 해서는 안 된다."

– 삼성생명 김혜영 –

"고객을 감동시키는 것만으로는 부족하다. 고객을 사랑하라."

– CJ GLS 차동호 –

"부하직원에게 절대 싫은 소리 안 한다. 영업하느라 힘든데 나까지 힘들게 할 필요가 없다."

– 코오롱모터스 구승회 –

"영업은 거절당하는 순간 시작된다. 거절당한다는 것은 영업을 시작했다는 가장 확실한 증거다."
"KTX가 없던 시절에도 비행기를 타고 전국 각지를 누비며 고객들을 확보

했다." -삼성생명 예영숙-

"스스로 돌파하지 않으면 아무도 가르쳐 주지 않는다."
-우리투자증권 김주형-

"스스로에게 '나는 나폴레옹이다'라고 주문을 건다. 무엇이든 가능하다고 생각해야 이루어진다." - 동아제약 양태준-

"아이들과 딱지치기도 하고 생일날 직접 사탕 목걸이도 만들어 선물도 한다. 진심으로 대하면 아이들은 반드시 변한다." - 대교 김설아-

"고객은 절대 먼저 연락을 안 한다. 내가 고객을 찾아가는 길뿐이다."
"아파트를 방문해 화장품을 홍보하다 보면 '내가 이 제품을 써 봤는데 진짜 별로더라'라고 말하는 고객이 가끔 있다. 이런 고객에게 따로 연락해서 일대일로 설득하면 이전에 판을 깼던 것을 보상하고 남을 정도로 열심히 입소문을 내준다." - 아모레퍼시픽 김정해-

"영업은 어린아이의 마음으로 해야 한다. 창피도 모르고 때로는 예의범절도 안 지킨다. 하지만 순수 그 자체다." - 현대자동차 최진성-

위와 같이 고객의 마음, 심성에 호소하는 전략이다. 이것이 바로 정테크인 것이다.

4.2 정테크는 실천이다

한국에 살기 위해서는 어떻게 하여야 할까? 고민스럽지 않은가? 주변사람들의 눈치도 잘 봐야 하고, 곧이곧대로 이야기하는 것보다는 적당하게 핑계도 대야 하고, 가끔은 당사자를 위한 선의의 거짓말도 좀 필요하고, 주변 사람들의 체면도 세워줘야 하지 않겠는가? 그렇지만, 이것이 그리 어려운 일은 아닐 것이다. 이렇듯 한국인의 사회심리는 복합적이며, 그 중심에 정이 있다. 정의 법칙은 나머지 심리법칙에 일관되게 작용하는 핵심법칙이다. 한국인은 정 빼면 시체라고 하지 않는가?

한때 삼성전자의 광고를 보더라도 유난히 '가족'이라는 말이 강조되었다. 브랜드 앞에 '또 하나의 가족'이라는 카피가 항상 등장하였으며, 각종 광고문구에 들어가는 '가족사랑'이란 말은 너무도 흔하다. 구인광고에서 조차 '가족구함', '가족 같은 기업', '가족적인 분위기'라는 강조하며 심지어 식당에서도 가끔 볼 수 있는 명언이 '가족이 먹는다는 생각으로 ~~~' 이다.

이렇듯 우리의 생활은 온통 정으로 연결되어 있다. 우리가 된다는 것은 정을 나눈 사람이라는 뜻이 되는 것이며, 우리가 되면 그때부터는 서로 불가능한 일은 없는 것이다.

이제 정테크를 실천해 봐야 하지 않겠는가!

문제

1. 자신의 인간관계에서 성공사례와 실패사례를 설명해보시오.

2. 현대사회의 특성과 바람직한 인간관계에 대해 설명해보시오.

3. 본인이 정 들었다고 느낀 상황에 대해 설명해 보시오.

전략적 자기경영

Chapter 14

1. 자기경영의 개념
2. 마인드(Mind) – 변화와 트렌드를 인식하라
3. 전략(Strategy) – 나만의 전략지도를 그려라
4. 수단(Tool & Technique) – 전략실행을 위한 도구를 개발하라
5. 실행(Action) – 이제, 첫발을 내딛어라
6. 평가(Review & Renovate) – 지속적으로 돌아보고, 혁신하라

Chapter 14 전략적 자기경영

1 자기경영의 개념

사람은 누구나 행복해지기를 원한다. 그러나 "당신은 행복하십니까?"라는 질문에 "매우 그렇다"라고 대답하는 사람은 그리 많지 않다. 인생의 궁극적인 목표가 '행복'임에도 그렇지 못한 이유는 무엇일까? 이는 자신의 경영을 체계적으로 하지 못하고 있음을 의미한다.

기업이나 조직에서도 '전략경영', '경영전략'이라는 용어를 써가며 '어떻게 하면 성공적인 경영활동을 추구할까' 하는 것이 최근의 화두이다. 왜냐하면 급변하는 환경은 미래를 예측하기가 어렵기 때문에 변화와 경쟁과 고객의 트렌드를 인식하고 대응하자는 '전략적 경영' 체계를 구축하고 있기 때문이다. 우리 개인도 마찬가지이다. 기업들이 요구하는 기준이 다양하고 급격히 변화하고 있으며, 경쟁자가 갈수록 늘어가고 있다. 우리는 '전략적 자기경영'으로의 큰 변화가 필요한 시점이다. '나의 고객은 누구인가?', '나의 경쟁자는 누구인가?', '변화의 트렌드와 대응할 것은 무엇인가?'를 심각하게 고민해야 한다.

경영이란 조직 목표달성을 위하여 활동요소인 생산, 재무, 인사, 마케팅활동을 체계적으로 계획(Plan)하고 실행(Do)하고 평가(See)함으로써 성과와 가치를 창출하는 것을 의미한다. 자기경영은 이러한 경영의 원리를 활용하여 계획하고 실행하고 평가하는 시스템을 구축하고 이를 지속적으로 관리해 나가면서 자신의 가치를 높이고 행복으로 도달하기 위한 총체적인 활동이다.

1.1 자기경영이란?

21세기는 삶의 의미와 목적을 스스로 찾는 자기실현의 시대이다. 자기실현을 위해서는 능동적 선택과 도전을 필요로 하며, 끊임없는 자기경영의 노력을 해야만 한다. 자기경영이란 스스로의 책임 하에 자신을 잘 관리(경영)해 나가는 일이다. 즉 개인의 목표달성을 위해 생활의 근본인 수입원을 만드는 생산활동, 재산을 관리하는 재무활동, 사람을 관리하는 인적자원활동, 자신의 가치를 교환(판매)하는 마케팅활동을 체계적으로 계획-실행-평가하는 것이다.

그러기 위해서는 내 자신을 제3자의 입장에서 바라보고, 내 자신이 1인 기업의 CEO라는 생각을 가져야 한다. 또한 스스로 실력을 연마하고 자신의 부가가치를 극대화하도록 노력해야 한다. 아울러 우선 내가 무엇을 잘하고, 무엇을 못하는지, 내가 무엇을 원하는지, 시대의 흐름이 어떤지, 살펴봐야 한다. 이러한 자가진단을 통해 자기경영의 7가지 활동요소인 직업, 경제, 신체, 지적, 영적, 가정, 관계적 기능을 분석하고, 어떤 부분에 강점이 있고 약점이 있는지 파악하여 자기경영 목표를 세우고 실행하며, 실행에 대한 결과를 점검하여 다시 각자에게 주어진 삶의 목표를 세워 스스로 자기경영을 해나가야 한다.

이처럼 조직경영은 생산, 재무, 인사, 마케팅을 핵심활동기능으로 하고 있으나, 자기경영에서는 직업, 경제, 신체, 지적, 영적, 가정, 관계적 기능을 핵심 활동기능으로 구분하였다.

▶ 경영 활동기능

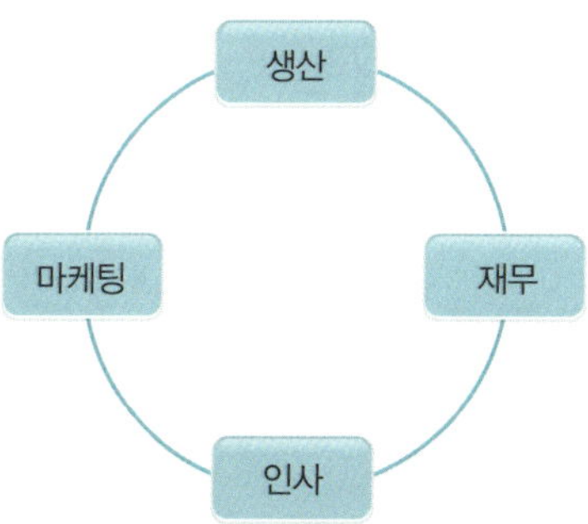

▶ 자기경영 활동기능

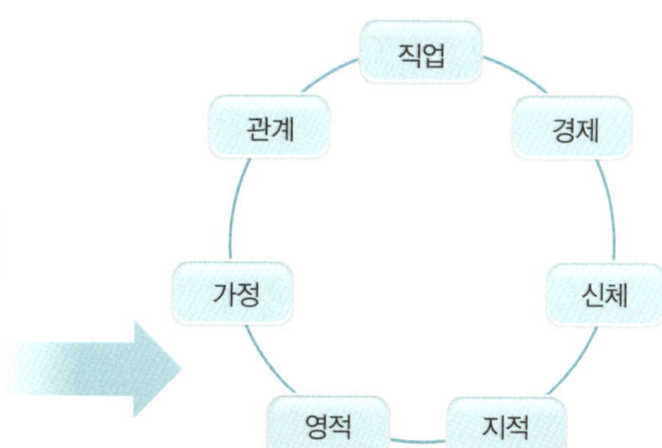

Tip 자기경영의 7가지 활동기능

- **직업적 기능** : 성공적인 자기경영을 위해서 인간은 자신의 직업 자체에 열정을 가져야 하며, 그 일 속에서 만족과 성취를 느끼며 살아야 한다.
- **경제적 기능** : 경제적 능력이 뒷받침되지 않으면 자기경영 활동이 원활하게 이루기 힘들어진다.
- **신체적 기능** : '건강을 잃으면 모든 것을 잃는다.' 신체적 기능이 제대로 발휘되지 못하면 나와 내 가족에게 크나큰 슬픔과 짐을 안기게 된다. 따라서 평상시 꾸준히 건강을 지킬 수 있도록 노력해야 한다.
- **지적 기능** : 현재 개인의 경쟁력의 원천은 지식이다. 삶을 보다 지혜롭게 일구어가고 싶다면 자신만의 뚜렷한 가치관과 비전을 가지고, 자기계발을 위해 꾸준히 투자하여 정신 기능을 활성화시켜야 한다.
- **영적 기능** : 자기 자신을 제어하고, 자신을 극복하는 영적인 힘이 있어야 건전하고 긍정적인 사고로 모든 것에 항상 감사하는 마음으로 살아갈 수 있다.
- **가정적 기능** : 아무리 많은 돈을 벌고 사회적인 성공을 이루었어도, 가정이 평화롭지 못하면 그 사람은 불행해 진다. 가정이 화목해야만 모든 일이 잘 이루어지는 법이다.
- **관계적 기능** : 성공은 인적 네트워크에서 비롯된다. 관계적 기능은 인적 네트워크를 기반으로 다양한 사람들과 관계를 맺고 살아가는 활동기능이다.

※ 이 장의 끝에 있는 '자기경영 자가진단' 체크리스트를 통해 자기 자신의 자기경영 상황을 자가진단해 보기 바란다.

경영관리활동 또한 조직경영의 계획(P)-실행(D)-평가(S) 과정을 자기경영 관리활동에서는 전략(Strategy)-수단(Tool)-실행(Action)-평가(Review)의 4단계프로세스로 정함으로써 실행을 위한 수단, 방법, 테크닉을 추가하였다. 좋은 성과를 내기 위해서는 열심히 해야 하겠지만, 일을 처리하는 방법과 기술 등의 실행도구가 있을 때 보다 효율적인 성과가 가능한 것이다.

▶ 경영 관리모델(P-D-S)

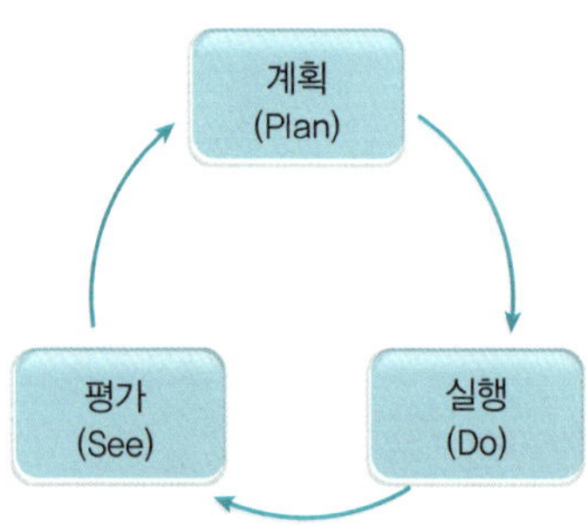

▶ 자기경영 관리모델(S-T-A-R)

Tip 자기경영의 STAR 관리모델

- **전략(Strategy)** : 자기경영의 목표를 달성하기 위한 일련의 수단과 실행을 계획하고 조직화하는 것을 말한다. 전략은 자기경영의 전체적인 구조를 결정하며, 실행을 전제로 한다.
- **수단(Tool)** : 수립된 전략을 실행하기 위한 도구, 즉 전략을 달성하기 위한 방법이라 할 수 있다.
- **실행(Action)** : 수단(Tool)을 이용해서 전략을 구체적으로 수행하는 행위이다.
- **평가(Review)** : 자기경영의 성과를 직접 점검함으로써 실행에 대한 측정 및 통제를 체계적으로 한다.

2 마인드(Mind) – 변화와 트렌드를 인식하라

2.1 내적 동기를 불러일으켜라

동기부여 강사 지그 지글러는 "당신의 마음속에 무엇이 들어있는가가 현재의 당신을 만든다"고 했다. 내적 동기유발을 위해서는 사고, 학습, 적절한 의사결정, 도전에 대한 대처 등 "나는 할 수 있다"는 자신감(자기효능감, self-efficacy)이 필요하다. 또한 자신을 믿고 사랑하는 마음(자기존중감, self-respect)과 가족, 동료, 구성원 등에 의해 인정과 존중받는 마음(인정과 수용, acceptance)이 필요하다.

2008년 미국 토크쇼의 여왕 오프라 윈프리가 워싱턴 DC 소재 하워드대학교 졸업식에서 명예박사 학위를 받았다. 당시 그곳에서 그녀는 다음과 같은 연설을 했다.

"오늘 졸업식에서, 또 앞으로 살면서 상을 받는 학생은 많을 겁니다. 그러나 그 무엇보다 소중한 상은 따로 있습니다. 그건 바로 여러분 자신이 스스로에게 주는 상입니다. 자신에게 존경받는 것이 최고의 기쁨입니다. 본래의 자신을 팔아넘겨 노예로 만들지 마십시오." "원칙을 버리고 타협하면 10배는 더 부유해질 기회가 있었지만 그러지 않았습니다. 여러분도 자신과 원칙을 지키며 살길 바랍니다."

아픔을 딛고 성공을 일궈낸 오프라 윈프리가 연설에서 강조한 말은 '원칙'을 지키며 살아가라는 것이다. 그 원칙은 자기 자신을 새롭게 발견하고, 자신의 내적 신념과 내적 동기를 불러 일으키게 한다.

2.2 시대의 흐름을 확인하고 적응하라

인간은 변화를 싫어하는 것일까? 좋아하는 것일까? 일반적으로 인간은 강요된 변화를 싫어할 뿐이다. 빌 게이츠의 이야기처럼 변화(CHANGE)의 영문 스펠링 하나만 바꿔도 그 의미는 기회(CHANCE)로 바뀌듯이, 이젠 새로운 패러다임의 변화가 필요할 뿐이다.

앨빈 토플러의 제1의 물결은 농업혁명, 즉 농경사회로의 혁명적 사회변화이다. 이 농경사회에서 제2의 물결인 산업사회로의 변화는 약 3000년의 시간이 필요했다. 그리고 산업사회에서 제3의 물결인 지식정보사회로의 변화는 약 300년의 기간이 걸렸다. 앨빈 토플러는 우리가 살고 있는 현 시대를 제4의 물결로 규정하였으며, 시간, 공간, 지식을 아우르는 새로운 혁명의 시대로 명명했다. 이 시대는 남과 다른 아이디어가 부의 원천이 되며, 우주공학, 생명공학이 주름잡는 창조사회이다. 지식정보사회에서 창조사회로의 변화는 어느 정도의 시간이 필요했는가?

	제1물결	제2물결	제3물결	제4물결
사회구조	농경사회	산업사회	지식정보	창조사회
부의원천	토지/노동	자본/기술	정보/지식	아이디어
기간	3000년	300년	30년	?
키워드	가짐	많음	빠름	다름

창조사회에 대한 삶의 현장을 바르게 이해하고 내 자신의 변화를 인식해야 할 시기인 것이다.

따라서 급속히 변하는 온라인(네트워크) 사회에서는 커뮤니케이션 능력을 강화해야 하며, 고령화 및 평생직장의 개념이 무의미해진 시대 흐름에 대응하기 위해서는 미래 준비를 최대한 일찍 해야 할 것이다. 또한 창의력이 요구되는 사회에서는 자신만의 독특한 전문능력을 강화해야 한다.

2.3 전략적 마인드를 가져라

전략이란 경쟁에서 이기는 마스터플랜이다. 전략적 경영이란 급변하는 환경에서 나 자신이 보유하고 있는 모든 자원을 효율적・효과적으로 배분하여 경쟁자보다 더 나은 서비스를 고객에게 제공하는 것을 말한다. 전략적 마인드를 향상하기 위해서는 전략의 3요소인 변화(Change), 경쟁(Competitor), 고객(Customer)의 상황을 수시로 파악하여, 아래의 사항들을 항상 인지하고 있어야 한다.

- 어떤 환경변화가 예측되고 감지되는가?
- 나의 경쟁상대는 누구인가?
- 나의 고객은 누구이며 고객은 무엇을 원하고 있는가?

2.4 룰을 알면 인생이 즐겁다

인생은 자기경영이며, 제한된 자원과 시간을 가지고 높은 가치를 만들어 가는 과정이다. 현대그룹의 정주영 전 회장은 자서전에서 "신은 인간에게 시간이라는 누구나 똑같은 자본을 주었다"고 했다. 성공하는 대부분의 사람들은 자신의 지식, 기술, 재능, 경험과 태도에 시간을 투여해서 자신만의 가치(성과)를 창출해 낸다. 즉 제한된 시간 속에서 지식, 기술, 태도의 결합을 '덧셈'이 아닌 '곱셈'으로 시너지를 극대화하면 할수록 자신의 가치를 높일 수 있는 것이다. 스포츠, 음악, 예술, 공부, 인간관계, 경제 등 어떤 분야에서도 이러한 룰을 알고 실천하면 삶이 즐거운 법이다.

탤런트
(지식, 기술, 재능, 경험) × 태도 × 시간(Time)

가치(성과)창출

= 자기경영

3 전략(Strategy) – 나만의 전략지도를 그려라

3.1 새로운 나 발견하기

자기경영은 어디에서부터 시작되는가? 그것은 내 자신에 대해 제대로 인식하는 것에서부터 시작된다. 내가 내 자신의 성격, 강점과 약점, 적성, 핵심역량을 제대로 파악해야 진정한 자기경영이 시작되는 것이다. 따라서 나의 현재 상태와 내가 원하는 상태의 차이(gap)를 명확히 인식해야 한다. 그런 다음, 그 차이(gap)를 줄이기 위한 노력을 해야 한다. 즉, 필요한 지식과 기술을 습득해서 모르는 것은 알게 하고, 할 수 없는 것은 할 수 있도록 하며, '안 된다'는 부정의 마음이 아닌 '가능해'라는 긍정의 마음과 열정으로의 태도변화가 필요하다.

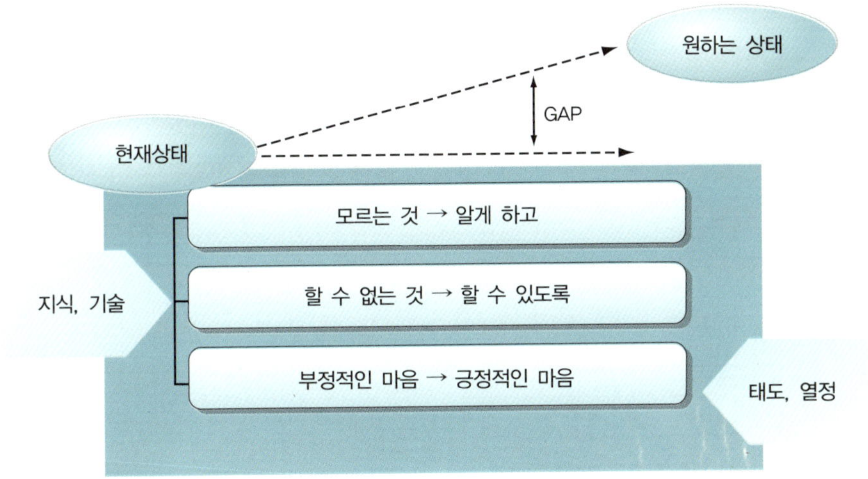

3.1.1 나의 강·약점

내가 내 자신의 강점과 약점을 제대로 파악해야 강점을 강화할 부분과 약점을 개선 및 보완할 부분을 파악해서 자기경영을 하고, 성과를 창출할 수 있는 것이다.

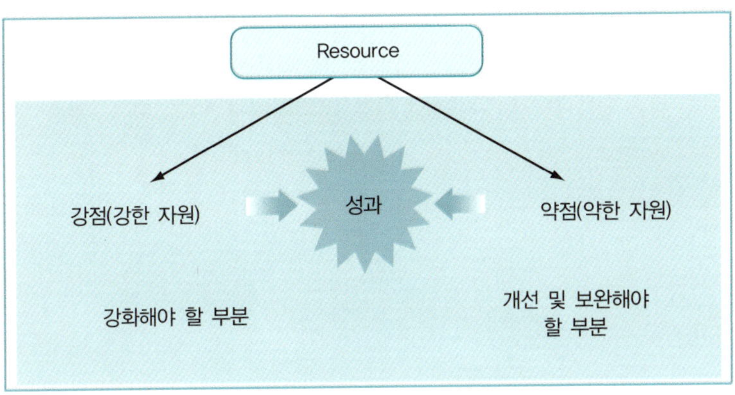

나의 강점을 파악하기 위해서 스스로 자신이 잘하는 것, 좋아하는 것, 해낸 경험, 즐기는 것 등의 장점 요소를 찾아내는 일이며, 반대로 약점을 파악하기 위해서 자신의 부족한 점, 약한 점, 싫어하는 것, 잘하지 못하는 것 등을 스스로 자가 진단할 필요가 있다.

나의 발견

과거의 나 발견

Q1. 그동안 나의 삶을 기술하세요.

Q2. 나에게 영향을 미친 사건 3가지를 기술하고 그 내용을 정리하세요.

Q3. 나에게 영향을 미친 사람 3명을 기술하고 그 내용을 정리하세요.

현재의 나 발견

Q4. 현재의 나의 환경과 여건은?

Q5. 나의 이미지는? (내가 보는 나, 남이 보는 나를 기술하세요.)

Q6. 나의 강점과 약점을 기술하세요. ('나의 강약점 찾기' Sheet 활용)

미래의 나 발견

Q7. 내가 되고 싶은 모습은? (To Be) : 신분, 지위, 인격과 존재

Q8. 내가 하고 싶은 일은? (To Do) : 직업, 사회적 봉사, 나눔, 취미, 재능

Q9. 내가 가지고 싶은 것은? (To Have) : 인적/물적자산, 돈, 집, 재산 등

나의 강·약점 찾기

나의 강점 (장점, 재능, 솜씨, 성공경험)		나의 약점 (단점, 미흡한 점, 실패경험)	
1		1	
2		2	
3		3	
4		4	
5		5	
6		6	
7		7	
8		8	
9		9	
10		10	
11		11	
12		12	
13		13	
14		14	
15		15	
16		16	
17		17	
18		18	
19		19	
20		20	
21		21	
22		22	
23		23	
24		24	
25		25	
26		26	
27		27	
28		28	
29		29	
30		30	

3.1.2 나의 꿈

어린 시절부터 간직하고 있었던 꿈을 다시 찾자. 현실에서 여러 제약조건 때문에 묻어 두었던 마음속의 꿈들을 모조리 찾아내자. 과거의 나와 현재의 나, 미래의 꿈을 가진 나를 발견하여, 상상 속에서만 머물던 모든 것을 꿈의 리스트로 만들어 보자.

〈Dream List〉

되고 싶은 모습	
하고 싶은 일	
갖고 싶은 것	

3.2 핵심역량을 찾아라

록펠러(John D. Rockefller)는 다음과 같이 말했다. "행복으로 가는 길은 단순한 두 원리에 있다. 자신에게 흥미를 불러일으키는 것, 그리고 자신이 잘 해낼 수 있는 것이 무엇인지 알아내라. 그것이 무엇인지 알았으면 모든 정신, 에너지, 야망, 타고난 능력을 거기에 쏟아 부어라."

역량이란 어떤 역할을 수행함에 있어서 상대적으로 높은 수준의 성과(Performance)를 안정적이고 지속적으로 발휘할 수 있는 능력(Knowledge, Skill, Attitude)이다.

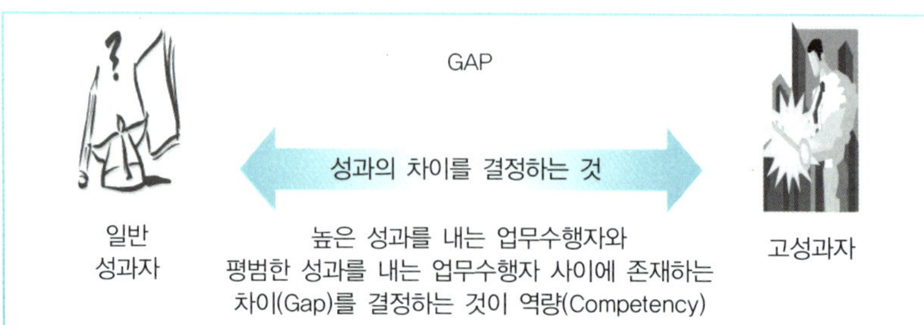

나의 핵심역량(재능) 찾아내기

Q1. 어렸을 적 부모님, 선생님, 친구로부터 잘한다는 말을 들은 것은 무엇인가?

Q2. 서점에서 책을 고를 때 어떤 분야에 눈과 손이 더 가는가?

Q3. 남보다 30% 이상 더 빨리 배운 것은 무엇인가?

Q4. TV에서 내가 꼭 보려고 하는 프로그램은 무엇인가?

Q5. 너무 재미있게 하는 일은 무엇인가?

Q6. 어떤 분야에 주의가 집중되어 몰입하게 되는가?

Q7. 남들은 어렵다고 하는데 힘들이지 않고 쉽게 할 수 있는 일은 무엇인가?

Q8. 최근 남들로부터 잘한다는 칭찬을 자주 듣는 일은 무엇인가?

Q9. 일에 푹 빠져 언제 시간이 흘러갔는지 모르는 일은 무엇인가?

Q10. 나는 잘할 수 있다는 자신감이 솟구치는 일은 무엇인가?

나의 핵심역량을 정의하라

누구나 한 번쯤 내가 지금 살아가는 삶이 내게 맞는 삶인지, 내 자신의 핵심역량을 발휘하여 내 삶을 살고 있는지 고민해 본적이 있을 것이다. 핵심역량은 남들보다 더 잘할 수 있는 능력이며, 남들이 모방하기 어려운 것이다. 따라서 특별한 능력이나 소질(재능) 중에서 상대적으로 우수하고, 생산적(성과지향)으로 쓰일 수 있는 사고, 감정, 행동의 패턴을 찾아야 하며, 내 강점 중에 꾸준히 잘할 수 있는 부분을 찾아 내 자신의 경쟁우위를 키워야 한다. 또한 비전이나 목표의 수립은 핵심역량을 기반으로 해야 한다.

3.3 미션(Mission)을 정하라

자기경영에서의 미션이란 자신이 세상에 존재하는 이유와 살아가는 의미와 목적, 가치관, 소명의식을 포함한 전체적인 인생철학을 나타내는 포괄적 개념이라 할 수 있다. 내 자신의 존재이유를 진지하게 고민하는 사람만이 급변하는 환경 속에서 자신이 나아가야 할 방향을 유지할 수 있는 것이다.

좋은 미션 설계의 원칙을 살펴보면 다음과 같다.

- 가급적 간결하게 작성한다(1~2문장 정도).
- 쉽게 이해할 수 있어야 한다.
- 쉽게 외울 수 있도록 한다.
- 평생의 활동을 포괄할 수 있어야 한다.
- 자신을 잘 나타낼 수 있어야 한다.

미션을 잘 설정하기 위해서는 자기 자신의 중심 가치관을 찾아낼 수 있어야 한다. 개인의 가치관은 크게 내면적 가치, 외면적 가치, 관계적 가치로 구분할 수 있다. 내면적 가치란 내면의 옳고 그름의 판단기준이 되는 가장 중심이 되는 가치(정직, 평화 등)를 말하며, 외면적 가치는 외관상으로 비춰지는 나의 가치(세련,

열정 등)를 말한다. 그리고 관계적 가치란 인간관계를 이루는 가장 중심이 되는 가치(신뢰, 나눔 등)를 말한다. 가치관은 삶의 원칙이자, 나를 지탱하게 하는 힘이며 의사결정의 기준이 된다.

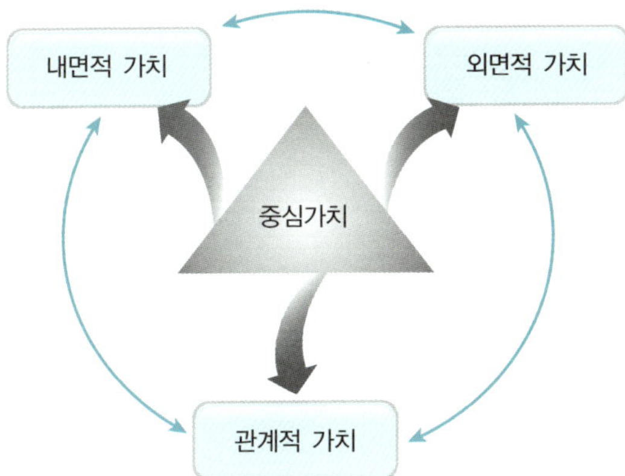

중심가치의 예를 살펴보면 다음과 같다.

나눔, 사랑, 조국, 언행일치, 변화, 행복, 환경, 솔선하는, 균형, 우정, 아름다움, 끈기, 즐거움, 열정, 내적 충실, 선량, 자유, 인내, 공평, 덕스런, 배움, 화합, 봉사, 절제, 성공, 협력, 일, 자신감, 성장, 정직, 믿음, 미소, 전문능력, 윤리, 기여, 격려, 도전, 인격, 독립, 중후함, 모험, 놀이, 함께 일함, 세련, 성취, 건강, 공존, 유머, 성과, 활력, 양보, 프로다운, 직업, 여가, 지도력, 리더십, 지위, 신앙, 타인지향, 자기계발, 권력, 공헌, 가르침, 이웃, 권위, 내려놓음, 적극, 행동, 돈, 책임, 감사, 건강, 가족, 창의, 용기, 생산성, 평화, 우수성, 명성, 복지, 충성, 안정, 관계, 신뢰, 조화 등

나의 중심가치를 정해보자.

구분	선택한 중심가치	선택한 이유
내면적 가치		
외면적 가치		
관계적 가치		

미션을 찾기 위한 질문

Q1. 어렸을 때 가장 좋아했던 일?

Q2. 어렸을 때 가장 잘 했던 일?

Q3. 어른이 되면 가장 하고 싶었던 일?

Q4. 어떤 일을 해냈을 때 가장 행복감을 느끼는가?

Q5. 당신이 가장 하고 싶어 하는 일을 하는 사람은 누구인가?

Q6. 자원봉사 기회가 있다면 어떤 봉사를 하고 싶은가?

Q7. 나의 인생에서 가장 가치 있다고 생각하는 것은?

Q8 6개월 시한부의 인생을 산다고 한다면 무엇을 하겠는가?

Q9. 갑자기 억만장자가 되었다면 어떻게 살고 싶은가?

Q10. 요정이 나타나서 한 가지 소원을 들어준다면 어떤 일을 선택하고 싶은가?

나의 미션을 작성해 보자

* 나의 중심가치와 미션 Q&A를 조합하여 작성

3.4 비전(Vision)을 설정하라

비전(Vision)이란 무엇인가? 비전은 삶의 목표를 제시해주며, 내가 나아가야 할 길을 제시해주는 이정표이며, 미래의 일정시점에서 이루고자 하는 나(우리)의 모습이다. 비전은 열정을 주고, 나 스스로 발전하고 있다는 느낌을 갖게 해주며, 삶의 방향을 제시해주는 인생의 나침반과 같은 역할을 한다. 비전을 통해 방향을 보는 사람은 위치를 보는 사람보다 훨씬 위대하고 강하다. 그는 현재의 고난을 인내할 줄 알 뿐만 아니라, 상황을 자신에게 유리하게 해석할 줄 알기 때문이다. 인생에 몇 번 있을까 말까한 결정의 순간에 비전을 갖고 있지 못한다면, 나 자신은 결국 후회스런 삶을 살게 될 것이다. 결국 세상은 비전이 있는 사람들에 의해 움직이게 되는 것이다.

우리의 인생은 단거리 경주가 아니다. 지금 어디를 향해 가고 있는지 모를 바쁜 삶은 이제 멈춰야 한다. 이젠 나의 꿈을 구체화하여 되고 싶은 모습(to be), 하고 싶은 일(to do), 갖고 싶은 것(to have)들을 측정가능한 숫자와 기간을 정해서 내 삶의 비전을 수립하고 먼 미래의 내 모습을 상상하면서 한 걸음씩 나아가야 할 것이다. 일본 최고의 경영컨설턴트 간다 마사노리는 다음과 같은 명언을 남겼다. "미래로부터 역산해서 현재의 행동을 결정하는 것이 성공 노하우다. 99%의 인간은 현재를 보면서 미래를 예측하지만, 1%의 인간은 미래를 내다보면서 현재 어떻게 행동해야 될지를 생각한다."

▶ **미션, 비전, 목표, 계획의 관계**

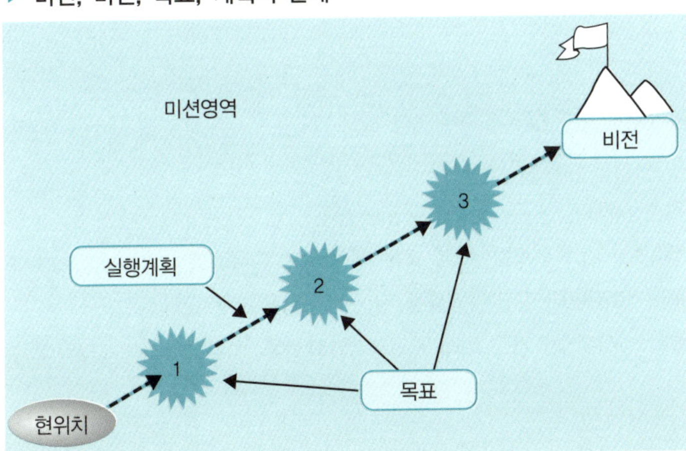

효과적인 비전 수립을 위한 질문

비전을 효과적으로 수립하기 위해서는 아래와 같은 비전수립 방법을 숙지하는 것이 좋다.

Q1. 당신은 생각하면 가슴 뛰는 미래의 모습은 무엇인가?

Q2. 당신의 미션을 이룰 수 있는 수단은 무엇인가?

Q3. 당신이 사망했을 때 어떤 기사가 나오기를 원하는가?

Q4. 평생을 통하여 이루고 싶은 것(일) 3가지를 적어 보라.

Q5. 그 중에서 가장 중요한 것부터 우선순위를 정하라.

나의 비전 리스트

1	
2	
3	

* Dream list와 비전 Q&A를 조합하여 작성

* 비전 작성 사례
  - 빌 게이츠 : 세계의 모든 가정, 모든 책상 위에 컴퓨터를
  - 케네디 : 1970년대 말까지 인류를 달 위에 서게 한다.
  - 잭 웰치 : 세계에서 가장 위대한 인재개발회사를 만드는 일

3.5 목표를 명확히 하라

1953년, 미국 예일대학에서 졸업반 학생들에 대한 조사가 있었다. 학교를 졸업하기에 앞서 확고한 삶의 목표를 어느 정도나 가지고 있는지를 알아보기 위한 것이었다. 조사 결과, 27%의 학생들은 아무런 목표도 설정한 적이 없다고 대답했다. 60%의 학생들은 간단한 목표가 있기는 하지만 그것을 글로 적어 두지는 않았다고 대답했다. 오직 3%의 학생들만이 자신의 목표를 글로 적어두었다고 대답했다. 20년 후에 확인 한 결과 학생시절 자신의 목표를 글로 썼던 3%가 축적한 재산이 나머지 97% 전부가 축적한 것보다 훨씬 더 많았다고 한다. 이들 간에는 학력, 재능, 지능 면에서 아무런 차이도 없었음에도 불구하고 목표를 글로 썼느냐의 여부에 따라 재산, 소득, 사회적인 영향력 등의 격차가 무려 10배, 20배, 30배에 달한다는 사실은 매우 놀라운 일이다.

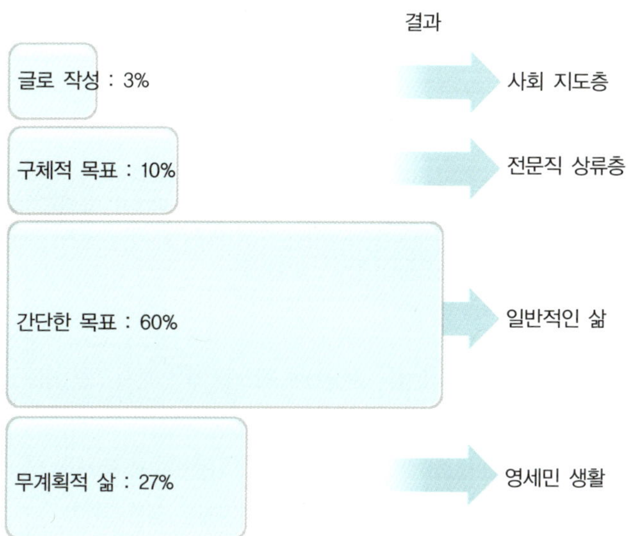

물론 부를 축적하는 것만이 삶의 모든 것은 아니다. 그러나 부를 축적한다는 목표뿐만 아니라 자신이 진정으로 원하는 목표와 소망을 이루는 데 있어서도 글로 쓴 구체적인 비전이 반드시 필요하다는 뜻이다. 또한 목표는 비전을 이루기 위한 중간 단계이며, 비전의 디딤돌이라 할 수 있다.

▶ 비전/목표작성의 효과

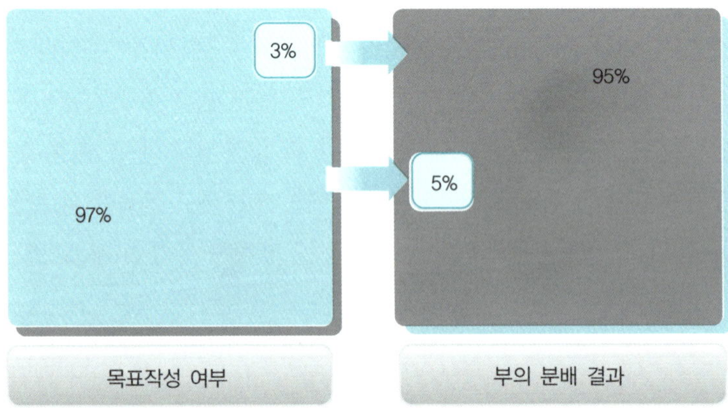

3.5.1 목표를 SMART하게 설정하라

목표를 설정하는 기본원칙으로는 다음과 같이 SMART방식이 정형화되어 있고, 체계화되어 있다.

- S(Specific, **구체적으로**) : 목표는 확실하게 달성할 수 있도록 세분화해야 하고, 달성 수준을 구체적으로 작성해야 한다.
- M(Measurable, **측정가능하게**) : 목표는 측정이 가능하도록 구체적으로 작성한다.
- A(Action oriented, **실행가능하게**) : 목표는 매일매일 행동계획이 수반되어야 하며, 도전적으로 설정하여 실행가능하게 작성한다.
- R(Realistic, **현실적으로**) : 목표는 현실적인 여건에서 달성 가능하도록 작성한다.
- T((Time-limited), **기한이 명확하게**) : 목표는 구체적으로 언제까지 달성할 것인지를 명확하게 기한과 시간을 명시해서 작성한다.

3.5.2 목표를 수립하라

목표설정의 대상은 직업, 경제, 신체, 지적, 영적, 가정, 관계의 모든 영역에 해당되며, 이러한 목표설정 대상의 균형이 이루어졌을 때 비로소 성공이란 단어를 쓸 수 있다. 다음 페이지에 있는 '비전에 도달하기 위한 목표설계' Sheet를 작성해 보자.

비전에 도달하기 위한 목표설계

목표 영역	목표 내용	목표 달성 기간
직업		
경제		
신체		
지적		
영적		
가정		
관계		

3.5.3 목표를 잘 관리하려면

원하는 것을 명확하게 정의하여 꿈과 비전을 설계해야 한다. 그렇다면 설계된 꿈과 비전을 어떻게 관리할 것인가? 꿈을 날짜와 함께 적어 놓으면 목표(비전)가 되고 목표를 잘게 나누면 계획이 된다. 계획을 실행에 옮기면 꿈이 현실이 된다. 이를 좀 더 쉽게 달성하기 위해서는 아래와 같은 목표관리 방법을 항상 숙지하는 것이 좋다.

- □ 구체적으로 기록하라
- □ 이왕이면 크게 정하라
- □ 정기적으로 점검하고 자주 수정하라
- □ 시각화가 가능한 것은 시각화하라
- □ 항상 휴대하라
- □ 반복적으로 긍정적 암시하라
- □ 자주 다른 사람에게 이야기하라
- □ 꿈이 있는 사람들과 어울려라
- □ 작은 꿈들을 소중히 여기고 관리하라

특히 시각화가 가능한 것을 시각화하면 목표 달성에 큰 효과가 있다. 즉 다음 그림처럼 자신의 꿈과 비전과 관련된 사진이나 그림을 자신이 항상 볼 수 있는 곳에 두거나, 때에 따라서는 지갑 같은 곳에 휴대하고 다니면, 자신의 꿈과 비전이 이미지로 각인되어 문자로 적었던 것보다 더 실현가능한 현실로 다가오는 마법과 같은 효과가 나타난다.

▶ 시각화의 예

3.6 계획을 구체적으로 작성하라

실행계획은 스스로 목표한 일들을 완전히 해낼 수 있도록 이를 구체화하고 수행할 계획을 수립하는 것이다. 실행계획은 세부적인 지침의 형태로 작성되어야 한다. 또한 목표달성에 필요한 환경과 자원 등을 충분히 파악해야 하며, 계획이 수행되었을 때 어떻게 평가할 것인지도 진지하게 고민해야 한다. 다음 페이지에 나오는 'My Action Plan'을 통해 매년 나의 목표에 대한 세부계획을 구체적으로 설정하기 바란다.

My Action Plan

영역	실행 내용(구체적으로 기술)	관련 사항
직업		
경제		
신체		
지적		
영적		
가정		
관계		

* 매년 나의 목표에 대한 세부계획을 구체적으로 작성해 보자.

3.7 전략지도를 완성하라

나의 삶을 어떻게 만들어가고 어떤 모습으로 이뤄가겠다는 미래의 청사진인 삶의 조감도가 있어야 하며, 인생을 근사한 건물처럼 훌륭히 짓고 싶은 사람은 인생의 조감도에 대해서 여러 날 고민을 해야 한다. 또한 이 조감도에는 미션/비전/목표/실행계획이 하나로 정렬되어야 하며, 이 모두의 중심에는 핵심가치가 묻어 있어야 한다.

나의 인생 전략지도

Mission

Vision

Object

4 수단(Tool & Technique) – 전략실행을 위한 도구를 개발하라

근사한 인생의 조감도가 그려졌으면, 이젠 어떤 공법(기법)으로 조감도를 완성하여 멋진 집을 지을 것인가를 생각해야 한다. 이는 단순히 '하겠다'가 아닌 '어떻게 하겠다'는 구체적인 수단(Tool, Technique)과 방법이 있어야 한다. 이 수단들은 자기경영의 궁극적인 목적을 달성하기 위한 필수요건이다.

4.1 변화의 기술

20세기 초의 생물학자 웍스켈(Uexkuell)에 의하면 이 세상에 존재하는 생물의 종류만큼 다양한 생존양식이 존재하지만 그 속에 하나의 공통적이고 보편적인 생존원리가 발견된다고 하였다. 즉 유기체는 일반적으로 환경을 식별하는 감지체계(merknetz)와 환경변화에 반응하는 대응체계(wirknetz)를 소유하고 있으며, 이 두 체계의 협동과 균형에 의해 유기체는 살아갈 수 있다는 것이다.

따라서 취업을 준비하고 있는 경우 각종 정보채널과 새로운 트렌드에 대한 민감한 감지체계를 갖춰야 하며, 기회를 창조할 수 있는 대응체계(자기소개서, 인적성검사, 면접 스킬 등)를 갖춰야 할 것이다.

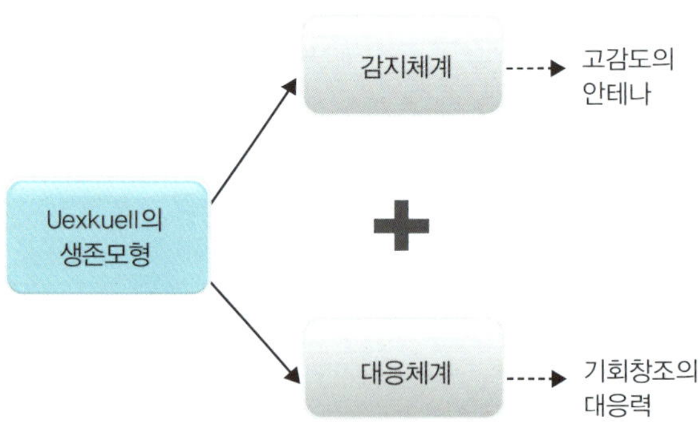

4.2 현명한 인맥관리

인맥에 대한 사실과 인지에 대한 HR Korea의 조사에 의하면, 97%가 사회생활을 하기 위해 인맥이 필요하다고 공감하고 있으나, 인맥을 제대로 관리하고 있는지에 대한 물음에는 30% 정도만 긍정적으로 응답했다. 인맥을 잘 관리하지 못하는 이유는 '관리방법을 잘 몰라서', '무관심해서' 라는 답변이 가장 많았다.

인맥관리(사람관리)를 잘하기 위해서는 자신만의 인맥 허브와 멘토를 만들어야 한다. 인맥 허브란 자신을 중심으로 둘러싼 내·외부 환경과 관계를 맺고 있는 각 분야의 키 멤버(핵심인맥)를 말한다. 관계하고 있는 각 분야의 핵심인맥(허브)을 아래 그림의 동그라미 안에 작성해 보라. 그리고 그들을 중점관리하기 바란다.

▶ **인맥 허브 사례**

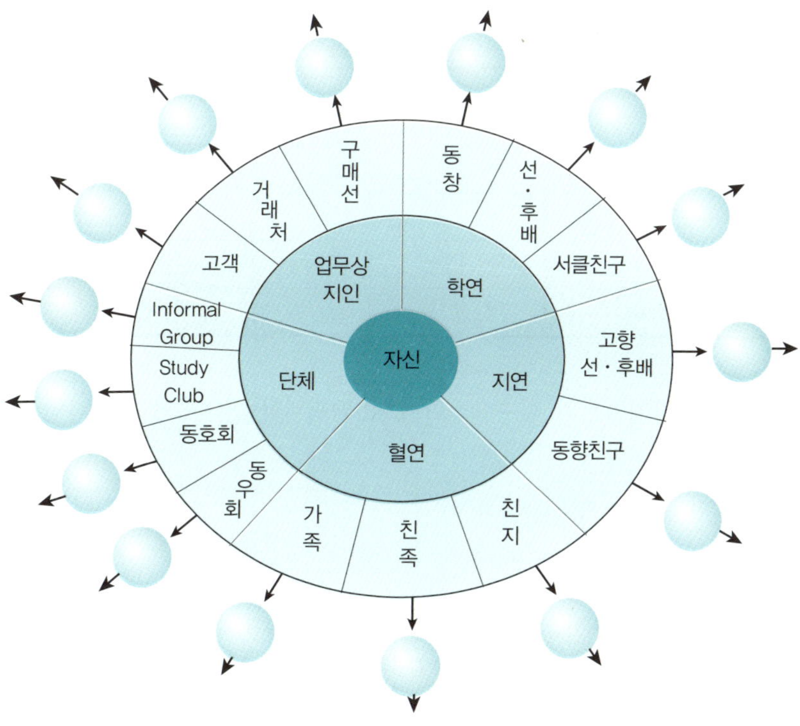

내 삶의 인생 멘토 역시 인맥관리의 중요한 요소이다. 모든 일을 나 혼자 할 수 있는 시대는 아니기 때문에 각 분야의 전문가들을 인생의 멘토로 삼을 수 있

도록 인맥관리를 해야 한다. 예를 들어 멘토 교수, 의사, 주식, 부동산, 자동차, 운동 등이 이에 해당하며, 아래 양식에 멘토를 정리해 보는 것도 좋을 것이다. 개인적으로 필자는 인맥관리 일십백천, 즉 1(Family)-10(Friend)-100(Mento)-1000 (Life)을 활용하고 있다. 즉, 10명의 Friend는 가족 같이 지내고 있는 스승, 선배, 친구, 후배 등의 인맥이며, 100명의 Mento는 각 분야의 전문가로서 내 삶의 각 분야를 아웃소싱하거나 전문적으로 조언을 받는 스승들이다. 자신에게 필요로 하는 분야와 그 분야에 멘토로 모실 전문가들의 이름을 작성해 보기 바란다.

분야	멘토	분야	멘토	분야	멘토

인맥관리는 자기경영의 필수요소이며, 인맥관리를 잘해야만 성공적인 자기경영을 완성할 수 있다.

Tip 멘토의 3요소

- 업무인맥 : 업무지식이나 스킬에 도움을 받을 수 있는 사람
- 전략인맥 : 미래 예측에 도움이 되는 업무인맥 외에 다양한 분야의 조언자
- 생활인맥 : 취미생활, 운동 등 생활을 풍요롭게 하는 데 도움을 받을 수 있는 사람

4.3 행복의 시작, 건강한 몸

히포크라테스는 '돈을 잃은 것은 조금 잃은 것이고, 명예를 잃는 것은 많이 잃은 것이며, 건강을 잃는 것은 전부를 잃은 것'이라고 하였다. 건강은 크게 신체건강과 정신건강으로 구분된다. 신체건강의 상징은 예로부터 3쾌(쾌식, 쾌침, 쾌변)한 것이라고 전해지고 있으며, 이를 위해서는 3가지 생활이 활성화되어야 한다. 3가지 생활이란 식생활, 꾸준한 운동, 충분한 휴식이다. 나의 3쾌와 3활을 점검하기 바란다. 또한 정신건강을 위해서는 스트레스를 최소화해야 하며, 자주 웃을 수 있는 마음의 여유를 가져야 한다. 자주 웃는 것이 정신건강에 도움을 준다는 많은 사례가 있다. 10초의 폭소는 노젓기 3분의 운동효과가 있으며, 15초의 웃음은 2일의 수명연장 효과가 있다는 연구사례가 있듯이 웃음은 건강관리에 많은 도움을 준다.

나의 웃음지수는

항 목	평 가 기 준
1. 유머를 세 가지 이상 구사할 수 있다	1.절대 2.전혀 3.가끔 4.종종 5.항상
2. 아는 유머라도 처음 듣는 것처럼 크게 웃어준다	1.절대 2.전혀 3.가끔 4.종종 5.항상
3. 책이나 신문에서 유머코너를 즐겨 읽는다	1.절대 2.전혀 3.가끔 4.종종 5.항상
4. 내가 우스꽝스럽게 여겨지는 것을 개의치 않는다	1.절대 2.전혀 3.가끔 4.종종 5.항상
5. 나의 실수를 웃음으로 넘길 수 있다	1.절대 2.전혀 3.가끔 4.종종 5.항상
6. 가족들과 하루에 한번 이상 웃는다	1.절대 2.전혀 3.가끔 4.종종 5.항상
7. 남의 실수도 웃음으로 웃어넘길 수 있다	1.절대 2.전혀 3.가끔 4.종종 5.항상
8. 다른 사람과 함께 있는 것을 즐긴다	1.절대 2.전혀 3.가끔 4.종종 5.항상
9. 나 때문에 남이 즐거워하는 것이 즐겁다	1.절대 2.전혀 3.가끔 4.종종 5.항상
10. 나는 소리 내어 크게 웃는 편이다	1.절대 2.전혀 3.가끔 4.종종 5.항상
11. 웃음은 좋은 관계를 빚어낸다고 믿는다	1.절대 2.전혀 3.가끔 4.종종 5.항상
12. 분위기를 바꾸기 위해 유머를 적극 활용한다	1.절대 2.전혀 3.가끔 4.종종 5.항상
13. 거울을 보며 표정연습을 할 때가 있다	1.절대 2.전혀 3.가끔 4.종종 5.항상
14. 꿈에서 웃어 본 일이 있다	1.절대 2.전혀 3.가끔 4.종종 5.항상
15. 사람들은 재미있는 일을 위해 나는 찾는다	1.절대 2.전혀 3.가끔 4.종종 5.항상
16. 유머를 생각하며 혼자 웃을 때가 있다	1.절대 2.전혀 3.가끔 4.종종 5.항상
17. 같은 말도 더 재미있게 말하려고 노력한다	1.절대 2.전혀 3.가끔 4.종종 5.항상
18. 기분을 상하게 하는 유머는 사용하지 않는다	1.절대 2.전혀 3.가끔 4.종종 5.항상
19. 최근의 유머경향을 안다(예/유머 시리즈)	1.절대 2.전혀 3.가끔 4.종종 5.항상
20. 나는 웃는 얼굴이 어울린다	1.절대 2.전혀 3.가끔 4.종종 5.항상
21. 일하면서 웃는 것은 자연스러운 일이라 믿는다	1.절대 2.전혀 3.가끔 4.종종 5.항상
22. 최악의 상황에서도 희망은 있다고 믿는다	1.절대 2.전혀 3.가끔 4.종종 5.항상
23. 웃음으로 누군가의 기분을 바꾸어 준 일이 있다	1.절대 2.전혀 3.가끔 4.종종 5.항상
24. 웃음에 관한 격언을 세 가지 이상 말할 수 있다	1.절대 2.전혀 3.가끔 4.종종 5.항상

채점 : 항상=5점, 종종=4, 가끔=3점, 전혀=2점, 절대=1점을 더한다

분석 : 90점 이상 : '유머 우등생'으로 웃음과 함께 사는 건강한 사람

75~89점 : '잠재된 유머 화산형'으로 조금만 노력하면 멋진 인생

74점 이하 : '유머낙제생'으로 무뚝뚝한 성격으로 노력이 필요함

4.4 열정적으로, 긍정적으로

미국 사회학자 랄프 월도 에머슨(Ralph Waldo Emerson)은 "어떤 위대한 일도 열정 없이는 성취될 수 없다"고 했으며, 칼릴 지브란(Kahlil Gibran)은 "열정이란 그 위에서 머뭇거림의 잡초가 결코 자랄 수 없는 화산이다"라고 했다. 열정은 마음먹는다고 생기는 것이 아니며, 설령 어떤 계기로 생겼다 하더라도 오래 지속하기는 힘들다. 열정이란 스스로 타는 불이 아니기 때문이다. 열정이란 자신이 하고자 하는 일에 부단히 노력하고 몰입하면서 만들어지는 것이다. 에디슨은 성공 비결을 묻는 기자들에게 이렇게 말했다. "나는 일에 파묻히면 시계를 보지 않았다. 연구에 몰입할 때는 내가 얼마나 일했는지조차 모를 정도로 빠져든다"고 했다. 이처럼 열정은 불타는 신념을 가지고 고난과 역경을 극복할 수 있는 근원이며, 성공을 성취시키는 원동력인 것이다.

그 누구도 크게 되고자 하는 열정 없이는 결코 성공할 수 없다. 따라서 열정을 불러일으키고 지피기 위해서는 한번 하기로 한 일은 근성과 끈기를 가지고 끝까지 해야 하며, 주인의식을 가지고 스스로 책임을 지며, 더 높은 가치를 향해 지속적인 변화/혁신을 해야 하며, 자기관리를 통해 매일 성취감을 맛봐야 한다.

또한 열정의 불씨를 지속적으로 유지시켜주는 것이 긍정의 힘이다. 긍정의 힘과 부정의 힘 중 어떤 것이 강할까? 긍정의 힘이 부정의 힘보다 수천 배 강하다고 한다. 그런데 연구결과에 의하면 사람들은 하루에 평균 50,000가지의 생각을 하며, 그중에서 긍정적인 생각은 15%에 불과하고 부정적인 생각이 85%나 된다고 한다. 이는 긍정의 힘으로 부정적인 생각의 비율이 과감히 바뀌야 할 것이다.

반쯤 물이 차 있는 컵을 보고 긍정적인 사람은 "반이나 물이 차 있네"라고 말하지만 부정적인 사람은 "반 밖에 없네"라고 말한다. 인생도 이처럼 어떤 면을 바라보느냐에 따라 그 모습이 달라지는 것이다. 자기 자신에 대한 감사가 바로 그러하다. 늘 자신에게 감사함을 찾고 매사에 감사할 때 우리는 훨씬 행복해질 수 있을 것이다.

존 고든의 「에너지 버스」라는 책에 보면, "사람들 마음속에는 긍정적인 개(dog)와 부정적인 개가 함께 살면서 싸우고 있는데, 이 중 사람들이 먹이를 많이 주는

당신의 열정 온도는

		No ⟷ Yes
1	나는 실수를 하더라도 크게 낙담하지 않는다.	0 1 2 3 4 5
2	나에게 닥친 위기나 위험에 무기력하게 당하지만은 않는다.	0 1 2 3 4 5
3	나는 불가능한 목표가 있더라도 그 상황에 맞게 대처한다.	0 1 2 3 4 5
4	아침에 일어날 때 하루에 대한 기대감을 갖는다.	0 1 2 3 4 5
5	내 생활을 즐겁게 해 주는 취미를 갖고 있다.	0 1 2 3 4 5
6	나는 관심 있는 일을 발견하고 성취해 가는 과정이 좋다.	0 1 2 3 4 5
7	나는 무엇이든 할 수 있는 에너지가 넘쳐나는 사람이다.	0 1 2 3 4 5
8	다른 사람들이 열광하는 일에 나의 에너지를 보여주려 한다.	0 1 2 3 4 5
9	일을 추진할 때 망설이지 않고 단호하게 추진하는 편이다.	0 1 2 3 4 5
10	회사에서 요구하는 업무를 잘할 수 있는 자질이 충분하다.	0 1 2 3 4 5
11	나에게는 꼭 성공하고 싶은 분야가 있다.	0 1 2 3 4 5
12	가치 있는 목표를 추구하는 동안에는 의심을 하지 않는다.	0 1 2 3 4 5
13	관심 있는 일에는 별다른 성과가 없더라도 기꺼이 해낸다.	0 1 2 3 4 5
14	나는 새로운 일을 시작하거나 배울만한 용기가 있다.	0 1 2 3 4 5
15	어려운 상황에 처하더라도 쉽게 포기, 좌절하지 않는다.	0 1 2 3 4 5
16	나는 다른 사람한테 일을 미룬 채 회피하지 않는다.	0 1 2 3 4 5
17	나는 항상 활기차고 밝아 보인다는 소리를 많이 듣는다.	0 1 2 3 4 5
18	나는 스스로 즐거운 인생을 살고 있다고 생각한다.	0 1 2 3 4 5
19	나는 적극적인 사람이다.	0 1 2 3 4 5
20	나는 내가 계획한 일을 꼭 지키는 사람이다.	0 1 2 3 4 5

나의 열정 온도는? ______ ℃

71~100℃ : 열정적인 실천가형

유머와 함께 명랑한 성격의 소유자. 일 가운데 보람을 찾는 스타일이다. 자신의 분야에서 능력을 인정받으면서 동료로부터의 신망도 두텁운 편이다. 일을 정력적으로 실천해가면서도 쉽게 피로를 느끼지 않는 형이다.

41~70℃ : 질서 존중형

누구보다 자신이 속한 회사와 가족을 사랑하는 스타일이다. 함부로 직업을 바꾸지도 않는다. 때론 융통성이 없다는 말을 듣기도 한다. 평소 굳은 심지의 반만이라도 자유로운 사고를 펼칠 필요가 있다.

0~40℃ : 무사안일형

조용하고 말이 없어 눈에 잘 띄지 않는 스타일이다. 자신에 대한 관심이 부족하고, 열정도 자신과는 무관하다고 생각한다. "나는 해낼 수 있다"는 적극적인 사고방식이 절실한 상태이다.

개가 이기게 된다는 것이다"라는 부분이 있다. 우리 모두 노력을 통해 긍정적인 마인드로 살면 우리 인생은 좀 더 여유롭게 행복해 질 것이다.

4.5 돈의 IQ와 돈의 EQ

돈이 인생 최고의 가치일 수는 없다. 그러나 돈 없이 우리는 결코 자기경영의 궁극적인 목적을 달성하기 힘들 것이다. 우리에게 진정으로 필요한 것은 돈을 불리는 법과 돈을 사용하는 법에 대한 균형 있는 지혜일 것이다. 이에 대해서는 돈의 IQ와 돈의 EQ에 대해 제대로 알아야 한다.

돈의 IQ란 돈 모으는 지식, 돈 굴리는 지식, 돈 지키는 지식 등에 대한 돈에 대한 지식지수를 말한다. 따라서 돈의 IQ가 낮다면 돈을 모으지도, 불리지도 못할 뿐 아니라 있는 돈마저 지킬 수 없다. 반면, 돈의 EQ는 부자의 질을 결정하는 돈에 대한 감성지수를 말한다. 돈의 EQ가 낮다면 돈의 노예가 되는 생활이 될 수밖에 없으며, 돈의 EQ가 높은 사람은 돈 관리에 대한 개념이 분명해 돈의 가치에 대해 늘 생각한다. 따라서 가장 현명한 자산관리 기술은 돈의 IQ와 EQ 모두 높은 형태를 말한다. 이것이 진정으로 행복한 부자가 되는 길일 것이다.

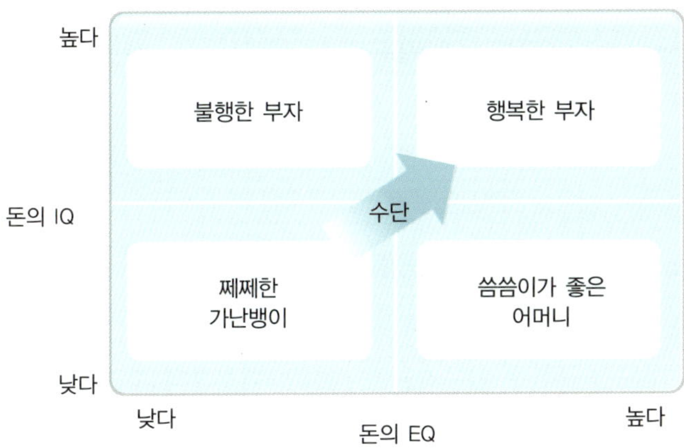

돈의 IQ를 높이는 법(수입창출방법)	돈의 EQ를 높이는 법(감성지수)
1. 많이 벌릴 수 있는 구조를 만들어라	1. 받아 들이라(마음을 잘 수용하라)
2. 현명하게 써라	2. 감사하라
3. 확실하게 지켜라	3. 신뢰하라(자신이 풍요로워 질 수 있음을……)
4. 투자하라	4. 함께 나누어라

Tip 백만장자가 갖출 10가지 요소

1. 좋아하고, 잘하고, 기쁘게 하는 직업 선택
2. 성실성과 건강
3. 행운을 내편으로!
4. 위기를 극복하는 힘(좌절의 경험을 가짐)
5. 다른 사람들의 지지(많은 지원자)
6. 인생의 스승(멘토)
7. 배우자와의 좋은 관계
8. 독특한 자녀교육(돈보다 지혜/친구 사귀는 법)
9. 장기적 안목 소유(비전-인생은 마라톤 경주)
10. 멋진 결단(판단력과 신속한 의사결정)

록펠러는 높은 돈의 IQ로 세계적인 대부호가 되었다. 그러나 그는 행복하지 않았고, 마침내는 불치의 병이라는 판명을 받게 되었다. 의사의 조언에 따라 나눔재단 등 봉사를 통한 사회활동으로 돈의 EQ를 높이게 되어 마침내는 병도 완쾌되고 건강한 삶을 살 수 있었으며, 진정한 부호의 명성도 되찾을 수 있었다.

4.6 우선순위로 시간을 경영하라

능률에 대해 연구하는 전문가들에 의하면 대부분의 사람들은 그들의 능력수준보다 훨씬 못 미치는 생활을 하고 있다고 한다. 그것은 무엇보다도 시간관리를 제대로 하지 못하기 때문이다. 시간관리의 중요성은 누구나 다 인식하겠지만 정작 행동으로 옮기는 사람은 드물기 때문이다. 그러나 많은 성공한 사람들은 철저하게 자기의 시간을 관리하고 남는 시간을 이용하여 매우 유용하게 사용한다. 시간관리의 중요성을 인식하고 나에게 주어진 시간 내에서 자기경영에 최선을 다해야 할 것이다.

아래 그림은 시간관리 매트릭스(time Management Matrix)이다. 우리의 시간을 가장 잘 활용하려면 중요성을 강조하는 제1사분면과 제2사분면의 일에 초점을 맞추어야 한다. 특히 인간관계의 구축, 계획수립, 준비활동 등은 모두 제2사분면이다. 즉 생산능력을 증대시키는 활동들이다. 따라서 2분면(자기리더영역)에 가장 우선순위를 두고 관리해야 한다.

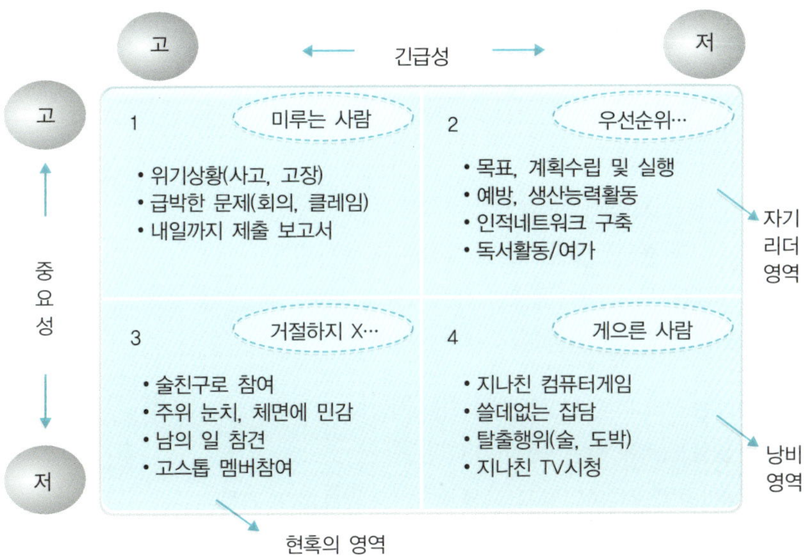

일반적으로 중요하고 급한 1사분면의 일은 누구나 느낄 수 있다. 그러나 많은 사람이 3사분면, 4사분면에 우선순위를 많이 두고 있다. 아울러 2사분면은 나중으로 미루다가 때를 놓치는 경우가 많다. 따라서 2사분면의 일을 나중에 해야지 하는 생각을 버리는 것이 좋다. 만약 자신의 업무가 과중된다면 가능하면 3사분면과 4사분면의 일은 자투리 시간을 활용하거나 위임 또는 버리는 방법을 강구하는 것이 좋다.

어느 한 노교수는 강의시간에 투명한 상자와 돌, 자갈, 가는 모래, 물을 준비해 놓고 항아리에 이들을 꽉 채우는 방법을 찾아보라고 했다. 모래를 먼저 부으면 큰 돌을 많이 넣을 수가 없다. 그러므로 큰 돌을 차곡차곡 넣은 다음 자갈을 넣고 그 다음 모래를 넣으니 상자를 가득 채울 수 있었다. 즉, 인생의 시간에서 작은 일로 시간을 보내면 큰일을 해낼 수 없다. 따라서 비전이나 목표를 달성할 수 있는 큰일들을 우선해서 하자는 시간관리 우선순위인 것이다.

빈 항아리 꽉 채우는 방법

1. 큰 돌을 먼저 넣어라
2. 작은 돌을 넣어라
3. 모래를 넣어라
4. 물을 부어라

성공자들의 시간관리 습관

- 소중한 것을 먼저 한다.
  - 긴급한 것과 중요한 것을 구분할 줄 아는 지혜가 있어야 한다.
  - 긴급한 활동이 자신에게 중요한 비전/목표에 기여할 수 있도록 한다.
  - 성과를 내는 일에 집중한다.
- 성공자들은 전혀 다른 성질의 일을 하는 사람이다.
  - 같은 일을 다르게 하는 사람이 아니다.
  - 정신없이 바쁜 사람이 아니고, (생각하는) 시간을 많이 가진다.

4.7 황금수맥을 찾아라

직장인 1,460명을 대상으로 설문조사한 결과 응답자의 80%가 "현재 직업을 평생 할 일로 생각하지 않는다"고 답했다. 또한 77%가 첫 직장을 3년 이내에 그만두었다. 결국 직장인의 80%가 현재 자기 일에 만족하지 못하며, 그 결과 원하는 부와 성공을 이루지 못하고 있는 것으로 분석된다. 그렇다면 자신이 진정으로 좋아하면서 잘할 수 있는 일이란 어떤 것인가?

아인슈타인은 어렸을 때 성적이 전체적으로 낙제 수준이었다. 만약 아인슈타인이 잘 못하는 과목을 보강하는 데 집중했다면 보통 사람이 되었을 것이다. 그러나 아인슈타인은 자신의 강점인 수학과 물리에 집중했다. 자신의 핵심 강점을 찾아 극대화시키는 것, 이것이 성공의 핵심이다.

지금 하고 있는 일이 재미가 없다면 어떻게 될까? 아마 기대한 만큼 성과가 없을 것이며, 삶의 에너지가 고갈되어 인생이 힘들어질 것이다. 성공적인 자기경영을 위해서는 자신의 강점을 살리면서 재미를 추구할 수 있는 일을 해야 한다. 재미를 느끼지 못하는 일이라도 "어차피 해야 할 일이라면 재미있게 하자"라고 생각하면서 일을 해야 한다. 그러한 생각 자체가 실제가 되기 때문이다.

자신의 직업에서 황금수맥을 찾기 위해서는 세 가지 질문을 끊임없이 해야 한다.

내가 남보다 더 잘할 수 있는 일은 무엇인가? : 강점
나는 어떤 일을 할 때 즐겁고 재미를 느끼는가? : 재미
잘하고 즐거운 일이 금전적인 재화도 뒤따르는가? : 재화

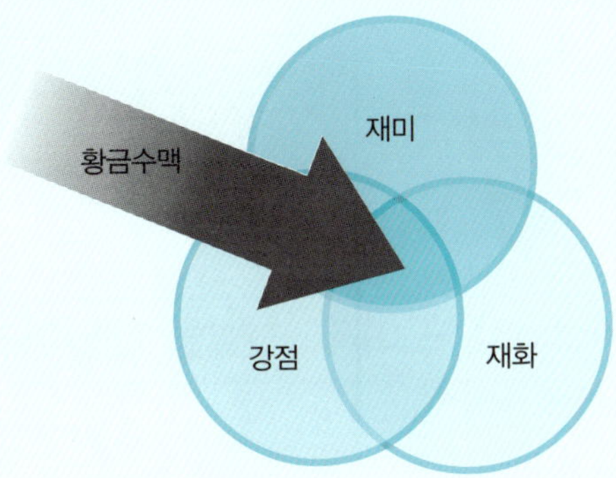

이 세 가지 질문에 대한 답이 교차하는 곳이 바로 당신의 황금수맥이며, 그 황금수맥을 열심히 파헤치면 물줄기가 흘러 넘칠 것이다. 궁극적으로 행복한 삶과 자기경영을 완성하기 위해서는 자신의 황금수맥을 반드시 찾아야 한다.

4.8 가화만사성

가화만사성이란 말이 있다. "가정이 화목하면 모든 일이 이루어진다"는 뜻으로써 모든 일은 가정에서부터 비롯된다는 말이다. 가정은 공동생활이 이루어지는 최소단위이며, 사회생활의 출발점이다. 따라서 공동체의 근간인 가정이 화목하지 않으면 가족구성원 사이에 갈등이 생기고, 의심하고 미워하는 마음이 일어나 결국 서로 반목하게 된다. 가정의 소중함을 깨닫고 항상 가정에 충실해야 한다.

Tip 행복한 가정에 꼭 있어야할 10가지

1. 용서가 있어야 합니다.
2. 이해가 있어야 합니다.
3. 대화가 있어야 합니다.
4. 문화가 있어야 합니다.
5. 쉼터가 있어야 합니다.
6. 믿음이 있어야 합니다.
7. 유머가 있어야 합니다.
8. 어른이 있어야 합니다.
9. 사랑이 있어야 합니다.
10. 꿈이 있어야 합니다.

5 실행(Action) – 이제, 첫발을 내딛어라

5.1 지금 바로 실행하라

톨스토이의 3가지 질문이 있다. 첫 번째, 나에게 가장 소중한 시간은 언제? 바로 '지금 이 순간'이다. 두 번째, 나에게 가장 소중한 사람은 누구? 바로 '지금 내 앞에 있는 사람'이다. 세 번째, 나에게 가장 소중한 일은 무슨 일? 바로 '지금 내가 하고 있는 일'이다. 모든 건 지금 바로 실행해야 효과가 제대로 나타나는 것이다. 실행이 모든 것을 결정한다. 괴테는 "스스로 할 수 있거나 꿈꾸는 일이 있거든 당장 추진하라"고 했다. "대담함 속에는 재능과 힘과 신비함이 모두 깃들어 있다"고 했다. 아는 것이 힘이 아니라, 실행하는 것만이 진정한 힘이 될 수 있다.

Tip 당신이 3일 후에 죽는다면…….

미국 어느 대학의 심리학 수업 중의 이야기이다.
어느 날, 교수님이 앞의 칠판에 강의 내용을 적었다.

"당신이 3일 후에 죽는 다면……"

우리가 만일 3일 후에 죽게 된다면 하고 싶은 일이 뭔지 생각해 보자는 것이었다. 20분쯤 지난 뒤 교수님은 몇몇 학생들의 대답을 들었다. 저마다 하고 싶은 여러 가지 일들에 대해 발표했다. 그런데 죽음을 앞둔 사람들의 소망은 뜻밖에도 다들 평범했습니다. 그것은 "여행을 가겠다. 기막히게 맛있는 음식을 먹겠다. 싸우고 토라진 친구와 화해를 하겠다. 고향에 계신 부모님에게 전화하겠다" 등이었다. 바로 그 때 교수님이 칠판으로 다가가 단 한 마디를 썼다.

"DO IT NOW!"
바로 지금 하라!

들뜨고 어수선했던 강의실은 찬물 끼얹은 듯 조용해 졌다. "DO IT NOW!" 죽음이 눈앞에 닥칠 때까지 미루지 말고 지금 당장 그 모든 일을 실천하며 살라!

5.2 선택했으면 집중하라

이 세상에는 두 가지 바보가 있다고 한다. 첫 번째는 꿈이 없는 바보이고, 두 번째 바보는 꿈만 꾸는 바보이다. 우리는 이들을 NATO족이라 한다(No Action Thinking Only). 바보들은 항상 결심만 한다. 사람의 마음은 움직이는 갈대이므로 선택할 때도 망설이지만, 선택한 후에도 끊임없이 오락가락하고 후회한다. 올바른 선택도 중요하지만 그것보다 더 중요한 것은 선택한 분야에서 성과를 내야 올바른 선택이 되는 것이다. 행동계획을 세우면 그대로 집중해서 행해야 한다.

그래야 성과가 나고 성과가 나야 올바른 선택이 되는 것이다. 선택 후 집중하지 못하면 성공할 확률은 거의 없다.

5.3 매일매일 하는 일을 즐겨라

지금까지 살면서 어떤 때 가장 즐겁고 재미있었는가? 마이크로소프트사의 CEO 빌 게이츠는 자신의 성공비결을 한 문장으로 표현해 달라는 학생들의 요청에 거리낌 없이 "매일매일 하는 일을 즐기기 때문"이라고 했다. 자신의 일을 즐긴다는 것은 자신이 좋아하는 일만을 한다는 것이다. 좋아하지도 않을 일을 억지로 하면 그 일에 대해 열정도 생기지 않으며, 일에서 자신을 발견하고 발전시킬 수 없을 것이다. 때로는 내가 하는 일이 피할 수 없는 상황이라면 즐길 수 있는 지혜를 갖기 바란다. 우리는 "성공하면 행복하고 삶이 즐겁다"고 알고 있다. 그러나 매일이 즐거우면 그것이 곧 행복으로 가는 지름길이라고 성공인들은 외치고 있다.

5.4 열정의 씨앗으로 자신감을 꽃피워라

발레리나 강수진, 축구선수 박지성의 발을 본 적이 있는가? 직접은 보지 못해도 사진으로는 볼 기회가 있었을 것이다. 그들 발의 공통점은 너무 못생겼다는 것이다. 그러나 우린 그 못생긴 발에 경의를 표하고 있다. 그들의 해당 분야에서 최고가 되기 위해 땀 흘린 열정이 그 발에 고스란히 표현되어 있기 때문이다. 열정의 씨앗을 품고 자신감으로 꽃피워라.

5.5 끈기를 가져라

앞으로 10년! 약 1만 시간의 할애로 성공이 보장된다면? 당신은 하겠는가 하지 않겠는가? 두뇌 연구의 선구자 엔더슨 에릭슨의 '10년 법칙'에 의하면, 어떤 분야에서 최고 수준의 성과와 성취에 도달하려면 최소 10년간, 약 1만 시간 정도는 집중적으로 해야 한다고 한다. 10년을 이리기웃 저리기웃 거리는 인생은 1차함수 인생으로 많은 시간이 지났음에도 그다지 큰 성과를 기대하기 힘들다. 그러나 10년을 오로지 한 분야에 인생을 건 2차함수 인생은 시간이 가면 갈수록 그 성과는 배가 된다는 것이다. 뭔가 시작했으면 끈기를 가지고 해야 한다.

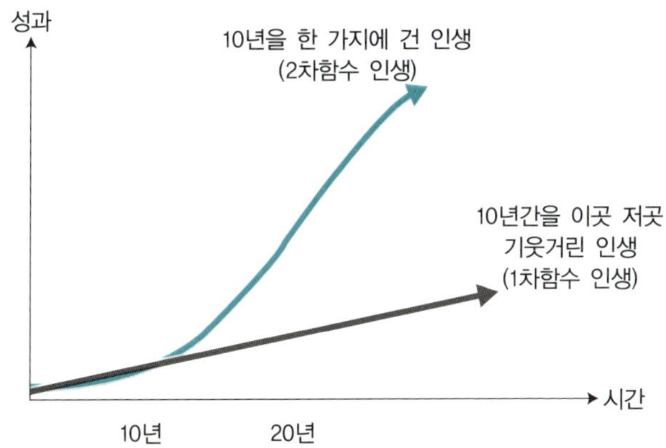

5.6 경쟁의 패러다임을 바꿔라

토끼와 거북 우화를 살펴보자. 토끼와 거북의 달리기 우화에서 당연히 발 빠른 토끼가 느린 거북을 이겨야 하는 이야기인데도, 오히려 느린 거북이 승리한다. 그렇다면 토끼보다 훨씬 느린 거북이 토끼를 이긴 원인은 무엇인가? 과거에는 토끼의 자만과 방심을 경계하고, 거북의 끈기를 본받자는 교훈적 관점의 해석이 대부분이었다. 그러나 현대의 자기경영 관점에서 바라보면 경쟁의 패러다임과 거북이 어떻게 토끼의 달리기 제의에 응했을까 하는 부분에 관심이 쏠리고 있다. 즉 토끼와 거북은 처음부터 바라보는 목표가 서로 달랐으며, 거북은 경쟁상대인 토끼

에 대해 이미 잘 파악하고 있었던 것이다.

거북의 목표는 출발할 때부터 토끼가 아닌 산등성이의 깃발이었다. 그러나 토끼는 깃발이 아닌 거북을 목표로 바라보았다. 비록 느리지만 산등성이의 목표만을 향해 거북은 인내하며 성실하게 달렸으며, 거북을 바라보며 달렸던 토끼는 자만에 빠져 태평하게 잠을 자고 말았던 것이다.

토끼와 거북 우화처럼 목표를 보는 것과 상대를 보는 것이 성공과 실패를 가르는 법이다. 상대를 보고 달리는 사람은 목표를 보고 달리는 사람을 결코 이기지 못한다. 치열한 경쟁 사회에 적응하여 살다보면 나도 모르게 조급증이 나고 타인과 경쟁하려고 하는 경우가 종종 있다. 그럴수록 "나는 나다"라는 생각으로 내 목표에 매진해야 한다. 이제 경쟁의 패러다임을 바꿔야 한다.

5.7 긍정적으로만 바라봐도 시간이 부족하다

일본 아오모리현 지역의 특산품은 사과이다. 그런데 1991년 연이은 태풍으로 아오모리 현의 사과가 90% 이상 떨어졌다. 대부분의 농민은 넋을 잃고 실의에 빠졌지만, 이때 결코 절망하지 않고 남들과 전혀 다른 발상으로 성공한 한 사람이 있었다. 그는 떨어진 사과에 미련을 두지 않고, 나머지 10%의 사과를 잘 수확하여 마침내 '떨어지지 않는 사과'라는 이름으로 수험생에게 팔았다. 이 엉뚱한 시도는 일반 사과가격의 열 배 이상 비싼데도 날개 돋친 듯이 팔려 나갔다. 특히 '떨어지지 않는 사과'라는 이름 때문에 수험생들에게 폭발적인 사랑을 받았다고 한다. 부정을 긍정으로 바꾼 생각하나만으로 기존의 통념이 깨지는 것이다.

일본의 내쇼날사의 전 회장인 마쓰시타 고노스케(1894~1989)는 어린 시절 가정형편이 너무 어려워서 학교도 제대로 다니지 못하고, 선천적으로 허약한 몸으로 자전거 점포의 종업원으로 살아왔다. 마쓰시타 고노스케는 어느 날 기업성공과 장수의 비결을 묻는 기자들의 질문에 다음과 같은 말을 했다. "나는 신이 주신 3가지 은혜 덕분에 크게 성공할 수 있었다. 첫째 가난함, 둘째 허약한 몸, 셋째 무지함이다. 가난에서 벗어나기 위해 큰 돈을 벌 수 있는 기술을 배웠으며, 허약함을 이겨내기 위해 끊임없이 운동을 했고, 무지함을 극복하기 위해 만나는 모든 사람을 스승으로 생각했다." 그는 이 세 가지의 약점을 긍정적으로 생각하며 자기경영에 성공했다.

Tip 변명하지 마라

집안을 탓하지 마라!
나는 아홉 살 때 아버지를 잃고 마을에서 쫓겨났으며 그림자 말고는 친구가 없었다.

가난했다고 말하지 마라!
나는 들쥐를 잡아먹으며 연명했고 목숨을 건 전쟁이 내 직업이고 일이었다.

조그만 나라에서 태어났다고 말하지 마라!
10만의 병사와 노약자를 포함한 200만 명이 못되는 인구, 끝없이 펼쳐지는 벌판만이 내 나라의 전부였다.

배운 게 없고 힘이 없다고 말하지 마라!
나는 내 이름 쓸 줄도 몰랐으나, 남의 말에 귀를 기울이면서 현명해지는 법을 배웠다.

너무 막막하다고, 그래서 포기해야겠다고 말하지 마라!
나는 몸에 칼이 찔려도 탈출했고 뺨에 화살을 맞고 죽었다가 살아나기도 했다. 적은 밖에 있는 것이 아니라 내 안에 있다.
나는 모든 거추장스러운 것들을 깡그리 쓸어버렸다.

나를 극복하라!
나는 징기스칸이 되었다.

5.8 독서는 선택이 아닌 필수다

빌 게이츠는 유명한 독서광이다. 그는 한 공식석상에서 "내가 살던 마을의 작은 도서관이 나를 만들었다"고 말했다. 빌 게이츠는 바쁜 일과 중에도 매일 밤 한 시간씩 책을 읽으려고 노력한다고 했다. 이처럼 성공한 경영인, 유명인, 대통령들은 항상 책을 가까이 하고 있으며, 그들이 휴가를 갈 때면 그들이 읽는 책이 관심사로 떠오르고 서점가의 베스트셀러가 되기도 한다. 독서는 한 사람의 인생을 만드는 힘이 있으며 자기경영의 필수 요소이며, 지식사회의 진정한 Leader는 책을 읽는 Reader가 될 것이다. 이제 독서하지 않는 사람에게는 미래가 없으며, 독서는 선택이 아닌 필수다.

5.9 보다 빠르게 하라. 보다 잘 하라. 지금 해야 할 일을 하라

무작정 열심히 일만 하는(Work Hard) 시대는 지나고, 창의적으로 똑똑하게 일해야 하는 시대(Work Smart)가 도래했다. 자기경영도 '워크 하드'를 넘어 '워크 스마트'의 시대로 변하고 있다. 워크 스마트란 창의를 기반으로 자기경영의 질적 향상을 유도하는 동시에, 인생의 새로운 가치를 창출하는 창의적 역량 구현이라고 할 수 있다. 피터 드러커는 실행을 할 때는 "보다 빠르게 하라. 보다 잘 하라. 지금 해야 할 일을 하라."고 했다. '스마트'한 생각으로 '보다 빠르게', '보다 잘', '지금 해야 할 일'을 해야 한다.

6 평가(Review & Renovate) - 지속적으로 돌아보고, 혁신하라

6.1 매일매일 돌아보는 시간을 가져라

자신의 삶을 매일매일 되돌아보는 시간을 갖는다는 것은 매우 중요한 의미가 있다. 삶의 원칙을 세우고 실천하는 과정에서 매일 삶을 뒤돌아보았을 때 자기 삶의 목표가 보다 명확하게 보이고 열정적으로 그 목표를 향해 나아갈 수 있기 때문이다. 매일매일의 활동을 비전, 목표와 연계하여 숲을 망원경으로 바라보는 혜안과 나무를 현미경으로 바라보는 섬세함으로 자신을 매일 돌아볼 수 있어야 한다.

Tip 시간과 일을 정리하는 방법

① 잠들기 전, 오늘 한 일을 점검하라.
② 내일 할 일 5가지 정도를 생각하라.
③ 그 일의 우선순위를 정하고 종이에 적어라.
④ 다음날 그 종이를 주머니에 넣고 나가라.
⑤ 회사(학교)에 도착하면 종이에 써둔 첫 번째 일부터 실행하라.

6.2 실패를 후회하지 말고 내일을 기약하라

모든 성공은 실패라는 상처로 긁혀 있는 법이다. 지나간 일에 후회하지 말고, 나를 붙들고 있는 과거가 있다면 훌훌 털어내 버려야 한다. 실패를 딛고 성공한 사람들의 공통점은 실패감정과 고정관념에 사로잡히지 않고, 끊임없이 아이디어를 내며 도전한다는 것이다. 실패했기 때문에 실패경험이라는 자산을 얻은 것이다. 라이트 형제는 805번을 실패한 후 비로소 비행기를 띄울 수 있었고, "실패는 안 되는 방법을 발견했을 뿐"이라는 에디슨은 전구를 발명할 때 147번을 실패한 후 성공하였다. 대부분의 성공한 사람들은 실패한 경험을 많이 갖고 있다고 한다. IBM의 설립자 토마스 왓슨의 '실패율 2배 법칙'에 의하면 성공하는 제일 빠른 길은 실패율을 두 배로 높이는 것이라고 했다. 이미 지나간 실패 때문에 괴로워하지 말고, 미래에 시간을 투자해야 한다.

6.3 자신에게 칭찬하라

1988년 독일의 사회심리학자 프리츠 스트랙(Frits Strack)은 '안면 피드백 가설'(facial feedback hypothesis) 실험으로 지금까지 우리가 알고 있는 기분과 표정의 관계를 규명했다.

한 실험자는 입에 볼펜을 물어 억지로 웃는 표정을 짓게 하고, 또 다른 실험자는 입술 위에 볼펜을 끼워 시무룩한 표정을 짓게 하였다. 이 상태에서 이들에게 만화책을 보여주었다. 그리고 만화책을 다 본 후 만화가 얼마나 재미있었는지를 질문했을 때, 웃는 표정의 실험자가 시무룩한 표정의 실험자에 비해 만화책을 더 재미있게 보았다는 평을 내렸다고 한다. 우리의 뇌는 참과 거짓을 잘 구분하지 못하며, 우리가 웃는 표정을 지었을 때 그 표정에 근거하여 상황을 판단한다. 즉, 억지로라도 밝은 표정을 지으면 진짜 기분이나 마음까지도 바뀔 수 있다는 것이다.

무교동 코오롱빌딩 본사 옆에서 토스트 가게를 하는 김석봉 씨. 김석봉 씨는 초등학교 밖에 못나온 데다가, IMF 때는 일자리마저 잃었었다. 그러나 그는 매일 거울을 보며 웃는 모습을 연습한다. 그리고 자기 자신에게 '3빼 구호'를 외친다.

- 살아있어 '기뻐'
- 일이 많아 '바뻐'
- 하나뿐인 나 '이뻐'

1.5평 남짓한 노점에서 토스트를 굽는 것이 일이지만 김석봉 씨의 연봉은 1억이 넘으며, '석봉토스트'라는 전문 브랜드를 만들고 체인점이 이미 100호점을 달성했다. 행복하고 싶다면 하루에도 몇 번씩 자신에게 미소 지으며 칭찬해보라. 그 미소와 칭찬이 당신에게 정말로 행복을 가져다줄 것이다.

6.4 주변에 감사하라

우리들이 감사해야 할 대상은 너무도 많다. 자기 자신, 부모, 형제, 동료(친구 혹은 사랑하는 사람), 현재의 처지, 기타(조국, 이웃, 주변환경) 등 자기 주변의 모든 것에 감사할 줄 알아야 한다. 감사할 줄 아는 사람에게는 감사할 일이 자꾸 생기며, 그렇지 못한 사람에게는 불평거리만이 쌓인다. 행복한 하루는 감사함에서 시작되며, 불행한 하루는 불평 가득한 마음에서부터 시작된다. 불평을 멈추고 그 자리에 감사를 채우면 좋은 일들이 일어날 수밖에 없을 것이다. 일상적이고 사소한 모든 것에 감사하게 되고 도움을 받았던 순간들을 떠올리게 되면 삶에 대한 애정이 샘솟게 된다. 행복은 감사하는 마음에서 시작된다.

6.5 지속적으로 변화하고 창의적으로 혁신하라

솔개는 70년까지 살 수 있는 장수 조류로 알려져 있다. 그러나 70년을 살기 위해서는 솔개는 약 40세가 되면 매우 중요하고도 고통스러운 결정을 해야만 한다. 소리개라고도 불리는 솔개는 약 40세가 되면 발톱이 노화하여 사냥감을 그다지 효과적으로 잡아 챌 수 없게 된다. 솔개의 부리는 길게 자라고 구부러져 가슴에 닿을 정도가 되고, 깃털이 짙고 두껍게 자라 날개가 매우 무겁게 되어 하늘로 날아오르기가 나날이 힘들게 된다. 이때 솔개는 두 가지 선택을 할 수 있다. 그대로 죽을 날을 기다리는 것과 약 반년에 걸친 매우 고통스런 과정을 통해 새롭게 거듭날 것인가를 선택하는 것이다.

새롭게 거듭날 것을 선택한 솔개는 먼저 산 정상의 절벽 끝에 둥지를 틀고 머물며 전혀 날지 않고 고통스런 과정을 시작한다. 먼저 자신의 부리로 바위를 쪼아 부리가 깨지고 빠지게 만든다. 그러면 서서히 새로운 부리가 돋아나는 것이다. 그런 후 새로 돋은 부리로 발톱을 하나하나 뽑아낸다. 그리고 새로 발톱이 돋아나면 이번에는 날개의 깃털을 하나하나 뽑아낸다. 이러한 고통스런 과정으로 약 반년이 지나면 새 깃털이 돋아나 솔개는 완전히 새로운 모습으로 변신하게 된다. 그리고 다시 힘차게 하늘로 날아올라 30년의 수명을 더 누리게 되는 것이다.

솔개의 고통스런 일련의 혁신처럼, 지금 하고 있는 일을 계속해서 같은 방법으로 수행해도(개선 수준에 머물러도) 문제가 없는지 고민하고, 변화하고, 창의적으로 혁신해서 문제를 해결해야 한다.

6.6 새롭게 시작하라

윈스턴 처칠은 "비관론자는 매번 기회가 찾아와도 고난을 본다. 낙관론자는 매번 고난이 찾아와도 기회를 본다"고 했다. 지금 힘들고 괴로워도 긍정적인 자세로 새로운 내일을 기약하며 오늘에 충실할 줄 알아야 한다.

그동안 계획하고 실행하고 평가한 결과가 가감 없이 피드백되어 새로운 계획에 반영함으로써 비전을 향한 보다 바람직한 시작이 되어야 할 것이다.

Tip 자기경영 자가진단

■ 직업적 건강 No ⟷ Yes

1	나는 내 삶의 비전(목표)과 관련된 일을 하고 있다.	1 2 3 4 5
2	나는 재능을 발휘할 수 있는 일을 하고 있다.	1 2 3 4 5
3	지금 하는 일을 즐기면서 하고 있다.	1 2 3 4 5
4	지금 하는 일에서 안정된 수입이 보장된다.	1 2 3 4 5
5	현재하는 일에서 불만을 크게 느끼지 않는다.	1 2 3 4 5
6	나는 내 분야에서 전문가로 인정을 받고 있다.	1 2 3 4 5
7	나는 최고가 될 수 있는 핵심역량을 가지고 있다.	1 2 3 4 5
8	미래의 직업과 위치에 대한 뚜렷한 목표가 있다.	1 2 3 4 5
9	목표 달성을 위한 나의 경력 관리를 꾸준히 하고 있다.	1 2 3 4 5
10	상사, 동료, 부하직원과의 관계가 원만하다.	1 2 3 4 5
계(합산/환산)		/

* 환산점수는 합산점수×2

■ 경제적 건강 No ⟷ Yes

1	나는 부동산, 주식, 금리 등 재테크에 관심을 갖고 있다.	1 2 3 4 5
2	나는 지출보다 수입이 많다.	1 2 3 4 5
3	돈 버는 지식(IQ)이 높은 편이다.	1 2 3 4 5
4	나는 미래의 재무적인 목표를 가지고 있다(노후대책 등).	1 2 3 4 5
5	나는 현재 재정적으로 안정된 수준이다.	1 2 3 4 5
6	나의 지출 및 구매습관은 만족 할만하다.	1 2 3 4 5
7	나는 돈을 잘 관리하는 지혜(EQ)를 갖고 있다.	1 2 3 4 5
8	나는 경제신문 등 경제관련 정보에 관심이 많다.	1 2 3 4 5
9	나는 재테크에 밝은 인맥이 주변에 있다.	1 2 3 4 5
10	수입, 지출에 대한 관리를 체계적으로 하고 있다.	1 2 3 4 5
계(합산/환산)		/

* 환산점수는 합산점수×2

■ 신체적 건강

		No ⟷ Yes
1	하루가 3쾌(쾌식, 쾌변, 쾌침)하다.	1 2 3 4 5
2	식생활은 적합하다(과/폭/편식, 단/짠/탄 음식).	1 2 3 4 5
3	운동은 규칙적으로 한다(주 3일, 1회 20~30분).	1 2 3 4 5
4	체중과 혈압은 적정하게 유지한다.	1 2 3 4 5
5	적당한 휴식과 수면을 취한다(6~8시간).	1 2 3 4 5
6	흡연을 하지 않고, 과하게 음주하지 않는다.	1 2 3 4 5
7	매일 충분한 물과 비타민을 섭취한다(물 2L).	1 2 3 4 5
8	스트레스를 잘 관리한다.	1 2 3 4 5
9	나는 잘 웃는 편이다.	1 2 3 4 5
10	주기적으로 종합검진을 받는다.	1 2 3 4 5
계(합산/환산)		/

* 환산점수는 합산점수×2

■ 지적 건강

		No ⟷ Yes
1	나는 뚜렷한 삶의 목적과 가치관과 비전(꿈)을 가지고 있다.	1 2 3 4 5
2	비전달성을 위한 체계적인 목표와 계획이 수립되어 있다.	1 2 3 4 5
3	목표달성을 위해 시간관리를 체계적으로 하고 있다.	1 2 3 4 5
4	나는 자기개발을 위한 투자를 꾸준히 하고 있다(돈, 시간).	1 2 3 4 5
5	나는 새로운 것을 받아들이고 활용하는 것에 유연하다.	1 2 3 4 5
6	나는 전문지식 외에도 다양한 지식을 갖고 있다.	1 2 3 4 5
7	정보를 보다 빨리 감지하고 변화대응 속도도 빠르다.	1 2 3 4 5
8	나는 창의력이 풍부한 편이다.	1 2 3 4 5
9	나는 재능을 갖고 있고, 꾸준히 연마한다(스포츠, 악기 등).	1 2 3 4 5
10	나의 독서량은 풍부한 편이다.	1 2 3 4 5
계(합산/환산)		/

* 환산점수는 합산점수×2

■ 영적 건강 No ⟷ Yes

1	나는 신앙생활을 하고 있다.	1 2 3 4 5
2	좋은 영감을 얻기 위해 노력한다(여행/독서/음악 등).	1 2 3 4 5
3	일과 여가의 균형을 잘 유지하고 있다.	1 2 3 4 5
4	정기적인 사색, 묵상시간을 갖고 있다.	1 2 3 4 5
5	나는 건전한 취미생활을 하고 있다.	1 2 3 4 5
6	나는 긍정적인 사고를 가지고 있다(배려/포용 등).	1 2 3 4 5
7	나는 자신감과 열정이 있다.	1 2 3 4 5
8	쉽게 화를 내지 않는다.	1 2 3 4 5
9	감사의 마음을 갖는다.	1 2 3 4 5
10	나는 행복하다고 생각한다.	1 2 3 4 5
계(합산/환산)		/

* 환산점수는 합산점수×2

■ 가정적 건강 No ⟷ Yes

1	우리 가족은 서로 신뢰하고 있다.	1 2 3 4 5
2	가족이 함께 하는 시간을 갖고 있다(취미생활 등).	1 2 3 4 5
3	우리 가족은 여러 가지 일의 결정에 함께 참여한다.	1 2 3 4 5
4	우리 가족은 긍정적인 대화를 많이 한다.	1 2 3 4 5
5	부모, 형제, 친지간의 관계가 완만하다.	1 2 3 4 5
6	서로에 대한 관심을 잘 표현하고 협력한다.	1 2 3 4 5
7	가족의 공동목표를 갖고 함께 실행한다(목표, 가정헌장 등).	1 2 3 4 5
8	의견에 차이가 있더라도 서로를 이해하며 잘 해결한다.	1 2 3 4 5
9	우리 가족은 어려울 때 서로 도와준다.	1 2 3 4 5
10	우리 가족은 서로 매우 친근감을 느낀다.	1 2 3 4 5
계(합산/환산)		/

* 환산점수는 합산점수×2

■ 관계적 건강

		No ⟷ Yes
1	미소, 인사, 외모, 복장 등 이미지관리를 잘 한다.	1 2 3 4 5
2	나는 커뮤니케이션 능력이 있다고 생각한다.	1 2 3 4 5
3	상대방의 입장에서 생각한다(역지사지).	1 2 3 4 5
4	뒷담화를 하거나 남을 비방, 비판, 불평하지 않는다.	1 2 3 4 5
5	타인이 느끼는 나의 신뢰수준은? (약속, 정직, 성실, 배려, 친절)	1 2 3 4 5
6	나는 인맥관리를 잘하고 있다.	1 2 3 4 5
7	인맥은 체계적·주기적으로 관리하고 있다.	1 2 3 4 5
8	동호회 등 각종 단체에 소속되어 있고, 주도적으로 참여한다.	1 2 3 4 5
9	봉사와 나눔 활동에 적극적으로 참여한다.	1 2 3 4 5
10	나는 금전이나 재능 기부를 하고 있다.	1 2 3 4 5
계(합산/환산)		/

* 환산점수는 합산점수×2

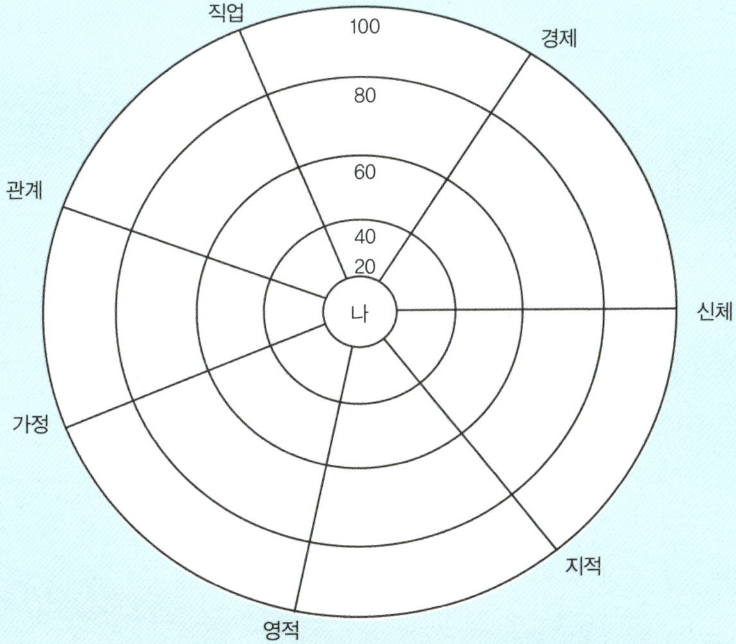

문제

1. 자기경영의 개념에 대해 설명해보자.

2. 시대의 변화와 트렌드를 인식하기 위해 나는 어떤 행동을 해야 하는지 발표해보자.

3. 나에게 가장 필요한 전략실행 도구는 무엇인지 발표해보자.

찾아보기

ㄱ

ㄴ

ㄷ

ㄹ

ㅁ

▌저자약력▐

김광수
경영학 박사
노동부 Best-HRD 인증심사원, 한국고용정보원 인증평가원
중소기업청 경영컨설턴트, 한국산업인력공단 HR컨설턴트
노동부 중소기업핵심직무 및 JUMP과정 리더십 전임강사
호서대학교, 동국대학교, 대림대학교 강의
제주대학교 겸임교수, 서경대학교 겸임교수

김영진
경영학 박사
미국 워싱턴대학 교환교수
국제대학 경영학과 전임강사
서경대학교 경영학과 부교수
역서 : 비전시대의 조직패러다임

이점수
경영학 박사
(주)국민은행 재직중
서경대학교 강의
논문 : 고객의 관계신뢰와 한국적 정이 장기지향에 미치는 영향에 관한 연구

전정수
경영학 박사
서경대학교 교수
대한경영교육학회 회장
자유사회교수연합 공동대표

인간관계론

2011년 3월 10일 1판 1쇄 발행
2015년 8월 20일 1판 4쇄 발행

저　　자 | 김광수 · 김영진 · 이점수 · 전정수
발 행 인 | 이수영
발 행 처 | 도서출판 청람
　　　　　서울시 마포구 독막로 288(대흥동, 세양상가 109호)
전　　화 | 02) 3272-2601~2
팩　　스 | 02) 3272-2603
홈페이지 | www.crbooks.co.kr
이 메 일 | crbooks@hanmail.net
등　　록 | 2000년 8월 26일 제6-0509호

ISBN 978-89-5972-180-1 93320　　　[정가 22,000원]